超越营销

微博的数字商业逻辑

陈刚 王雅娟 著

中信出版集团

图书在版编目（CIP）数据

超越营销：微博的数字商业逻辑/陈刚，王雅娟著. -- 北京：中信出版社，2017.6
ISBN 978-7-5086-7497-1

I.①超… II.①陈… ②王… III.①网络营销
IV.①F713.365.2

中国版本图书馆CIP数据核字（2017）第085094号

超越营销：微博的数字商业逻辑

著　者：陈刚　王雅娟
出版发行：中信出版集团股份有限公司
（北京市朝阳区惠新东街甲4号富盛大厦2座　邮编 100029）
承　印　者：北京楠萍印刷有限公司

开　本：880mm×1230mm　1/32　　印　张：12.75　　字　数：210千字
版　次：2017年6月第1版　　　　　　印　次：2017年6月第1次印刷
广告经营许可证：京朝工商广字第8087号
书　号：ISBN 978-7-5086-7497-1
定　价：56.00元

版权所有·侵权必究
如有印刷、装订问题，本公司负责调换。
服务热线：400-600-8099
投稿邮箱：author@citicpub.com

目 录

前 言 /III

第一章
理解微博，理解互联网 /1

数字生活空间：数字巨变狂潮中的锚点 /9
数字大公共传播平台 /18
数字生活结构：基于兴趣的圈层化结构与内容生产 /28
数字市场：数字时代的商业形态 /40

第二章
涅槃重生：新商业化图景浮现 /59

反弹与升级：微博的战略调整 /62
聚拢资源，拓展商业化版图 /88
初战告捷的商业化 /103

第三章
数据价值：走向用户时代的传播管理 /157

触达用户，积累数据 /161
SCRM：规模化的人际沟通 /206
自建程序化广告交易平台：微博 WAX 系统 /238

第四章
内容价值的商业化：大众化与圈层化 /255

基于热点的大众化内容 /261
基于兴趣的圈层化内容 /285
重新认识明星代言的价值 /330

第五章
数字市场：人际传播时代的新商业形态 /345

从传统市场到数字市场 /347
规模化的个性化：数字市场的逻辑 /365
从传播主体到商业主体 /390

后记 /397

前　言

2013 年前后，新浪微博发生了几个标志性事件，之后开始进入触底阶段。2014 年，新浪微博上市并更名为"微博"，我们一度非常"痛惜"，逐渐把对微博的观察和研究放在很边缘的位置上。从微博当时的动作和战略上看，它距离我们的判断越来越远。

2015 年，在与王雅娟多次沟通和交流之后，经过重新审视，我们判断微博正在以一个新的姿态"悄悄地"崛起。无论从哪个角度看，这都是一件值得高兴的事。微博这一独特的形态和价值对于我们的研究起到了特别的支持作用，我们对微博的感情一直都在。为了把这个崛起的过程和微博的价值进行分析和提炼，我们在 2015 年年底启动了针对微博的研究项目。

对微博的研究是管窥互联网技术逻辑和产业逻辑互动关系的一个切口。这句话有两层意思，一个是针对微博的研究，一个是针对互联网的研究。

第一，研究微博不能局限在微博本身，必须超越微博，站在一个更高的维度上观察。微博的发展虽然有其独特性，但其发展的方向受互联网技术发展趋势的影响是非常大的。最近，微博的市值已经超越了推特,可以说推特失误的地方就是微博战略崛起的地方:微博通过产品创新和战略投资等方式,紧紧地把从文字到图片、视频和直播等内容形式的用户保留在微博平台上,而推特在图片、视频等内容形式上的布局失误,使得自身用户大量流失,图片领域的Instagram、视频领域的YouTube等内容平台相继做大。

第二,从学术研究的角度看,研究互联网最重要的是技术逻辑和产业逻辑的互动与趋势,以此为基础才能构建正确的理论体系。针对微博的研究不仅仅是这一思路下的案例研究,更重要的是其"切口"价值。也就是说,理解微博是更清晰地了解互联网的基础,因为微博是互联网具象化的典型。

如何理解这种具象化?最关键的是,在互联网发展开始规模化地进入个人入口的时代,不同于其他互联网平台,微博个人入口的价值在于其公共性和日常生活性。这正是技术逻辑与产业逻辑结合和变化的起点。

这种结合和变化之后会发生什么样的故事?试想,当企业和个人在互联网中相遇时,无论是交流,还是交易,都具有明确的"人际传播"特征。基于这种"人际关系",个人在互联网上超越了"消费者"的角色,成为更具传播活性和生活性的"生活者",企业则成为生活服务者。这种服务关系的生成是整个产业逻辑变化的起点。产业逻辑的变化基础在于互联网技术逻辑,互联网技术的发展催生了数字生活空间,数字生活空间即互联网的本质。从某种程度上讲,在理解互联网的这种思路下,微博正是最为合适的产品形态。

2012年，围绕数字生活空间、生活者、生活服务者这三个核心概念，因应互联网技术变化的创意传播管理理论诞生了。这一全新的营销传播理论模式在回应当前的技术逻辑与产业逻辑变化的同时，也在不断的变化中持续更新与发展。

在我们进行微博项目研究的过程中，创意传播管理理论是指导项目组开展研究工作的核心方法论，对微博的营销传播价值如何从传播管理与内容创意传播的角度进行梳理、突破和基于微博价值的创新一直是我们的关注重点。因此，在本书第三章和第四章，我们较多地围绕数据价值与内容价值，对微博的成功实践与案例进行了分析整理和提炼总结。

但是，这三个概念讲述的故事并没有局限于营销传播的层面，而是我们理解整体的企业数字化转型的基础，是理解整个产业变化的逻辑起点。作为生活服务者的企业与生活者之间的"人际关系"之后的故事是服务，服务就是人际传播。企业如何基于技术的逻辑，根据产业的变化逻辑进行数字服务化转型，是大家都在关注的焦点问题，"互联网+"、工业4.0等政策话语也在回应这种变化。

企业要想实现与生活者的人际沟通并不容易，必须依赖技术的支持。这就引出了企业在新的技术环境中的关键问题：如何实现"个性化的规模化"的问题。在工业体系中，个性化和规模化始终是无法调和的矛盾，但是在数字逻辑中，有了解决两者之间矛盾的技术基础。对于大企业而言，进行数字服务化转型需要程序化广告等传播方式，也需要规模化的生活者，而微博是讲述这一逻辑和故事的最佳案例。对于中小企业来讲，进行传统媒体的广告传播需要耗费十分巨大的成本，实现起来非常困难，但是在微博平台上有了规模足够大的生活者后，通过程序化广告可以有效地掌握沟通的对象和费用的支出。这也是近两年微博中小企业客户大量崛起的原因之一。同时，在微博上，特别是内容创业者的崛起，使得小微企业大量崛起，用户不仅在生产和消费内容，整个连接电商平台和支付平台的闭环也为用户在微博平台上消费行为的发生与发展奠定了基础。从理论上看，这些小微企业更加具备数字服务化企业的内涵特征。

因此，必须超越营销、超越微博本身来审视微博的价值，我们在最后一章特别阐释了数字市场这一概念。从微博的角度看，微博能够释放的商业价值将会更大，而非仅仅目前快速增长的广告营销类收入。站在企业的立场，微博的价值还有很大的开发空间，同时，企业的数字服务化是企业整体性的一场变化，它还涉及生产方式、组织结构等问题。如果考虑微博平台上的小微数字服务化企业，那么微博就是它们的主战场。因为这里有规模化的用户，这就意味着它们有规模化的数字市场。

在第二章，我们主要讲述了微博"涅槃重生"的故事。其实，微博并没有像业内想象的那样"起死回生"，而是经过调整升级以更务实和更明确的姿态"涅槃"了，因为微博并没有"死过"。无论如何，相对来说，这只是"小事"。我们更关注微博背后真正的价值和想象空间，这显然是"大事"。

总的来讲，无论是创意传播管理，还是数字服务化，都是技术逻辑与产业逻辑碰撞融合的产物，微博的案例研究正是在这一整体框架和理论假设的基础上所做的一项工作。

第一章 理解微博，理解互联网

站在今天的时间节点上，对于如何明确地表述微博的定位和价值，我们仍然会有一种"不可名状"的悬置感。"微博严格意义上是一个新形态的产品，在它之前，在互联网上没有过类似的产品。一个人可以随便去关注网络中的任何一个人，同时还能够对他们发布的内容进行加工再传播。这个产品形态，在之前的互联网时代没有一个普及型的产品使用过。"① "对于我们来讲，挑战之处在于，它不像微信替代QQ一样。从用户的使用习惯看，微信其实更多的是QQ这个产品从互联网到手机，以及一些功能上的升级，用户使用体验并没有发生翻天覆地的变化，大部分情况下还是找好友、加好友、跟好友聊天，然后发图片、发语音、发视频，只是把交互平台从电脑迁移到了手机，而不会有整个用户行为上翻天覆地的变化。但是微博确实太新了，很长一段时间，

---

① 资料来源：项目组于2016年6月29日对微博CEO（首席执行官）王高飞的访谈记录。

不同的用户群体赋予了微博不同的使用方式，我们也不知道到底应该告诉用户怎么用最合适。"① 然而，用户永远有自己的玩法，微博要做的不是提前为用户定义游戏规则，而是在观察用户行为的过程中，不断调整和确立自身的独特价值。

微博（原新浪微博）于 2009 年创立，彼时的标识是"随时随地发表新鲜事"，但是微博很快发现，大部分用户发表的并非新鲜事。再者，如果 10 亿人可以每天发布新鲜事内容供用户消费，其中可能只有 1 万人发布的是有价值的内容。因此，微博很快把口号调整为"随时随地发现新鲜事"。这个盘子似乎要比原先大了，但是也并没有大到足以匹配微博的价值，因为大部分人并没有发现新鲜事的需求。此时微博需要做的就是不断明确自身的产品定位，这在很大程度上将会决定它的用户规模和市场规模。

其实，微博更像一个社会信息网络，是现实社会的虚拟化和扩大化。用"社交网络"或"社会化媒体"等概念去描述微博，总有一种缺乏解释力的苍白感。总体来讲，单纯看微博的社交性，并不如其他即时通信软件，但微博的公共性使其社会性特色更加明显，而非单纯的社交性。微博在 2014 年的 IPO（首次公开募股）招股书中，有这样一个简短的概括——"微博：中国社

---

① 资料来源：项目组于 2016 年 6 月 29 日对微博 CEO 王高飞的访谈记录。

会的缩影和一种文化现象"（a microcosm of Chinese society and a cultural phenomenon）。招股书从五个方面对微博的特点进行了概括：（1）公共性：微博的内容面向每个人；（2）实时性：随时随地发布内容；（3）社交性：互动和参与；（4）聚合性：聚集各种层面的内容；（5）扩散性：大范围的病毒性传播。

可以看到，微博作为数字化的社会信息网络，并不仅仅是社会化媒体，而且是一个新的平台或生态。微博的运营方目前看重的是两个方面——内容生产和公共传播。也就是说，一方面必须保证内容生产的增长，另一方面要保证平台独特的传播价值。在微博平台中，双向的互动固然重要，但并不处于经营的核心位置，账号间的互动更像是一种自然而然的用户行为。用户在微博上的行为方式越来越像是"逛"，虽然"逛"的内容在用户的关注账号范围内，但是由于微博内容的独家性，这种内容消费方式依然具有较强的不确定性。用户既可能遇到喜欢的内容，也可能遇到不喜欢的内容。这就与相对封闭的熟人社交或以圈层化为主的社交平台的内容消费方式有了本质上的不同。所以，微博的网络结构特点相对更为突出。

2016年，网红现象的集中爆发成为微博发展过程中的一个重要节点。事实上，尽管大V、自媒体、网络红人等对于互联网来说并不是新鲜事物，但2016年的井喷并非仅仅是多年来背后的酝酿和准备。其中表现出来的互联网逻辑也是此次爆发的内在推动力，微博在此过程中起到了重要作用。以微博为代表的互联网平台，首先削平了营销传播的门槛，为每一个普通人提供了向世界表达和展现自己的资源和机会，这在一定程度上取代了大量的媒体资源堆积出一个明星的传统运作手法。凭借着个人的才华、特质、技能等个体素质的突出点，只要能够为用户持续提供优质内容，并在合适的平台上辅以合适的经营手段，就很容易积累粉丝成为网红。其次，微博作为一个核心平台，几乎所有网红都在微博上开设了账号，其开放的社交机制更容易获得大量的粉丝，在维护关系的同时实现向其他平台的导流与转化。这对于网红的意义是不可小觑的，他们最关注的就是如何变现，即如何寻找到合适的商业模式，把内容价值转化为货币价值。在某种程度上讲，这也是网红发展的根本动力。

2016年，内容创业、网红经济等周边产业链初步形成，产业的形成、资本的助推、万众创业的氛围等力量的集中，造成了目前的景象。这对于微博的发展具有非同寻常的意义，一个更为广阔的商业空间正在形成。其中最重要的是，用户在微博平台上的行为已经不再是单纯的内容消费行为，而是逐渐形成了稳定的综合性消费行为，这在之前微博的发展过程中是从未有过的。它意味着什么呢？打个比方，微博将成为"互联网交通格局"中的重要枢纽和货物集散地。由于用户在这里养成了新的消费行为，无论将其导流到任何一个电商网站、企业平台或其他落地页，所有的企业必须在这里有自己的店面，在这里做营销传播，在这里获取用户等。关于这一点的具体展开，我们将在圈层化的内容价值和数字市场等章节进行呈现。

微博确实是一个全新的互联网产品形态，在访谈中，微博CEO王高飞坦诚地说："直到今天，我也认为给微博下一个明确的定位，可能还为时尚早。"[①] 微博已经走过8个年头，以互联网发展速度而言，这并不算短。但我们看到微博依然无法准确地定位自身。造成这个局面的根本原因在于互联网仍然处于一个高速发展、高度变动的阶段。微博自身的产品形态、用户习惯、发展战略也一直在调整和变化。从外部环境来看，微博并没有一个合适的对标产品。如果说早期的微博是推特（Twitter）的中国版，那么今天的微博已经远远超越了推特的定位。依然停留在文字主导时代的推特错过了图片时代、短视频时代，目前增长乏力，前景渺茫。推特错过的机会和市场，已经由相应的新产品进行了填补，所以我们看到Instagram、YouTube等新产品的快速发展。可以说直到今天，直播的崛起又在加速没有抓住互联网内容发展趋势的、旧的平台的衰落。同时，我们也不认为脸谱网（Facebook）是微博发展的对标企业，无论是两者的发展环境，

---

① 资料来源：项目组于2016年6月29日对微博CEO王高飞的访谈记录。

还是发展战略，基本上不具备对标性。

这些年的微博一直处于不断创新、调整、重塑甚至放弃的过程中，这种动态发展使得我们无法提前定义微博。尽管其间微博经历了各种跌宕起伏和互联网发展格局的深刻变动，但对于微博发展的战略、微博带来的变化与影响，以及微博本身的价值，我们依然可以有一个比较清晰的判断。

我们认为，理解微博对于理解互联网是一个重要的切入点，因此，对于微博的研究不是止步于对微博本身进行讨论，它的背后也是对互联网本质的探索。"不可名状"的微博到底应该如何理解？如何看待微博"起死回生"的过程及其背后的价值？又该如何理解微博的"营销"价值？这些是本书主要回答的问题。

本书第一章主要对微博的价值进行了概括，主要是：（1）作为数字大公共传播平台和数字生活服务平台的微博；（2）基于兴趣的圈层化数字生活结构的微博；（3）作为数字市场的微博。对应于这三点，本书分别在第三章、第四章、第五章，从数据价值、内容价值和数字市场三个方面进行了细致深入的讨论。在第二章中，我们主要对微博涅槃重生的过程和原因进行了描述和分析，从运营和商业化两大层面进行了解读。

数字生活空间：数字巨变狂潮中的锚点

互联网技术带来的变化，就像波涛汹涌的浪潮，一浪高过一浪。而许多成为弄潮儿的互联网公司，经常很快在下一波浪潮中壮烈牺牲，前仆后继的互联网企业上演了一出各领风骚两三年的时代戏码。如何赶上浪潮的趋势而又能够在浪潮之中做到不翻船，是目前所有互联网公司与传统公司共同面对的问题。这无疑是一个巨变的时代，变革迅速且凶猛。互联网技术在短短数十年间，不断从根本上改变着人类社会的传播方式、生活方式和生产方式，如何理解正在发生的变化？如何面对不久的未来？我们需要一个新的逻辑起点，我们把这个起点称为巨变狂潮中的"锚点"。

我们将正在不断涌现和发展的技术革命，比如物联网、人工智能、机器人、VR（虚拟现实）、3D打印等，统称为互联网技术。因为这些技术指向同一个方向——人的互通互联和人与物的互通互联，这是互联网发展的内在性。事实上，近年来并不缺乏对于互联网本质的讨论，始终没有形成共识的关于互联网思维的讨论，似乎也在国家话语——"互联网+"出现后"一锤定音"。国家层面和产业层面的互联网实践正轰轰烈烈地开展起来，这种"筚路蓝缕，以启山林"的景象颇像蒸汽机之后的工业革命。但是，无论如何，对于互联网的准确理解是这一切的基础和前提。

"以互联网为基础的新的传播形态，是依托数字技术，对人类日常生活中的各种信息传播和交流活动进行的虚拟还原与放大，这种传播形态创造了一种新型的数字生活空间。"[1]以数字生活空间来概括互联网，是对于互联网的准确理解。这种准确的理解正是巨变狂潮中最有力的锚点，是对日常生活数字化浪潮最精准的把握。在把握日常生活变化的基础之上，我们才能研判纷杂的产业发展和经济社会变化。面对互联网技术带来的系统性变化，必须对产业主体进行细致的考察，以案例研究为切入点，厘清其变化的路径和背后的动因，然后通过理论的提炼，逐渐明确宏观变化下的底层逻辑，把握产业变化的动向。因此，对于微博的理解和对于互联网的理解是我们考虑各产业领域互联网化的基础，也是我们在后续章节中讨论案例的前提。

乍看起来，从传播形态的视角出发理解互联网好像有些狭隘。其实不然，互联网造就的是一个数字化的时空秩序，"数字时代的特点之一是一切数字化后大量数据的产生和对数据处理技术的依赖，经过挖掘、处理后，价值化的数据便成为有效的商业信息，而传播的核心便是信息的传递。数字化的未来和数字化的企业必然会把传播工作放在所有工作的中心位置，以此契合信

---

[1] 陈刚.创意传播管理：数字时代的营销革命[M].北京：机械工业出版社，2012.

息社会（数字社会）的发展趋势。"①互联网正在以"数字"为单位解构工业社会的基本形态和结构，并重构一个新型的数字社会。

目前，对互联网作为数字生活空间的理解在事实层面还显得有些抽象和宽泛，因为数字生活空间在当前阶段的发展还略显稚嫩、单薄。但近来较为流行的"生态"概念对于互联网来讲有一定的合理性，可以将其视为对目前互联网商业化布局的一个阶段性概括。因为生态并不是一个严谨的概念，模糊性比较强，内涵并不明确，现在对"生态"的使用可以说是没有办法的办法。生态的核心在于用户处于所有业务内容的中心，为了满足用户的需求，需要不断进行业务的开拓和优化，并在各个业务间建立起一种协同运作的逻辑，在不断扩张的过程中，逐渐形成一个闭环的生态。随着各个平台生态的建立、丰富和完善，底层数据层面也在不断打通。随后在互联网技术的驱动下，一个更为生动形象的数字生活空间的图景会逐渐清晰化。

可以明确的是，微博是我们理解互联网及其带来的传播、生活和生产方式变化路径的一个绝佳案例。在作为数字生活空间的互联网还没有发育成熟之前，微博是目前理解数字生活空间（互联网）最为具象的平台。所以，在分析微博的商业价值及其变化

---

① 潘洪亮.再论企业服务化转型内容：组织结构变革[J].广告大观（理论版），2014.

的过程中，我们以数字生活空间这一相对务虚的概念框架进行思考和阐释。同时，通过逐步展开的微博分析思路，不断丰富我们对于数字生活空间和新时代的数字商业逻辑的理解。

人际传播主导的时代

在万物互联的数字社会，网络社会结构中的节点是每个人、每个数字个体。在数字生活空间中，规模化的人际传播成为可能，理论上任何一个人都可能在微博上与另一个人进行直接沟通。同样，微博上的大众传播也具有很强的人际性，这种新的传播既不同于大众传播时代的单向传播，也不同于以往局限于地域特征的人际传播，而是一种新的在数字生活空间中的人际传播，它必然是规模化的。从传播学的角度讲，这是一个人际传播主导的时代，它取代的是大众传播时代。

那么何为规模化的人际传播？以图1–1为例，我们随机截取了"@大河报"发布的一则博文，该博文讲述的是一个退休老教师为孙女治病走上街头卖瓜的消息。在博文的评论中，我们可以看到，有要去买瓜支持的网民，也有询问捐款渠道的网民。这样一则小小的事例可以反映出，尽管在互联网时代之前，人与人的直接联系明显受到地域的限制，但在微博上，它是超越时空的，人与人的关系模式正在被重塑。我们把这种变化称为规模化的人际传播。

图 1-1 "@大河报"发布的#卖瓜救孙女#博文

在大众传播时代，大众媒体的商业价值仅限于广告、品牌等营销层面的工具价值。相比于标准化的大众传播，人际传播虽然沟通效率高、时间成本低，但是在大众媒体的时代是不可能规模化的。而在基于数字生活空间的人际传播时代，企业可以直接面对互联网数字生活者[1]的需求，通过不断调整企业的产品策略、销售策略、沟通策略、组织结构、业务流程其至企业战略来规模

---

[1] 在数字生活空间中出现的这个群体，是企业过去从未遇到过的。他们既是消费者，又是传播者，同时也是接收者，而且，他们在数字生活空间中有自己相对固定的家园。他们是生活在互联网上的活生生的人——生活者。详见：陈刚，沈虹，马澈，孙美玲.创意传播管理：数字时代的营销革命[M].北京：机械工业出版社，2012：21.

化地满足生活者的个性化需求。在数字生活空间中，企业完全可以以生活服务者的身份一对一贴身地服务生活者。这种服务与被服务的关系就是规模化的人际传播。可以说，规模化的人际传播解决了大众传播时代个性化与规模化的矛盾，使得新商业模式可以在此基础上被重新想象。

当商业模式从机构对机构的模式中挣脱出来时，人的价值在商业中就越来越凸显。从目前的商业现象和商业实践观察来看，企业的新变化已经无法在营销层面进行解释。新的问题与现象需要新的理论和概念，处在新旧交替的转折处，我们需要一个跨越的基础，我们把连接新与旧的浮桥称为"超越营销"。也就是说，在这个发展过程中，微博的"营销"价值越来越无法在传统的营销理论框架内进行解释，一系列新的实践和现象已然超越了营销的层面，需要新的概念体系和理论框架进行解读。我们把这个变化的过程称为"超越营销"，而我们也正处于这个"超越"的阶段和过程中。在这个故事渐次展开的过程中，我们会发现，微博的故事是互联网大历史中的一个典型、一个缩影，同时也是数字商业时代的一个开场。

互联网的入口：个人数字生活空间

微博的出现是整个互联网发展的标志性事件。每个人在微博上的账号就像他家的门牌号码一样，理论上，世界任何一个角落的人都可以通过这个门牌号码找到他。在这样一个公共平台上，每个人都可以进行个人数字生活空间的建构，与其他人进行互动交流。也就是说，微博成为每个人在互联网上的个人入口，是个体数字化的开端。

"如果从日常生活来看，人并不是被排斥在传播之外的，每个人本来就是各类传播的主体。在日常生活中，每个人自己发送各种信息，同时又主动或被动地接收和选择信息……只是当面对媒体时，这个主体被虚化了。社会化媒体①推动互联网的发展，最重要的就是使得每个人像日常生活一样在互联网上成为传播的主体，它所带来的变化确实是一场新的革命，这个深刻的变化就是互联网从公共门户时代进入了个人入口时代。"②在此之前，像新闻资讯网站、BBS（电子公告牌系统）论坛等公共门户还具有很强的大众媒体属性，个人特点并不突出。微博的出现是一个划时代的互联网事件，使得我们对于互联网的理解逐渐清晰和明确。

我们一直希望从日常生活的角度出发去理解互联网、理解微

---

① 实际上，社会化媒体的概念并不准确，这里只是利用大家普遍使用的概念，作为权宜之计，便于理解。

② 陈刚.公共门户、个人入口与个人数字生活空间［J］.广告大观（综合版），2011.

博。微博成为互联网上的个人入口只是一个开始，更为重要的意义在于，微博作为个人数字生活空间逐渐形成。"从个人入口到个人数字生活空间，这是一个巨大的转变。"①

随着用户在微博上停留的时间越来越长，用户不再仅仅是消费内容、生产内容，更多的消费行为、社会行为也在微博平台上产生，比如，购买某网红的同款服装、发布路况信息、参与某种线上宣传的线下活动等。对于个人数字生活空间而言，一定是越来越成熟的。

微博平台上庞大的用户群体为数字生活空间的发育成长提供了基础。在这个开放的数字生活空间中，其巨大的公共价值从社会和传播层面在不断地被放大。在日常生活中，数字化的个体释放了巨大的需求，使得数字生活空间的市场属性越来越强。同时，也由于该空间足够庞大，基于兴趣的各种类型的圈层在不断生成，基于每个兴趣圈层的内容价值在向规模化的市场方向发展。

微博不是社会化媒体

对于从媒体角度认识微博，我们一直持反对意见。"社会化

---

① 陈刚. 公共门户、个人入口与个人数字生活空间［J］.广告大观（综合版），2011.

媒体"的概念，在某种程度上是沿袭了"互联网是新媒体"的惯性认知。近几年，不管是从外部视角的评价，还是微博运营方自身的战略方面，许多观点的偏差或误判，都是源于这一错误的认知。虽然这种在传统概念上加些新内容的概括，让客户理解起来方便一些，但是也限制了微博商业价值的开拓空间。

我们看到微博的现实情况是，生活者可以自由地在数字生活空间中进行互动交流甚至是市场交易等。在数字生活空间中，人生活并互相联系，这显然已经超越了媒体的概念。媒体机构是中介，人只能生活在媒体中介之外。所以，我们必须超越媒体的视角，从日常生活的视角理解微博。

另外一个较为流行的概念叫作"自媒体"，这也是一个局限性很强的概念。把"社会化媒体"平台上的个体称为"自媒体"，同样是有失妥当的，这是典型的从媒体视角理解变化的传统思维。表面上看，在微博等平台上，人人都是传播主体和受众，每个人都具有媒体属性，可以进行内容的生产与传播。但是，这种理解遮蔽了人的价值，一种很鲜活的人与人的关系被局限于"媒体"与"媒体"之间的关系。在数字生活空间中，每个个体都是独立的数字生活者，可以做的远超媒体的领域。从我们反复强调的数字生活空间的角度看，自媒体概念是没有意义的，当每个人都是自媒体的时候，"自媒体"这一概念便没有所指了。

总的来说，这是在对互联网没有一个准确认知的情况下，常常发生的概念认知上的混乱，必须进行厘清。许多人对于新的变化的理解，往往停留在实操的便捷性上，即使意识到自己的理解无法准确概括新的问题和现象，但由于受制于思维上的惰性和对跳脱传统框架后茫然无措的恐惧，很少有人愿意从新的角度出发进行理解。

数字大公共传播平台

在互联网时代，传统媒体的价值被严重稀释，"碎片化"曾一度成为描述传播环境的热词。大数据技术的发展把碎片化进一步推进为个人化。基于用户画像的精准信息推送、精准营销技术仍然在不断发展。在互联网的便利条件下，用户获取信息也越来越依靠互联网技术，并根据自身的喜好进行选择。由此，在个人与互联网平台的双向推动下，用户的信息结构越来越像一个信息茧房，导致对公共信息的接触不足。这不仅是社会发展的问题，也是企业品牌传播面临的巨大挑战。

精准性和个人化是互联网的优势，也是互联网的软肋。在社会对公共传播有着强需求的时代，必须有公共传播平台来弥补互联网的这种缺憾。2013年，陈刚针对互联网发展的这种趋势提出了"大公共传播平台"的概念，主张在互联网个性化和圈层化发展的情况下，公共传播的价值应持续提升，公共传播平台应越来越成为稀缺资源。在《大公共传播平台正在成为稀缺资源》一文中，他认为在互联网没有对电视媒体形成明显冲击的时候，电视具有很强的公共传播平台的特点。但是，在传统媒体遭遇断崖式下滑，生活者纷纷抛弃传统媒体、入驻数字生活空间时，一个连基本的受众规模都无法保证的传统媒体该如何成为公共传播平台？新的大公共传播平台必然出现在互联网中。

对传统媒体的最后一击

在各类互联网平台中，最具大公共传播平台特点的是微博平台。这与微博平台本身的公共性密切相关，微博平台上人人都可以构建个人数字生活空间，都可以参与广场话题的讨论和传播。同时，若想成为公共传播平台，一个显见的要求是用户规模要足够大。目前微博月活跃用户 2.97 亿，日活跃用户 1.32 亿，这是其他互联网平台无法比拟的。平台的公共性和足够的用户规模保证了微博作为大公共传播平台的基本条件。

首先，我们可以把微博看作一个广场。由于微博的开放性，各种圈层、各类族群的用户都可以找到自己的同好，形成一个小型的生态，进行交流和讨论。同时，微博作为社会性事件爆发和扩散的大公共传播平台，经常引发全民关注、公共讨论的社会性事件。生活在这个数字生活空间中的个体完全可以随时参与进广场行动中，甚至能够对政府决策和民众的日常生活产生巨大影响。这种巨大的社会影响力本身是由微博作为一个广场型的平台才具备的，因为在这个数字生活空间中，每个生活者都是传播主体，其潜藏的传播力是形成社会影响力的基础。从传播价值转换到社会影响力的过程，也在昭示着传播价值向商业影响力转换的巨大空间。其次，微博也是一个舞台。如果从社会的视角看，微博是一个公共广场的话，那么微博运营方更愿意把它比作一个舞台。舞台上有企业、各种机构、用户、明星、各行各业的意见领袖等，每个个体都在舞台上努力扮演着自己的角色。而微博运营方要做的则是不断开发各种产品，提供服务并制定游戏规则，让这个舞台热闹起来，让每个参与者都能够有所收获。以企业为例，微博上大量的用户、KOL（关键意见领袖）资源和微博平台开发的一系列商业化产品与商业策略，都是企业可资利用的资源。舞台上，微博方和企业方就像是导演和编剧，可以根据舞台的规则自由编排以实现品牌传播或销售价值的转化。

在总结微博上成功的企业传播案例时，微博营销副总裁王雅娟透露："原来我们给客户写策划案的时候，我们都拿PPT去写，现在我们的策划案拿出来是一个Word文档。比如，'双十一'我们给阿里做了一个多亿的案子，全都是什么时间，哪个角色先出，第一炮谁打，整个舞台上都有什么角色，谁演主角，谁演配角,谁演丑角,在这个过程当中哪里是引爆点等。我们是以这样的逻辑去设计个案的,但凡以这样的逻辑去设计的我还没有看到失败的案例。所以,我们再招策划的时候,可能招的是编剧专业或导演专业的。"①这种思路从另一个侧面说明,微博是一个新的形态,需要新的游戏规则。

依靠微博平台起家的WIS护肤是一家经营护肤品的公司,最初只卖一款祛痘产品。2012年创始之初就瞄准了微博,并迅速在微博上建立了官方账号做推广,在2015年实现了5亿元的收入。这家护肤企业在微博平台上的操作经验具有很强的借鉴意义。WIS护肤CEO黎文祥对精准营销有独特的判断,他说:"现在做互联网广告,一直在追求精准,但是我觉得精准是个伪命题,精准对品牌来说是一个不利的方向……什么叫品牌?就是人人都知道,公众认可、美誉度很好、影响力足够、足够多人知道,这个叫品牌。那么如果你选择精准广告的意思是什么呢?比如,你把广告打到100个人里面,其中有一人购买,这个叫作一般的传播方式。如果你很精准地把这100个人中的那个人找到了,你只把广告打给了这个人,的确你的成交达到了,但是99个人不知道你的这个品牌,没听过你的这个东西。虽然找到了这个精准用户,但是你不能成为品牌,因为大家不知道你。所以精准广告是

---

① 资料来源:2016年微博营销副总裁王雅娟在江苏工商局的培训课堂上的讲课记录。

把那个人找出来，你想要，我才把广告打给你，才传播到你的身上。但是这样非常不利于品牌的建设，你虽然找到了那个成交的人，但是你的品牌没有在公众中得到传播。所以，在微博上的传播，我们会想办法精准，但是精准绝非我们唯一的出路，或者特意要做的事情。甚至在一定程度上，对于品牌来说，我认为精准是一个错误的选择。我们做的是效果广告，效果广告的确要追求广告打出去之后直接带来的成交。但是如果我们只做效果广告，不想为这个品牌长期做打算或者做策略，最终导致的结果，我觉得会很悲惨。所以我们在微博上一般不太强调精准，前期可能强调，现在我们不强调这个事情。"①

在微博这样一个数字化的舞台上，当然可以通过数据技术进行精准传播。但相比于其他平台，这并不是微博最独特的价值，其公共传播价值才是更显著的特点。微博作为数字生活空间的特性，使微博的公共传播不仅体现在大众传播层面的单向告知，还更多地体现在微博的"讨论机制"，即生活者可以就公共议题进行持续的讨论。这正是每个生活者作为一个鲜活个体的能动性的体现。它不仅是二次传播、裂变式传播的价值，更体现为一种日常生活中的口碑。因此，这种公共性除了大众传播的功能之外，更表现为规模化的人际传播功能。

---

① 资料来源：项目组于2016年4月9日对WIS护肤CEO黎文祥的访谈记录。

以微博为代表的数字大公共传播平台的崛起，对于传统媒体来讲是一个巨大的冲击，甚至是对传统媒体最重要的公共传播价值的全面碾压。这种冲击的影响不仅涉及传统媒体本身，对于传统的营销传播方式来讲，也到了必须重新调整的时刻。

超越营销，走向传播管理

需要强调的是，微博的公共传播特点使得其价值已经远远超越了营销传播的范畴。在传统媒体上，传播价值通过广告这一商业模式直接转化为营销价值，这是由传统媒体的单向信息传播特点决定的。但在微博平台上，微博的公共传播不仅具有大众性，还具有人际传播的特点。不仅是生活者与生活者之间的人际传播，更表现为企业作为生活服务者与生活者之间的人际传播。譬如，在微博上进行商业传播的企业几乎无一例外地拥有自己的官方微博账号，它们能够通过商业传播把微博上的用户聚拢为自己的粉丝甚至用户，为后续的传播、服务以及更多客户价值的挖掘打下基础。同时，接触到企业传播信息的微博用户，其基本属性数据、针对该传播的行为数据等都可以被记录和利用，成为企业数据库的重要组成部分。从这个角度看，微博的传播价值创造的不仅仅是营销价值，它已经超越了营销，超越了传统的营销传播逻辑，逐步走向以用户为中心的新商业逻辑。

精准传播在微博平台上当然是需要的，但是目前企业更多的是从营销传播的角度考虑，认为基于大数据的精准传播比大众传播的效果更加准确、高效，更容易形成转化。从实操的角度看，这种想法固然没错。但这只是延续传统的营销传播逻辑，窄化了数字生活空间的整体价值。也就是说，持这种想法的人并没有搞清楚数字商业的真正逻辑。数字商业逻辑的根本是用户，如果仅从传播的角度考虑数字生活空间的价值，注定局限在营销传播的视野中无法脱身。精准传播本质上只是一种传播行为，目前大部分企业止步于传播，仅有少数意识超前的企业在传播结束后还下了功夫。它们收集传播中的相关数据，形成企业自身的数据库。这些用户数据将成为企业数据资产的一部分，发挥更为重要的作用。

数字生活空间就像日常生活空间一样，每个人都不希望被自己不感兴趣的营销信息打扰。"作为微博的运营平台在这个阶段最重要的是要理解，每一个生活者都不希望被打扰。微博运营平台如果希望成功，一定要通过技术，真正了解生活在数字生活空间中的每一个人的需求，提供给微博用户他们真正需要的信息和服务，成为每一个使用者的生活服务热线。"[①] 然而，确保企业营销信息对生活者有用是一个极具挑战的任务，企业需要足够了解

---

① 陈刚. 公共门户、个人入口与个人数字生活空间[J]. 广告大观（综合版），2011.

用户，才能够精准推送出真正对用户有价值的信息。从以往的传播视角来看，在没有明确的用户画像之前，仅仅通过大数据、分析模型和市场经验，很难做到有效的服务。但是现在，在数字生活空间中，情况已大为不同。企业的首要任务变成收集用户数据，建立用户数据库。这需要在起步阶段保证能够影响到足够庞大的群体，也就是要进行规模足够大的品牌传播活动，以确保后期通过大数据技术不断试错、调整、定位，最终获得需要深度影响和互动的用户画像。

在微博平台的商业价值上，不仅从营销传播的层面强调了其精准传播的方法，也强调其对于公共品牌建设的重要价值。就像我们前面反复强调的，微博的大公共传播平台价值不同于传统公共传播平台，它是数字化的。当然，微博的用户数据之于企业整体发展的价值肯定是一个宝库。只不过，目前企业在运用上还没有明确，一些从数字营销领域着眼的DMP（数据管理平台）的建设也刚刚起步。

除此之外，微博与传统大众媒体的公共传播价值有一个根本上的不同。这种"根本上"的不同是指，它与传统媒体属于截然不同的两种形态，虽然二者都具有公共传播的价值，但是在底层运作逻辑上却截然不同。简单地讲，传统媒体上的公共传播就是大规模的单向信息传播，而在微博上则是人与人之间的讨论、信息传递形成的一种深具传播力和影响力的信息交流形态。事实上，在某种程度上，我们应该从更高的层面看待这种新的传播逻辑。以下面一个例子为参考，可以清晰地感受到这种底层的剧变。

GoPro相机是一款小型可携带固定式防水防震相机。2015年，GoPro在寻求与微博合作的时候，出示了一个数据：GoPro在脸谱网上的讨论量和提及量与在线下的售卖量完全成正相关，两条曲线几乎重合在一起。两者为什么会存在这样的关系？传播的价值是如何向销售价值转化的？这成了一个有意思的课题。那么，微博平台上是否也有这种商业现象呢？

2015年11月，赛诺市场研究机构与微博联合发布了《手机品牌微博影响力研究报告（2015年第三季度）》，该报告的目的是研究手机品牌的微博影响力与销量之间的关系。微博影响力由三个部分组成：微博媒体营销指数（包括官V影响力、领导影响力、职员影响力和粉丝规模），反映微博上营销影响力的程度；微博热议指数，包括微博提及量、正面和负面提及率、微博内容、微博来源的终端型号、微博用户认证与否及粉丝规模，反映的是手机品牌在微博中被关注的程度；微博购买驱动指数，包括终端销量、事先决策比例、通过互联网获取信息率、通过微博获取信息率等，衡量的是微博对消费者购买终端的影响度。三者综合构成了微博影响力，旨在衡量微博对消费者终端购买的影响程度。

根据研究结果，手机的终端销量与手机品牌的微博影响力成正相关（见图1-2），与GoPro在脸谱网上的结果一致。这种看似"神秘"的数据分析背后，其实不需要精确的数据支持。根据我们的日常生活经验就可以判断，一个脍炙人口的社区商店或商家在销售上一定是成功的。

各名牌Q2—Q3销量表现

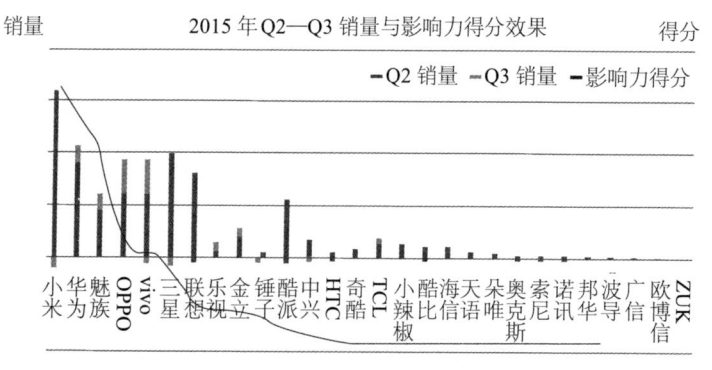

2015年Q2—Q3销量与影响力得分效果

销量｜-Q2销量 -Q3销量 -影响力得分｜得分

小米 华为 魅族 vivo OPPO 三星 联想 乐视 金立 锤子 酷派 中兴 奇酷 HTC TCL 小辣椒 酷比 海信 天语 朵唯 奥克斯 索尼 诺基亚 邦华 波导 广信 欧博信 ZUK

注：销量数据为线上和线下之和。Q2为第二季度，Q3为第三季度。

图1-2　销量与影响力关系[①]

综上，在微博平台上的企业传播思路已经远非传统的营销传播思路。在大数据技术和海量数据的基础上，它已经超越了营销层面，影响到企业的各个层面，上升为企业管理的层面。按照CCM（创意传播管理）的理论框架，微博能够提供的此类数据价

---

① 王冠雄. 惊人的大数据：微博影响力和手机销量成正比 [EB/OL]. http://tech.hexun.com/2016-01-04/181579545.html 2016-04-03.

值为传播管理。需要强调的是，传播管理的主体是企业，而微博提供的数据价值是目前企业能够做到的传播管理工作最为重要的内容之一。

数字生活结构：基于兴趣的圈层化结构与内容生产

在微博发展的早期，新浪把博客时代积累起来的明星资源，快速转移到微博平台上，带动了大量的粉丝关注，注册用户一度实现飙升。随后，以段子手为主的草根大号迅速崛起，利用内容和创意吸粉，再次活跃了微博的氛围，在为微博积聚人气的同时，也获得了巨大的营销传播价值。此外，传统媒体时代的名人权威也开始入驻微博，凭借原有的社会资本和微博上的影响力迅速获取了一大批拥趸。2012年年底，彼时还叫作"新浪微博"的微博宣称，注册用户突破5亿大关。

一位名叫"燕菇凉"的微博资深用户在评点微博7年来的历程时，写了一篇题为《从"失宠娘娘"到"重返后宫"，微博7年历尽人世沧桑》的文章，文章对微博创始之初（2009）的生态有一个较为准确的描述："一是让网友近距离地观看明星的私生活，而不是只能从报道中获知，满足了网友的猎奇心。二是给了普通人一个发声的平台，最开始大家都在微博上狂晒自己的日常，分享自己的生活——今天吃了啥、做了啥、在哪儿玩、心情咋样等。然后你评论我，我评论你，你转发我，我转发你，玩得不亦乐乎。"①较早开通微博账号的用户大约还记得，用户早期在微博上经常分享自己的日常和心情，朋友之间互相转发、评论甚至讨论。彼时的微博更具有日常生活的特性。

　　随着2013年出于种种原因微博生态开始恶化，微博遭遇了一次重大的衰落过程，并很快触底。值得庆幸的是，微博很快便触底反弹。此次反弹并不是原路折返，而是经历了一个重大的转型升级。关于微博方向的调整、战略的升级，更为详细的分析将在下一章展开。在这里，我们想表达的是，微博的内容结构发生了重大的变化：在微博初始阶段，大众和明星名人类用户的结构是一种不稳定的二元结构——底部是大量的普通用户，顶部是拥有巨大社会影响力和传播力的明星名人，中间缺乏一个缓冲地带。这样的生态是不稳定的，存在巨大的风险。普通用户很快会发现，自身的存在感很弱，而有价值的内容隐蔽且分散。当微信崛起、微博营销信息泛滥或一些政治原因使得微博遭

---

① 燕菇凉. 从"失宠娘娘"到"重返后宫", 微博7年历尽人世沧桑[EB/OL]. http://mp.weixin.qq.com/s?src=3&timestamp=1469940626&ver=1&signature=OXJo9HssHBkoNMgByULtw0vozDa0YxCmH3EzPB2Atd9LnwPIyipned3jYbgYjPznBVGq6V57CO2jbWyiJuOWkbs3xZBzhMt3LI21JmJautri6DYuxqBpVOJxW6VchKkzM5h*enbMARGifrhTeHNsoA==2016-04-03.

遇冲击的时候，这种生态结构的缺点就显露无余，这也是导致微博活跃度和增速快速下滑的原因之一。

此外，用户在数字生活中的隐私意识也快速崛起，一些过于个人化、生活性的内容越来越少。这是包括脸谱网在内的所有公共性的社交平台面临的共同问题：普通用户的内容生产力下降。

很快，微博调整了发展战略，一个基于兴趣的圈层化生态逐渐建立起来。此时，用户结构并不是从"两头大、中间小"转变为橄榄形，而是重构为网络型的生态结构。在新的用户结构中，基于兴趣的各个垂直领域内的强节点形成并凸显。这些强节点有大有小，每个节点周围聚拢起一定量级的用户，用户根据自己的偏好选择不同的强节点账号。明星依然是最有传播价值的强节点；同时，财经股票、娱乐八卦、时尚生活、文玩收藏以及各种专业领域的中小V崛起，使得整个微博的内容结构发生了根本的变化，弱化了原有的结构性风险，增强了平台的用户价值和用户黏性。因此，我们把微博所反映的这种数字生活空间中的结构性变化，概括为数字生活结构。也就是微博从一个没有结构化的、不稳定的平台，发展为一个结构化的、稳定的数字生活结构。

目前，微博的用户运营部门已经有44个垂直领域，每个垂直领域都有相应的业务方负责维护和拓展。业务方会不断挖掘各领域有影响力的账号，加V认证之后，在权限、资源、数据和规则四个方面提供支持与服务，不断培育各个垂直领域的优质内容生产者。为了便于管理，微博把这些有影响力的用户进行了分级，分级标准参考这些用户每月的阅读数，C1、C2、C3级别的用户为头部用户，阅读数分别处于1 000万以上、100万至1 000万之间以及10万至100万之间。用户运营部门的任务就是不断把C3级别以下的、有内容生产能力的用户挖掘出来并加以支持，提升其内容生产积极性，将其培养至C3及以上级别，不断支持其向上发展。目前微博月阅读量超过100亿的垂直领域超过12个。"我们在分析数据后发现，原来微博有大量的垂直领域的人群，比如动漫类的。微博其实是一个动漫类用户的超级平台，但前些年没梳理的时候，我们自己都不知道。动漫类的用户自己知道哪些人都在微博上。他们自己是抱团的，形成一个个小的圈层。比如一类动漫人群就有几百万人，自己玩得很过瘾，但是站方（指微博）如果没有关注到他们，他们的影响力可能不如明星，主要就集中在这个圈层里。所以他们在圈内传得很火，但是以前在微博的内容运营部分很少看到他们的身影。"[1]

那么，微博上有足够的优质用户供微博运营方挖掘吗？答案是肯定的。正如我们上文对微博独特价值的分析中提到的，微博

---

[1] 资料来源：项目组于2016年5月5日对微博运营副总经理陈福云的访谈记录。

平台上不仅有足够的优质内容生产用户，还有大量正在不断涌入的用户。比如，国内知名的视频弹幕网站哔哩哔哩网站（bilibili，以下简称B站），拥有大量、及时更新的动漫新番，具有很强的ACG氛围（ACG为英文animation，comic，game的缩写，是动画、漫画、游戏的总称），该网站上活跃着大量有创意的up主（上传发布视频的用户），因此在年轻用户，特别是ACG用户群中，B站具有非常大的影响力。

微博在二次元世界的地位甚至连微博运营方都不清楚。一个有趣的数据是，B站的用户与微博的用户重复度高达90%，且B站的up主基本上都在微博上。负责微博内容运营的小浪告诉我们，这个数据是B站通过分析用户导流数据得出的，当时他们也非常惊讶。

也就是说，在拥有月活跃用户近3亿的微博平台上，一个基于兴趣的圈层化生态网络已然形成，并在逐渐壮大。微博运营方有意的挖掘和运营正在使这一生态走向多样和稳定，由于各个兴趣圈层的特点，一个个待开发的垂直领域更是具有无限的想象空间和商业潜力。对于圈层化的商业意义而言，我们应该抛弃大众营销的思路，明确圈层群体的价值，既要在营销层面实现更为准确的打击，也要有一种数字时代的格局，超越营销，挖掘更多价值变现的途径。

正如马克·佩恩在《小趋势》一书中所讲的："信息时代改变

着一切事物，但信息时代尤其改变的一件事是观察这些趋势本身的性质……仅仅根据'大趋势'或普遍的经验，你不可能更多地了解这个世界。在今天这个分裂的社会，如果你要成功地做一些事情，必须了解只有细心观察才能发现的那些群体，它们正在按照纵横交错的方向迅速而激烈地发展和运动。这就是小趋势。"[①]在数字时代，佩恩的这种观察显得更加有远见，数字生活空间的形成给了个人更多选择的机会，选择成为哪个群体中的一员，可以更加明确自己的价值观和自我认同。圈层族群的发展给了个体成为某个族群中一员的机会，他们按照自己的偏好和兴趣进行取舍，活得更加自由。

作为极具日常生活特性的数字生活空间，微博在某种程度上聚集着大量的这种圈层化的族群，每个族群将大量忠于自己价值观和兴趣的个人聚合起来，以群体的形式发声、发展，成为影响社会发展的一支支重要力量。大量圈层性的族群正在崛起，他们作为社会的小趋势，正在深刻地改变着社会文化和商业世界。

从互联网圈层化的角度看，微博不同于其他网络平台的地方，首先在于它的关注（follow）机制决定了它的圈层化是以人为中心的，所有圈层聚合的是人群，而不是内容。其次，这种不同还表现在微博是一个开放性特别强的公共平台，人可以自由地

[①] 马克·佩恩. 小趋势[M]. 刘庸安, 贺和风, 周艳辉, 译. 北京：中央编译出版社, 2008.

来往穿梭。因此，微博上的圈层既有非常强的价值认同，也具有一定的流动性。每个圈层都会有几个强有力的节点性人物，关注他的人群与之共同组成一个个放射性的环，许多环又会连成网。

譬如，近几年在微博上兴起的医疗圈层，其核心节点是大量的认证医生，这些医生周围围绕的是对医疗这一垂直领域有较强兴趣的微博用户。关注这些认证医生的用户，可以在公共医疗事件发生时迅速获得医生的专业解析和建议，或者在个人遇到医疗方面的问题时通过最快捷的方式获得医生的专业指导，随后他们会传播自身认同的医疗信息，进而形成圈层。我们也能够看到，医疗圈层的整体社会影响力开始增强，社会价值也不断得到凸显。围绕某个医生的圈层形成，进而所有医生在一个垂直方的运营下，"通过几次事件，医生群体突然就崛起了。以前大家对医生简直是深恶痛绝，医患关系非常紧张，只要一出事，大家就都骂医生。但是出了几次事，比如羊水栓塞事件、急救车事件等，有认证的某某医院的医生出来说话了，说出来有理有据，甚至在情感上也很有说服力。这其实是把医疗领域的一些有这个能力的大V给挖出来了，他们也愿意说，医疗领域就开始崛起了。你会发现整个医患关系都在改变，以前是医生想说话但说不出来，媒体也不会帮他们说话。这个很现实，媒体在得不到医院信息的情况下，基本只能得到民众的信息，所以站在民众这边，恨不得声讨医院。但是像羊水栓塞这种事儿,救活的概率比较低,可普通百姓不理解,就认为医生有问题。还有就是缝肛门事件,在医生自己的小圈子里,医生都明白。他们自己都在着急,这种事为什么民众都不理解?大家都在骂,但很多事在医生的圈子里可能就是医疗常识。通过微博,从2014年开始大量的医生开始站出来,他们去说,甚至互相之间有时候还会争论,这也是好事。面对同一个患者,急救科的老医生已经退休了,他用的仍是十年前的急救方式,现在年轻医生的急救方式已经完全不一样了。他们之间还会争吵一下,但吵完之后老医生会发现,原来自己用的是以前的方法,现在用的是最新的方法,知识在更新。网友们也都看在眼里。通过这样一次次的讨论,这种专业领域的'V价值'就凸显出来了。这些都是背景。我们自己通过数据分析也发现了这个价值,所以才明确地从这个垂直领域去做一些事。现在来看,做这些事是一个非常正确的决定,在做的过程中影响力也就形成了。"[1]

在没有数字生活空间之前,专业领域与普通老百姓的沟通往往通过媒体等大众媒介进行。但由于中介的存在,再加上专业知识的晦涩,这种沟通很不顺畅,效果也不令人满意。在传统媒体领域,有一个重要的分工机制,叫作"跑口"。新闻媒体按照不

---

[1] 资料来源:项目组于2016年5月5日对微博运营副总经理陈福云的访谈记录。

同领域对记者进行固定线路的采访安排：有的负责时政报道，有的负责工业报道或农业报道，有的负责文化新闻和社会新闻的采访报道。也就是说，在大众媒体时代，专业价值的传递往往通过新闻记者之口，这就是信息不对称时代的中介机制。而在微博上，各个专业领域的专家可以直接与其用户面对面交流，少了一道沟通屏障，沟通自然更加高效直接，这就是"去中介"。正是数字生活空间的去中介化，使得圈层化的群体显得更加重要。专业价值在任何时代都是稀缺的，所谓术业有专攻，用户通过专业信息的咨询可以快速解决问题，本身就是一种成本的节约。对于微博上的生活者而言，当通过关注几个意见领袖的内容就可以满足基本需求的时候，就没有必要通过专业机构。而对于专业领域贡献优质内容的账号而言，生活者愿意为有价值的内容付费，这就为优质内容的生产和变现提供了动力和基础。目前，像医疗、财经股票类的用户甚至完成了从线上沟通到线下消费的良性循环机制。

在内容海量化和大量信息噪声的数字时代，过多的选择往往会造成用户的迷茫和无措。有效的圈层化可以让用户快速加入一个群体，提高获取信息的效率，降低失误的风险，并且能够在一个符合自身兴趣和价值取向的群体中获得更多的认同。对于生活者而言，这是一个主动消费的时代，这种主动性使得用户成为时代的中心。

基于兴趣的圈层族群，围绕的可能是某一专业领域、某一个明星、某类主题甚至某种生活方式或某一个事件。微博平台提供了圈层化的土壤。在文化上，这其实是一种认同的力量，是个体的基本需求，是个人意义建构的重要方式。如图1-3所示[①]，我们在微博上随手截取的一则博文，清楚地表现出了用户圈层化的意义建构需求。围绕着兴趣的圈层化是数字时代的重要趋势，其蕴含的社会价值和商业价值是可以期待的。

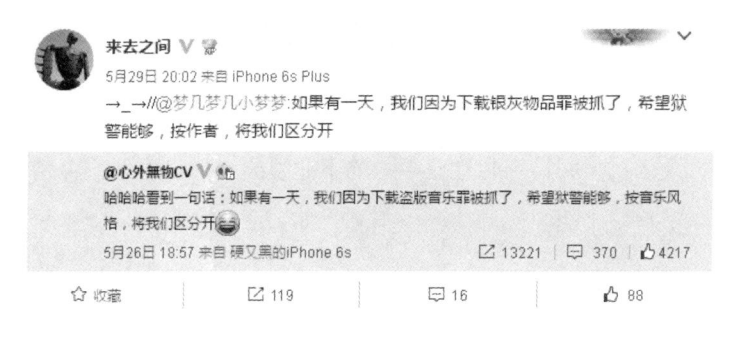

图1-3 基于兴趣的圈层族群发布的博文范例

微博上有一个"AllForBC-字幕组"的账号，该字幕组账号专门翻译和传播英国著名影星本尼迪克特·康伯巴奇（Benedict Cumberbatch）的所有内容（见图1-4）。现在该字幕组有近100名志愿者，虽然目前在微博上只有不到8万粉丝，但是他们志愿

[①] 本书有大量微博范例，而个人在发布微博时会使用大量的网络语言，甚至存在错别字，为展现这些微博的原貌，我们未对微博截图的文字进行调整。——编者注

经营的字幕组为国内用户了解本尼迪克特提供了一个重要窗口。显然，以人为中心聚集起来的圈层不仅是线上的，而且有线下的群体和聚会。这确实是一个全新的时代。

图1-4 本尼迪克特的"AllForBC-字幕组"官微

众多欧美和日韩明星在中国的事业发展得如日中天，中国观众想更多地了解他们是情理之中的事情。但由于不同国家之间的语言不通问题，观众在了解他们喜欢的国外明星时会面临无形的障碍，这时，有一个围绕明星的字幕组作为一座桥梁就显得非常重要。目前，在微博上搜索"字幕组用户"会出现4 700多条结果，当然这些并不是微博上全部的字幕组，很多账号虽然承担了字幕组的工作职能，但是在自己的账号信息中并没有提到"字幕组"这三个字。这些现存的字幕组，有些是专门做电视剧的，有些是专门做电影的，而有些则是专属于某一明星的，比如本尼迪克特的"AllForBC-字幕组"。

"AllForBC-字幕组"是一群本尼迪克特先生的"迷妹"为了

让更多人了解他、欣赏到他的作品而成立的。"AllForBC-字幕组"成立于2012年4月，运营至今已经五年有余。那时候贴吧依旧火热，她们最先从百度"本尼迪克特吧"起家，曾在贴吧、人人、豆瓣和微博上都拥有自己的宣传阵线，但是最后微博成为他们一切工作的重心。有些时候她们会思考在现在这种时代，微博对于一个字幕组来说意味着什么。著名美剧字幕组"人人影视"曾经在微博上发过一条关于"如何建立一个字幕组"的微博，里面的内容很简单，分三步：第一步，找齐基本的翻译后期工作人员；第二步，新建一个微博，起一个名字说字幕组成立了；第三步，新建一个网盘账号，上传做好的资源，再通过微博进行发布。至此，一个字幕组该走的程序已经全部走完。在这个人人皆可发声的时代，在这个有各种免费互联网资源的时代，成立一个字幕组的试错成本已经低到不能再低了。没有过去要建一个论坛、租一批服务器这些技术与金钱上的门槛，你需要做的只是做好作品，上传到网盘，再通过微博发布就可以了。

为什么是微博？为什么大家会选择把微博作为一个展示窗口？从四年前的多条线共同发展，到现在的几乎只剩下微博的单线发展的"AllForBC-字幕组"认为，微博拥有其他平台不可比拟的传播效果。微博的公开传播性与本尼迪克特的粉丝聚合性相结合，对于字幕组来说是一件很美妙的事情。微博不同于贴吧和豆瓣，这两个地方主要是依兴趣而生。不管是小站、小组还是贴吧，在这些平台上发布作品的话，几乎都只会被这个小站、小组或者贴吧的人看到，其他路人是根本没有办法看到的。不管这个人或者这个人的某一部作品有多热，你都只能感受到已经进了这个兴趣圈层的人的狂热和兴趣，而没有办法感受到在一个大的舞台上大家对这个人或者这个人的某一部作品的热情。但微博不是这样的，在微博这个平台上，你几乎可以接触到这个人或他的作品最广泛的受众群体，你有机会被所有人看见、被所有人喜欢。与此同时，你那些不那么热门的内容、那些不被所有人喜欢的东西，也会有粉丝看到并喜欢。微博几乎是完美地将热点扩散传播和粉丝精准兴趣投喂进行了结合。所以这就是"AllForBC-字幕组"在其他平台上的工作已经荒废，却依旧活跃在微博上的原因。在这里，她们可以被世界看见，也可以找到真正志趣相投的人。

数字市场：数字时代的商业形态

在对微博的价值进行提炼和阐释的过程中，我们一直强调要超越营销传播的层面，立足数字生活空间的整体判断。这种超越性的一个重要的方面是微博平台越来越具有市场的特征，一个闭环、逻辑自洽的市场形态已经初步显现。

目前来看，关于微博的数字市场化，多少具有预判性质。从大公共传播平台的价值到作为数字市场的价值的演进,一个重要表现是规模化的交易行为开始在微博平台上出现,生活者的消费行为在微博平台上逐渐养成。

需要说明的是,交易的整个流程并非全部在微博平台上完成。它承担的仅是前端的交易环节,是买卖双方的沟通,商品的展示和推广,客户关系的积累和维护,产品的设计和预售等基础环节;而对于购买、支付等重要环节,微博更希望它们发生在纯粹的电商平台或企业平台上。换句话说,微博把所有偏"重"的环节转移到其他平台上,确保平台本身的生态良性运转,而不是盲目搭载所有的功能。

再换一个角度,我们可以把微博这一数字生活空间想象为一个集市,所有的交易都是人与人的关系,不存在中介,传播的过程就是交易的过程。微博上的传播更像是传统的"叫卖广告",吸引到客户后马上引入店内进行消费。在微博上,可以说传播与销售分离的市场营销模式正在逐渐失效。

按照一个简单的逻辑来看,只要有人的地方就有需求,只要有需求就有市场。微博作为数字生活者聚集的平台、日常生活性的空间,其中必然有大量的需求不断被催生,时间上具有随时性和不确定性,满足这些需求将获得巨大的市场机会。

那么,一个亟待回答的问题是,用户并不欢迎营销信息,微博的数字市场化如何成为趋势?这可能是普遍存在的疑问。但是，深入思考之后就会发现问题中的漏洞。首先，这个问题的问法存在误区。它背后的逻辑和我们试图阐释的数字商业逻辑本身存在不同，即问题停留在传统营销逻辑，答案却在数字商业逻辑。为什么这么说呢？营销是"中介社会"的市场操作方式，在去中介化的数字生活空间中，买卖双方不需要媒体、渠道作为桥梁。在新的商业逻辑中，人就是消费者，也是渠道、媒体。在新的商业关系中，没有营销信息，只有服务信息，且信息跟着人走，当买家对卖家足够信任的时候，交易是非常简单的，不再需要"中介社会"时期建立起来的巨大的保障机制。所以，我们会看到一些网红小店，其面对粉丝生产的产品没有品牌，消费者也不知道生产工厂的地址，甚至没有权威机构的质量认证。在"中介社会"中，数字商业机制下交易的此类产品就是"三无产品"。但在新的商业关系中，我们看到了新的景象和新的未来，而这一切正在微博平台上萌发。

　　微博曾一度被比喻成农贸市场，各路人马来来往往，兜售着各类营销信息或产品，嘈杂混乱的商业性严重破坏了微博的生态。面对用户怨声载道甚至出逃的情况，微博近两年进行了转型升级，所有的营销动作几乎都要经过官方通道，营销信息得到了有效控制，商业化的图景也渐次显明。规范后的农贸市场好像升级成了高大上的购物中心。但是，必须承认，微博上依然存在着大量并非从用户角度出发的营销信息，此类营销传播信息保留了比较强的传统思维,它们并不属于我们在这一节所讲的数字市场逻辑的范畴。但是,对于微博和企业来讲,此类商业实践在现阶段当然是非常重要的,在营销技术和数据技术的支持下,这些是目前阶段行之有效的商业手段。我们应该看到这种商业价值在此阶段的必要性。但是,我们强调的数字商业逻辑确实是一个更高的阶段,要对各个阶段能做什么、什么是有价值的有着清醒的认识,这样才能保证既对未来保持清醒的头脑,也对目前应有的行动保持足够的自信。

有学者认为,微博是典型的两面市场:一面是明星、名人、企业、机构等,另一面是普通用户。微博作为一个天然的两面市场平台,如果能够规模化,后续的影响力和赢利能力会非常可观。"但在初期,平台参与者的诉求并不清晰,他们更多的是在做内容的发布与传播,在这种情况下谈商业模式显然为时过早。但使用微博一段时间以后,平台参与者的诉求开始分化,企业、名人对于自己要传播的内容更具选择性,而规模日渐庞大的草根用户对于想在微博上获得什么,也更加清晰,所以各种基于微博平台的商业模式就会应运而生……如果新浪微博能一直增加活跃的用户,多进行各种尝试,最后一定能找出自己特有的获利方法。"[①]微博发展到今天,其独特的数字市场特征越来越明显,

---

① 谢德荪.源创新:转型期的中国企业创新之道[M].北京:五洲传播出版社,2012.

企业在微博上的玩法从品牌和效果层面来看都有了较大的进步。同时，新创企业，包括以个体为中心的经济体等，都在这个闭环市场中不断把内容价值、传播价值转化为营销价值、销售价值。

我们把将微博视作数字市场的商业逻辑称为数字商业逻辑。数字商业逻辑的起点在于用户真正成为中心，随之，商家与用户的关系发生了根本变化，由买卖关系升级为服务关系，由大众传播转变为规模化的人际传播，因此，数字商业关系更加人性化，更加有温度。

有人就淘宝店的成本算过一笔账，得出的结论如下：生产成本约占销售额的30%，人工、税收、办公成本约占销售额的30%，普通店的营销推广成本约占销售额的30%。而如今从微博上起家的网红店不需要推广成本，代替它的是粉丝成本。对于小商家而言，粉丝成本理论尚可以忽略，无形中相当于节约了30%的成本。

可见，网红淘宝店和一般淘宝店的区别在于营销推广成本的下降，这是以用户为中心的数字商业逻辑的核心。在去营销化的服务关系中，成本结构的改变只是表象，更深层次的变化是一个新的商业逻辑逐渐浮现。没有数字化是不可能有这样的商业逻辑的，就像大众媒体时代，"以消费者为中心，消费者是上帝"的口号喊了若干年也从未真正实现。当然，目前的电商网红还只是数字商业逻辑的初级阶段，甚至更像是传统商业逻辑的优化版，而不是新的逻辑。

据《第一财经》发布的《2016中国电商红人大数据报告》显示，在2015年排行榜上的100位网络红人当中，实现赢利的红人占比高达85%，剩余15位尚未赢利或赢利情况未知。这意味着绝大多数的网红已经实现赢利，究其赢利方式，发现多数是开淘宝店。

而根据新榜2016年3月发布的网红排行榜，"整体来看，TOP100网红平均会运营两个平台，新浪微博账号人手一个，48位常发微信公众号，30位活跃于视频点播平台，常用视频直播的则有22位"[①]。他们分布平台的情况如图1-5所示。

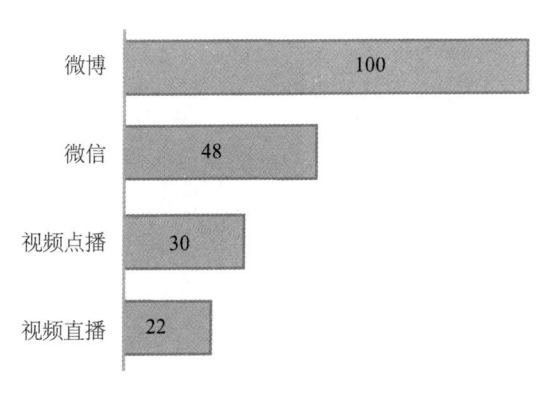

图1-5　TOP100网红运营平台分布

---

① 新榜研究院.新榜网红排行榜分析：凭什么他红我不红. http://weibo.com/p/1001603964601472549009 .2016-05-25.

可见，在这道多选题中，微博已经成为网络红人的必选项。在某种程度上，微博与淘宝已经形成了电商网红生态。为什么网红们如此青睐微博？原因就在于微博是最好的聚集用户的平台。

其实，"网红"并不是一个合适的概念。在数字市场中，企业甚至每个数字生活者都是商业主体或者说具有商业主体的潜力。负责微博商业运营的靳贝贝说："对于我个人来说，微博最大的一个好处在于它可以把你从一个无名小辈变成一个品牌塑造者，这个对于初创企业来讲非常重要。特别是在现在这个流量竞争白热化的阶段，你是不是能够脱颖而出？因为很多人其实具备优秀的产品、优秀的思路、优秀的理念，但缺少一个平台让自己一下子爆发。而微博可以，这是微博巨大的价值。"[1]

微博给每个人带来成为商业主体的可能，但不管是大型企业还是个人，最重要的是利用微博这样的数字生活空间，不断聚合用户。聚合用户的思路就是上文所述的圈层化，必须有一个以独特的兴趣为基础的价值点。微博用户的圈层化对于用户的增长和活跃是非常重要的机制，但同时它也蕴含了数字市场价值。反过来，用户的交易行为、消费行为又促进了数字市场的发育和成熟。

---

[1] 资料来源：项目组于2016年6月1日对微博商业运营部产品营销副总监靳贝贝的访谈记录。

北京大学教授刘德寰基于对互联网数据的分析，提出了族群的概念，他认为"个人是非常难找寻规律的，他一定在'群'里才有意义。生活形态是一切研究的源研究，族群是所有消费研究的基础。真正的所谓品牌，仅仅是服务于族群的一种商业展现……这实际上是在所有认识消费过程当中的一个基本逻辑……如果我们把这些族群一个一个地理解透了，对认知未来整个社会，无论是商业也好，还是生活也好，会有一个更大的空间，而且也可以更好地为未来的发展提供一些基本的判断"。[①]按照我们所讲的，作为互联网缩影的微博上到底有多少族群？目前，微博运营方正在努力构建的垂直领域是44个，囿于人力和时间的限制，微博上存在的垂直领域绝不仅限于44个。这些垂直领域或者族群蕴含巨大的商业机会，而针对各个族群的特点必然需要不同的商业模式。虽然目前还处于探索之中，但可以肯定的是，这是一个巨大的、待开拓的数字市场。

如上文所分析的，由一个个圈层化的族群形成的小趋势，正在加速商业社会的变革，催生数字商业逻辑的实现，"小趋势是一种只有细心观察才能发现的正在成长的群体，他们有目前众多公司、销售商、决策者和其他将影响社会行为的人或机

---

① 网易公开课，北大教授刘德寰：小族群中的大趋势[EB/OL].http://www.wtoutiao.com/a/1097891.html.2016-05-20.

构不能满足的需求"。①

由于微博坐拥巨量的活跃用户，这里不仅是微博的数字商业逻辑的起点，在某种程度上更是所有互联网企业的数字商业的起点。需要强调的是，微博作为起点的价值是基础性的，但整个商业逻辑的各个环节并不一定全部在微博平台上实现，这也是即使微博拥有自己开发的微博橱窗的电商工具，却仍然依赖淘宝的平台、支付宝的支付体系的原因所在。同时，对于企业而言，线下供应链的完善和各种服务系统的建设需要更多层面的支持，而不仅仅是停留在微博的闭环生态中。从企业的角度而言，微博是一个重要的平台和起点，有些工作能够在微博平台上实现，有些工作需要其他平台、线下工具等的支持。

微博自身的闭环生态正在逐渐完善，用户、内容、营销、电商、支付等基本布局已完成。目前，微博上完成微博账号与支付宝账号绑定的用户已经达到 4 500 万。支付体系与用户体系的打通仅仅是微博与阿里合作中的一环，据微博营销副总裁王雅娟透露，两者账户体系已经完全打通。"我们跟淘宝很清楚谁是微博的用户、淘宝 ID（账号）是哪个，都对得上。换句话说，在微博上的营销效果可以在天猫上同时看到，即使不是靠点击。这个数据打通之后，比如在微博上做营销，可以知道这个话题什么人看

---

① 马克·佩恩. 小趋势[M]. 刘庸安，贺和风，周艳辉，译. 北京：中央编译出版社，2008.

到了、什么人参与讨论了、多少人转发了。同时，在天猫上可以看到被微博广告触达的人，在天猫上有多少人搜索、多少人收藏店铺、多少人在线购买，多少人是这个店铺的新用户，哪些是老用户，哪些是粉丝转化的，哪些是非粉丝转化的等。由于在微博上做营销，还可以知道老用户拜访的频次是不是有变化……"[①]

微博一方面联合阿里这样的第三方共建以兴趣为导向的移动社交电商体系，制定明确的规则，保障生态；另一方面，微博的海量达人通过不断生产优质内容带动产品销售，实现了低门槛的电商化。不同的是，这并非微商层面的单纯售卖，本质上是人与人的关系，一个没有较强的粉丝连接关系的账号是不可能实现良好的销量的，因为其本质上是对一种生活方式或价值观的认可，是基于兴趣或圈层的销售价值的转换。

如图1-6所示，微博为保证整个电商体系的良性运转已经有了整体的策略布局，从商品发布渠道到推广工具，从交易工具到服务工具，一个交易闭环已然形成。比如在产品部分，除了外链到淘宝、京东等外部电商之外，微博自身也有微博橱窗这类自有的发布平台。但是，对于微博来讲，微博橱窗的作用更多的是展示，销售行为依赖淘宝等其他电商平台发生是更为合理的战略选择。

---

① 资料来源：项目组于2016年3月31日对微博营销副总裁王雅娟的访谈记录。

图 1-6 微博产品组合

在这里，我们以"@博物杂志"的微博账号为例（见图 1-7），向大家说明企业是如何利用微博这一数字市场开拓自己独特的赢利模式的。希望博物杂志的案例可以帮助读者对数字市场进行初步理解。

图 1-7 "@博物杂志"的微博账号

《博物》杂志是由中国国家地理杂志社出品的一份科普杂志，"@博物杂志"微博账号是该杂志的官方微博账号，被大家亲切地称为"博物君"。本应该是一个卖杂志的账号，却经常忘记自己真正的使命，以至于在跟网友发生关于自己到底是不是营销号的争论后10分钟会忽然幡然醒悟，发微博称"突然想起来，我好像还真是营销号"（见图1-8）。但是，如果博物君是营销号，那也称得上是"营销号"界的良心。因为博物君一个人几乎撑起了微博奇怪东西鉴定的半边天，从各类花植到鸟兽虫鱼，几乎没有他不认识的物种，甚至仅依靠物种的"残肢断臂"，都能清晰辨别出其真身（见图1-9）。一年四季365天，每天"@博物杂志"都在微博上面对着各种奇奇怪怪的"@"和评论。而博物君就用简单粗暴、浅显易懂的语言来给大家科普那些千奇百怪的物种，积累了一大批"死忠粉"。

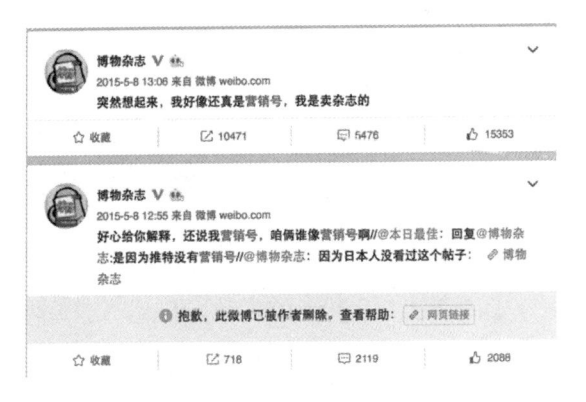

图1-8 "@博物杂志"与网友的"营销号"之争

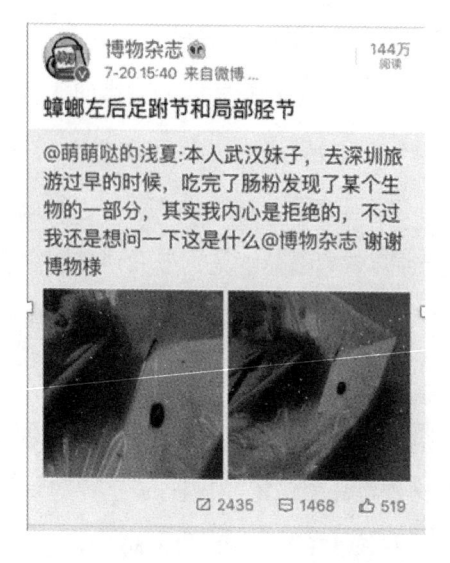

图1-9 "@博物杂志"发布的科普博文

中国国家地理杂志社出品的杂志除了《博物》，还有《中国国家地理》和《中华遗产》。中国国家地理杂志社在微博上除了"@博物杂志"这个账号外，还有"@中国国家地理""@中国国家地理旗舰店""@中华遗产杂志"和"@丘山志"等微博账号。它们环绕着中国国家地理杂志社形成了一个微博账号矩阵，每天活跃在微博上，卖萌科普、互相调戏，给粉丝们发福利，时不时卖一卖杂志，随时和中国国家地理杂志社的读者朋友保持着亲切友好的联系，在微博上深受粉丝的喜爱和追捧。这种喜爱和追捧也越来越多地通过中国国家地理杂志社天猫旗舰店的销售数据体现出来。

"@中国国家地理旗舰店"的主页君柳永山曾在2015年的采访中表示:"自2013年8月开通微博以来,受益于微博平台的导流,中国国家地理杂志社天猫旗舰店的销售额提高了78%。"[1]而天猫店铺的火爆并不仅仅是杂志的销售从线下到线上的转变,而是通过线上的社交资产积累,中国国家地理杂志社在网络上找到了一些新的用户群体;或者说通过中国国家地理杂志社的这些微博账号在微博上的表现,一些新的用户群体在微博找到了它们,发现了它们的存在和价值。"我们纸刊的主要订户多是偏爱纸质阅读的中年读者,从微博征订的后台数据中可以发现有非常多的大学生、刚入职的年轻人成为我们的新订户。从整体来看,通过微博、微信等新媒体平台搞营销并不是与传统渠道抢客户,其中真正与传统纸质阅读重合的读者群体很少,更多的是适应网络消费习惯的新用户。"[2]在微博上,《博物》杂志其实拓展了新的市场。

而在微博上积累的社交资产给中国国家地理杂志社和旗下的杂志带来的不仅是销量上的提升、销售额的增长,还给它们带来了诸多其他的变现方式,而这些变现方式中当然少不了微博上当前最热门的两种社交资产变现方式——广告和电商。

---

[1] 李淼. 微博订阅季. 媒体收成不错[J/OL]. http://www.chuban.cc/sz/sj/201501/t20150113_163103.html. 2016-06-11.

[2] 同上。

作为营销号的良心,"@博物杂志"一般很少接和中国国家地理杂志社无关的商业广告,即使接了广告,在要发之前博物君也会和粉丝通报一声,发出来的广告往往精美又显得有良心,充满了有趣的科普知识,捎带那么一点儿小小的讨好之意。博物君和百雀羚做了一系列"#花YONG百出#"的科普广告(见图1-10),制作精良,即使是广告,粉丝们也非常喜欢。之后博物君给乐视的年度大戏《芈月传》做过一篇考据的广告,还为天猫召集淘公仔做了一期广告。

图1-10 博物君和百雀羚做的系列"#花YONG百出#"的科普广告

在天猫的"6·18粉丝节"将要到来之时,"@博物杂志"和"@中国国家地理旗舰店"又一起给天猫的"6·18粉丝节"做起了广告(见图1-11)。

图1—11 "@博物杂志"和"@中国国家地理旗舰店"
给天猫的"6·18粉丝节"做的广告

说起电商变现这一点,大家可能会好奇,它们不是本身就是在微博上卖书或杂志的吗?怎么还会有社交资产通过电商变现这一说呢?

没错,之前,中国国家地理会卖书,会卖杂志,也会卖明信片，但是在 2016 年 3 月 7 日，博物君发了一条"博物君出周边了？快买一个看看是不是做梦"的微博（见图 1-12），随即博物杂志的官方周边店"博物小馆"出现在了人们眼前。

图 1-12 "@博物杂志"发布的博物君出周边博文

博物小馆是博物杂志社在淘宝上开的一家淘宝店，主要售卖博物杂志的周边。淘宝店铺博物小馆在 2015 年 11 月左右便完成了淘宝店铺的实名认证，所以在正式开业之前，博物杂志社对于这个项目应该有所准备。博物小馆推出的第一套周边是"天然呆"系列动物手办模型（见图 1-13）。这套手办里面包括小熊猫、黑熊、蜂猴和兔狲四种动物，单个 38 元，一套 128 元。这一套手办上线当天，就被一抢而空。随后，博物小馆又进行了第二批和第三批补货，又很快售空。截至我们对《博物》杂志进行案例整理时，这一套手办在博物小馆的店铺中还处于下架待补的状态。

图 1-13 博物小馆推出"天然呆"系列手办的淘宝商品页

博物小馆自然市集的店铺信誉在短短的三个月内已经变成淘宝双蓝冠，淘宝双蓝冠店铺的标准是已经完成了 20 001~50 000 笔有效交易。

除了这套小动物的手办，由博物杂志社推出的其他的周边也经常一经推出便告售罄。还有一些在架的产品也大都销量可观，比如最新推出的珍藏星空笔记本套装，30 天已售 2 811 件。

"@博物杂志"现在有粉丝 391 万，已然是个大 V。从最开始作为一个服务于杂志本身的微博账号，到科普界的半边天，再到现在这样一个"科普广告两不误，周边小店开起来"的微博账号，其实现了传统媒体通过在微博上对自己社交竞争力的打造，积累了丰富的社交资产，并在合适的时间实现了社交资产的变现。

互联网的兴起，让一切信息都变得唾手可得。内容为王的故事我们听过很多遍，但内容是跟着生产内容的人走的，人到了哪里，好的内容就到了哪里。所以在今天，传统媒体早已不再拥有内容的天然优势。但这一切并不代表着传统媒体无路可走，《博物》杂志在很大程度上已经突破了传统媒体的束缚，拥抱了互联网，进入了数字市场新的商业逻辑。《博物》杂志作为一本较为小众的科普杂志，通过"@博物杂志"账号在微博上的运营，让越来越多的用户知道，也被越来越多的用户喜欢。这为杂志本身带来销量增长的同时，还催生了新的赢利方式。随着"@博物杂志"影响力的扩大，账号的变现能力也在与日俱增。

综上分析，从大公共传播平台到数字生活结构再到数字市场的概括，三者之间是环环相扣、紧密相连的。在大公共传播平台的基础上，由兴趣形成的圈层化数字生活结构为数字市场奠定了基础。也就是说，微博平台成为规模化人际沟通的数字生活服务平台，由数字生活到数字市场正是全新的数字商业形态的根本所在。

第二章

涅槃重生：新商业化图景浮现

2015年12月底,微博运营方的工作人员与项目组进行了一次深入的交流,就微博的经营情况进行了探讨。经过沟通,我们谨慎地认为"微博复活了"。带着这样的假设和作为微博用户的直觉,我们开始深入调研微博。在此过程中,我们有两个感受越来越清晰:第一,微博并没有死,所以谈不上"复活",虽然经历了一段时间的触底,但很快反弹,而且这次反弹的路径并不是"原路返回";第二,在反弹的过程中,微博基本上完成了一个深度的升级、转型过程,无论是运营层面还是商业层面,今天的微博玩法已经迥异于前。

回顾微博的发展历程(见图2-1),其遇到的问题可以总结为两个方面。第一,商业化问题。虽然微博在创始之初经历了非常火爆的阶段,但始终没有找到合适的商业化路径,一直处于赔本赚吆喝的状态。第二,产品运营问题。在微博商业化的问题还没有解决之前,快速发展的微博前景被看好,但是从2013年开始,由于各种各样的问题，微博在用户和内容等方面开始出现问题，微博发展遭遇瓶颈。多种因素同时迸发，唱衰微博的声音骤然兴起，微博触底时期开始。

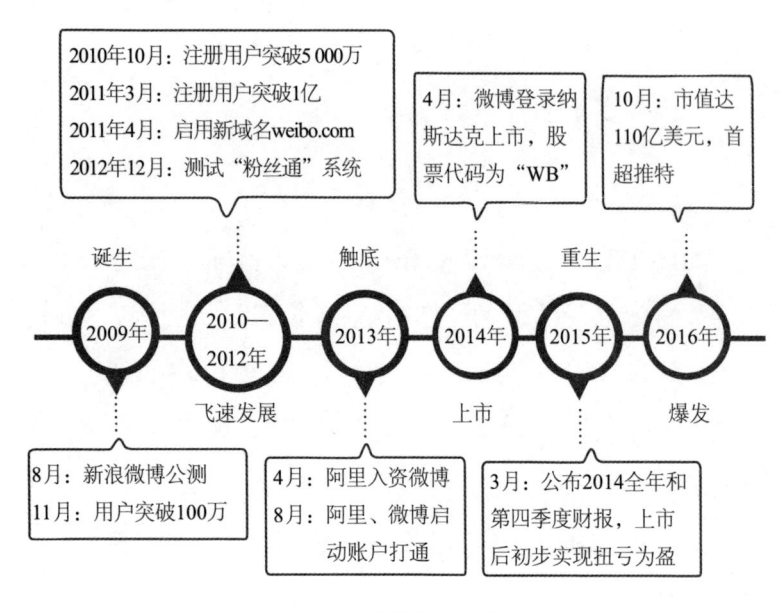

图 2-1 微博发展大事记

反弹与升级：微博的战略调整

2009 年 8 月 14 日，新浪微博上线，迅速成为我国用户数最多、最引人关注的微博产品。2012 年，新浪微博注册用户继续保持稳定增长，于2月突破3亿，9月突破4亿，在12月一举突破5亿大关。与此同时，微博日活跃用户也保持持续上涨的趋势，截至2012年12月，微博日活跃用户达到4 620万，与2011年同期相比上升了82%（见图2-2）。

图2-2 2012年新浪微博日活跃用户增长情况

但是进入2013年之后，国内微博类APP（应用软件）的发展开始明显变得缓慢起来。据中国互联网络信息中心（CNNIC）发布的第33次《中国互联网络发展状况统计报告》显示：2013年，国内微博类产品发展出现转折，用户规模和使用率均出现大幅下降。如图2-3所示，截至2013年12月，我国微博类产品用户规模约为2.81亿，较2012年年底减少2 783万，下降9.0%；网民中微博类产品的使用率为45.5%，较2012年年底降低9.2个百分点。

2012—2013年微博用户数和网民使用率

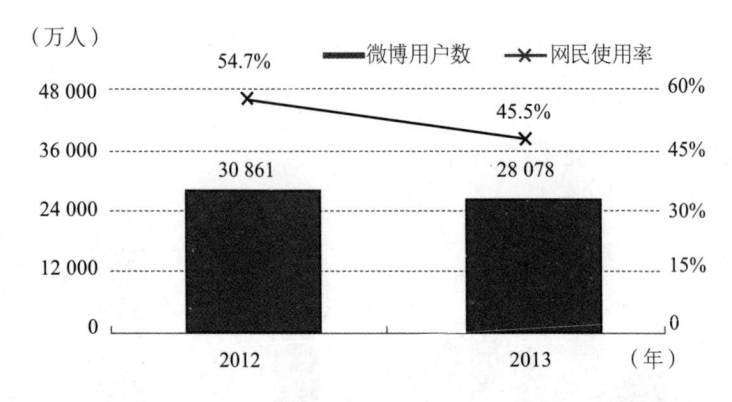

图2-3 2012—2013年新浪微博用户数和网民使用率统计图

资料来源：中国互联网络发展状况统计报告，2013年12月，CNNIC

2013年的微博产品众多，CNNIC的这一数据到底多大程度上能够反映新浪微博的情况？根据经验判断，2013年新浪微博的各项数据指标确实开始下滑，在一定程度上印证了用户经验。CNNIC的数据在2014年年初发布，正赶上微博赴美上市前夕。针对这一数据，于2014年3月27日更名为"微博"的新浪微博，在招股说明书里也有过相应的阐述：尽管在过去两年内，微博（新浪微博）的日活跃用户和月活跃用户持续增长，但我们的一些竞品可能因为2012年的一些特殊事件发生了用户数下降的问题。如果微博这种形态在中国网民中的使用人数下降，我们的用户基础可能无法增长、维持或提高用户参与度[①]。

另外,微博在招股书中也对 2012 年 3 月—2014 年 3 月的数据进行了说明,如图 2-4 和图 2-5 所示。

微博日活跃用户							
2012年3月	2012年6月	2012年9月	2012年12月	2013年3月	2013年6月	2013年9月	2013年12月	2014年3月
0.295	0.357	0.411	0.451	0.486	0.528	0.589	0.614	0.666

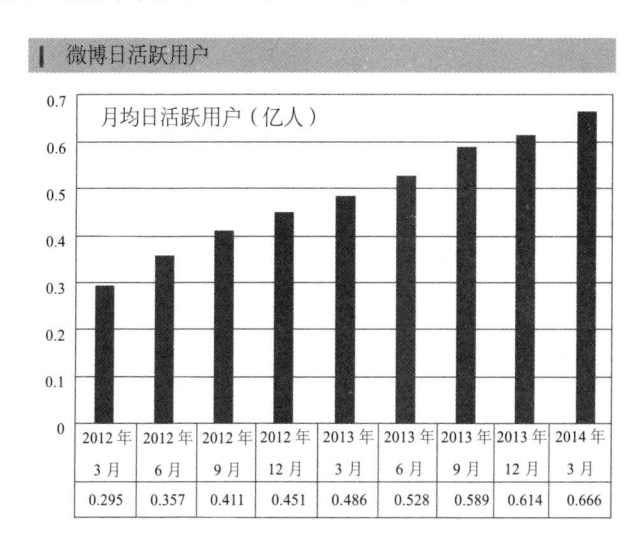

图 2-4　2012 年 3 月—2014 年 3 月新浪微博日活跃用户增长情况

---

① 原文为:Although we have experienced continued user growth as shown by the continued increase of our MAU and DAU for the past two years and some of our peers may have declined user base after a special event driven year of 2012, if microblogging declines in popularity among Chinese internet users, we may be unable to grow our user base or maintain or increase user engagement.——新浪微博招股说明书第 20 页,2014。

微博月活跃用户

	2012年3月	2012年6月	2012年9月	2012年12月	2013年3月	2013年6月	2013年9月	2013年12月	2014年3月
月活跃用户（亿人）	0.715	0.798	0.916	0.967	1.073	1.204	1.231	1.291	1.438

图2-5　2012年3月—2014年3月新浪微博月活跃用户增长情况

2014年4月17日，微博在美国纳斯达克上市。从2014年3月到2016年3月，微博日活跃用户开始了新一轮的大幅增长（见图2-6）。

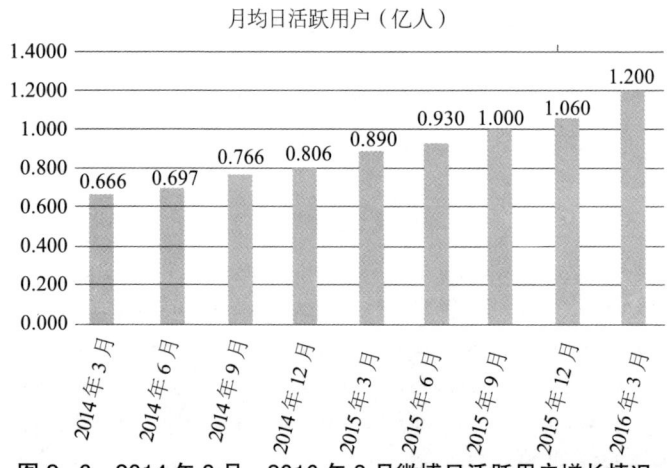

	2014年3月	2014年6月	2014年9月	2014年12月	2015年3月	2015年6月	2015年9月	2015年12月	2016年3月
月均日活跃用户（亿人）	0.666	0.697	0.766	0.806	0.890	0.930	1.000	1.060	1.200

图2-6　2014年3月—2016年3月微博日活跃用户增长情况

2014年第一季度到2016年第一季度微博月活跃用户也呈现了大幅增长，如图2-7所示。

微博月活跃用户增长（万）

季度	数值
2014Q1	14 380
2014Q2	15 650
2014Q3	16 700
2014Q4	17 600
2015Q1	19 800
2015Q2	21 200
2015Q3	22 200
2015Q4	23 600
2016Q1	26 100

图2-7 2014年第一季度到2016年第一季度微博月活跃用户增长情况

事实上，不论是从微博内部还是外部的角度来看，2013年的微博都并非处在真正的"衰落"状态。微博运营副总经理陈福云在新浪工作已有十余年，目前负责微博的用户运营工作。在谈到2013年微博内外的数据变化时，他说道："我们的数据一直在上涨，只是速度在那个阶段出现了下滑。增速下滑，但总数一直在上涨，日活跃用户、月活跃用户也在上涨，只是涨得没那么快。"[①] 从与微博密切相关的第三方公司角度来看，对2013年的微

---

① 资料来源：项目组于2016年5月5日对微博运营副总经理陈福云的访谈记录。

博也有相似的说法。鼓山文化公司是一家拥有大量签约段子手和草根大号的经纪公司，其发展基本上依附在微博平台上，他们对微博的变化的感受可以用"春江水暖鸭先知"来形容。鼓山文化CEO冯子末谈到2013年左右唱衰微博的声音时认为："其实，微博触底后很快就反弹了……只是反弹到顶上经历了很长一段时间，但反弹的过程一直在持续。"[①] 直至今天，外部仍不乏对微博用户增长前景做出积极预测的第三方机构。2016年7月，华尔街著名投资银行杰富瑞（Jefferies）首次发布针对微博的投资报告，给予微博"买入"评级。报告指出，在2016—2017财年，微博的用户增长水平能保持20%以上。此判断基于以下四点。第一，在三线及以下城市，微博的渗透率仍有较大提升空间。相对于大城市而言，它与微信之间的差距相对较小。第二，90后以及更年轻的人群在社交媒体的活跃度更高，目前他们在微博用户中的比例达到57%，而2012年仅有37%。第三，国产手机预装。第四，专业制作的内容消费量正在提升，比如短视频和直播。

尽管多方都表明微博并"没有死"，可是从个人经验的角度判断，确实身边很多人不再使用微博。那么为什么微博的各项数据还在上涨？微博的数据表现似乎没有那么差，那么各种唱衰微博的声音为什么此起彼伏？当我们重新评估微博的时候，微博在

[①] 资料来源：项目组于2016年4月7日对鼓山文化CEO冯子末的访谈记录。

2013年的那次下滑是始终绕不过去的一道坎，必须有一个合理的解释。经过一番深入调研，对于这个问题的答案基本上水落石出。在厘清此次下滑的原因之后，我们反而认为，解释清楚这次下滑并没有那么重要。我们甚至认为，这次所谓的"下滑"对微博来说是一件好事。无论是造成此次下滑的内部原因还是外部原因，对微博的升级转型，对微博突破之前始终无法成功商业化的阻碍而言，更像是一种催化剂。

下面，我们希望通过深度访谈和调查资料进行分析和梳理，总结出在这一阶段微博出现"衰落"现象的原因，并试图在回答各种问题和困惑的同时，把微博转型升级（见图2-8）的过程呈现出来。

图2-8 微博反弹升级措施矩阵

在反弹中完成用户结构重组

在微博发展早期，一二线城市的用户占到了绝大多数，用户分布并不均衡。微博 2013 年的用户流失和活跃度下降，首先体现在这群用户的流失。经过这两年的调整，微博的用户分布正在趋于均衡，用户结构也更为合理。以微博用户的地域分布为例，微博用户由早先的集中在一二线城市到目前的“遍地开花”，体现了微博用户结构地域下沉的战略取得了良性进展，详见图 2–9。

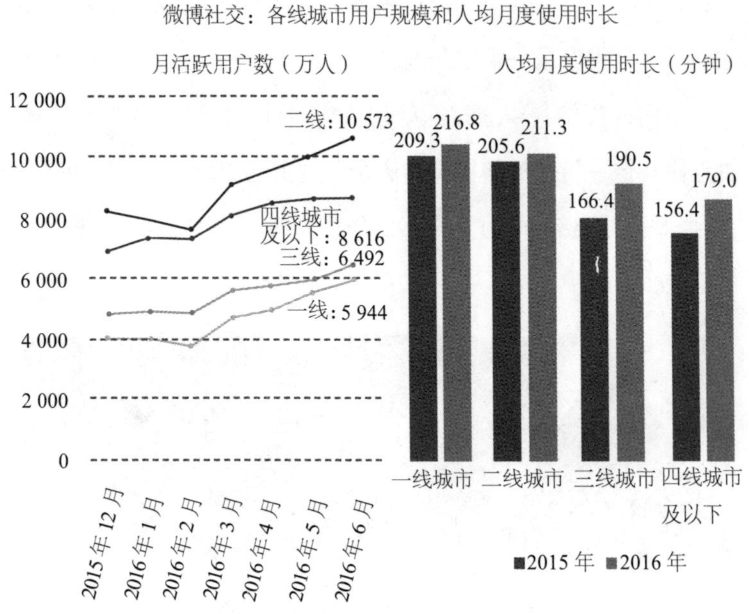
微博社交：各线城市用户规模和人均月度使用时长
月活跃用户数（万人）
人均月度使用时长（分钟）
12 000
10 000
8 000
6 000
4 000
2 000
0
二线：10 573
四线城市及以下：8 616
三线：6 492
一线：5 944
2015 年 12 月
2016 年 1 月
2016 年 2 月
2016 年 3 月
2016 年 4 月
2016 年 5 月
2016 年 6 月
209.3
216.8
205.6
211.3
166.4
190.5
156.4
179.0
一线城市
二线城市
三线城市
四线城市及以下
2015 年
2016 年

图 2–9　微博用户地域结构分布图

资料来源：QuestMobile TRUTH 标准版，2016 年 6 月

笔者生活在北京，确实在很长一段时间，身边使用微博的朋友越来越少。我们曾一度认为：微博已死。一线城市的老用户

短暂性的快速流失应该是一个不争的事实，但随着三四线城市的用户增长，一线城市用户也在回暖、增长，虽然比例下降，但整体处于均衡上升的状态。用户结构的"换血"在此过程中悄然发生，完成了微博自身的第一个转型升级。

微博的用户结构变化是怎样发生的？最大的原因就是随着移动互联网的兴起，微博运营方果断开启了微博的移动化战略。经过调整，微博目前的移动用户占比已经接近90%，这与智能手机的普及是息息相关的。"这三年是国产智能手机大爆发的时段，国产手机的迅猛发展使智能手机的成本和售价变得非常低。千元智能手机出来以后，购买手机的人数在大幅增长，随着智能手机发展而迅速发展的移动互联网也使网民数量快速增长。微博APP预装在智能手机中，买了手机就带着微博APP，所以随着智能手机的渠道下沉，微博的整个用户量向二、三、四线城市的渗透速度非常快。"[1]

观察微博的客户结构，可以发现各类"手机品牌"是微博非常重要的客户群之一，它们与微博之间有着密切的关系。手机厂商利用微博建立和加强了品牌知名度与美誉度，加强与消费者的互动，微博便利用手机预装的方式换来了大量新用户。比如，作为粉丝经济的典型，小米在微博上开始建立自己的品牌，积累粉

---

[1] 资料来源：2016年微博营销副总裁王雅娟在江苏工商局的培训课堂上的讲课记录。

丝，做粉丝运营。虽然微博并没有拿到多少小米的广告预算，但是小米通过置换资源，"用手机的预装做置换，换了微博大量的广告资源"①。

陈福云甚至认为，拿到移动互联网船票的微信也为微博的移动化贡献了自己的力量。"其实微信的普及使得越来越多的人接触移动互联网，所以本来就是个红利。在这个基础上，哪些APP能有机会进入用户的视野，或者已经进入用户的视野，就多了几分机会。比如每天《新闻联播》结束后主播都会让观众关注微博、微信、新闻客户端。其实用户是被教育过的，这个时候当用户能用手机上网的时候，可能就会选择那几个APP，所以这是个红利。"②

微博用户结构的变化不仅表现在城市分布上，还表现在年龄结构上。微博的用户正在趋于年轻化，根据2012年至2015年的《微博用户发展报告》，2012年微博90后的用户占比为37%，2013年则是53%，2014年，19至35岁用户占月活跃用户总量的72%，而到了2015年，17至33岁群体则占到了全部移动用户的83%。年轻用户不仅是互联网的主力军，更是消费的主体，他

---

① 资料来源：2016年12月23日微博营销副总裁王雅娟在北大新传的分享记录。

② 资料来源：项目组于2016年5月5日对微博运营副总经理陈福云的访谈记录。

们对微博价值的肯定为微博的持续发展奠定了重要基础。图 2-10 所示的博文是知名媒体人"@传媒老王"的一条微博。他认为微博已经成为年轻人了解世界的重要窗口。

图 2-10 "@传媒老王"发布的对微博价值的见解博文

目前专注于互联网内容创业服务的新榜 CEO 徐达内的一段话，印证了微博用户结构（见图 2-11）悄然发生的这种变化："其实我觉得，微博在过去的一两年中实现了某种程度的涅槃重生，最重要的是微博用户下沉了，下沉到三四线城市，下沉到年轻人、90后甚至00后。这当然跟中国过去一两年微博上大V的出走、消失是有关系的。"①

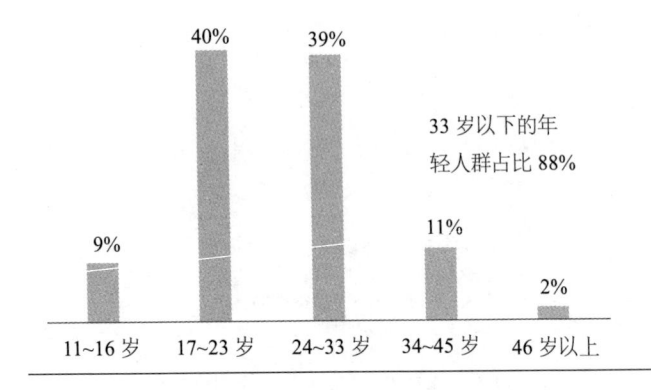

年龄段	占比
11~16岁	9%
17~23岁	40%
24~33岁	39%
34~45岁	11%
46岁以上	2%

33岁以下的年轻人群占比88%

图2-11　微博2015年用户年龄构成

资料来源：新浪微博数据中心，华创证券

对于微博而言，除了用户结构的变化，另一个重要的改变是微博内容结构发生了质的变化，给用户提供了不同于微博初创时的价值。微博内容的创作者不再局限于明星名人和搞笑段子类账号，各类垂直领域中小V用户也大量崛起，此类用户的崛起使得中间用户和普通用户的存在感更强，基于兴趣的圈层化也开始强化微博平台上的弱关系。这让微博的生态更加健康。

---

① 资料来源：项目组于2016年4月29日对新榜CEO徐达内的访谈记录。

微信不是敌人：对微信冲击的再认识

对于微博在 2013 年的衰落，我们听到最多的解释是当时微信的崛起给微博带来重大的冲击，认为微信对微博是一种取代关系。虽然客户和用户很快认识到二者不同的价值，但微信的冲击确实是实实在在的。大量的用户时间转移到微信，这对尚未成功实现移动化的微博造成了巨大的负面影响。同时，客户也纷纷投向微信寻找新的营销机会，这对尚未找到合适商业化模式的微博来讲更是一个致命冲击。

在访谈过程中我们发现，数字营销工作者大多认为微信的崛起是微博衰落的原因之一。很快，他们又认识到微博无可取代的传播价值，回归微博，并在 2014 年和 2015 年沉淀了一批优秀案例。

新浪董事长兼 CEO 曹国伟在不久前表示："微博与微信竞争最激烈的时期已经过去。微博与微信的两个社交媒体属性完全不一样……微信的核心是通信需求，是熟人间的社交，用户多、使用频率高。微博是公开网络，具媒体属性，相同内容的传播速度和影响力要大于微信。两个网络可以同时发展，同时往前走。"[1] CNNIC 在其发布的《2015 年中国社交应用用户行为研究报告》中，对微

---

[1] 腾讯科技雷建平，新浪 CEO 曹国伟.微博与微信竞争最激烈时期已过去 [EB/OL].http://tech.qq.com/a/20160423/021461.htm.2016-04-30.

博与微信的不同总结为：微博是垂直化的兴趣社区，微信是高频互动的网上"熟人社会"。

天猫市场部数字营销总监段玲谈到微博与微信价值的区别时认为："第一，比较懂行的新媒体人都应该知道，微博能够以相对性价比更高的方式去带动量，而微信带动不了量。第二，微博的话题性，也就是决定一个话题是否能火的源头在微博，今天在朋友圈刷屏的很多热点社会事件和话题的来源都是微博。第三，微博很天然的一个优势是红人效应，做品牌、做传播必定会跟明星网红联系或者合作，这算是微博很有优势的地方。"[①]

2014年，微博运营方发现原先流失掉的用户正在慢慢回流。微博运营副总经理陈福云认为，2014年微博的回暖与用户重新认识微博与微信息息相关。"大家发现微博和微信是两个东西，完全不一样。用户关注和分享的内容也有所不同，在朋友圈流行的养生文章或假新闻等内容分享到微博上是会被人骂死的。用户意识到差异以后，在2014年微博用户开始回流，可以看到用户量又开始增长了。"[②]

从用户价值角度看，微博具有较强的公共领域属性，非常容

[①] 资料来源：项目组于2016年4月27日对天猫事业部市场部数字营销总监段玲的访谈记录。

[②] 资料来源：项目组于2016年5月5日对微博运营副总经理陈福云的访谈记录。

易形成讨论，微博上的信息基本上都是经过反复"烧烤"的。由于这种公共性和开放性，内容本身具有了自我纠正的特性，这与封闭空间内的信息是不同的。如图2-12所示，这种反复辩论、验证的文化是微博平台的重要特征。

图2-12 微博上用户转发、评论图与微信朋友圈截图

在微博平台上，用户更容易获得参与感，深度参与内容的协同创造，用户本身不断创造内容，带动与其他用户的讨论，进一步激发用户生产内容的积极性。冯子末认为"微博是集合大家的脑力来做一些有最好的内容的一个平台。比如做一些话题，大家都参与这个话题。产生了更多好的内容之后，微博再做投放，同时把这些好的内容进行集合，到微信中投放。其实，对于内容创作者本身来说，微信更像渠道，可能更像是能深度运营的东西。微博更像是能塑造自己整体的、人格化的（形象的）一个平台"。[1]

微博每天产生的大量话题，拥有巨大的传播力，是其社会影响力的重要体现方式。"微博有非常大的价值，特别是在一些广场性的话题、公共议题、爆发性话题上面，它拥有微信无法匹敌的优势。因为微信是熟人社交，是相对更隐私化、隐秘化的社交，使得话题的爆发能力相对较弱。"[2] 目前已经有越来越多的人认识到这种区别，"你只要把微博当作能和别人互动，同时你有能力就能跳脱出来、产生价值的一个平台就行了。微信的朋友圈是纯好友之间的互动，你发个再怎么样的东西，也会有一两个人跟你互动，这种互动在心态上是不一样的。在微博上你可能找到

---

[1] 资料来源：项目组于 2016 年 4 月 7 日对鼓山文化 CEO 冯子末的访谈记录。

[2] 资料来源：项目组于 2016 年 4 月 29 日对新榜 CEO 徐达内的访谈记录。

更多的人沟通交流，就像前两天和颐事件一样，只能在微博上发酵，微信上肯定没人理会。"①

微信的冲击来势汹汹，但当"冲击"真正到来之时，微博突然发现，微信不是冲着微博来的。虽然有一些负面影响，总体来讲是虚惊一场。

大 V 出走？

2013 年微博用户活跃度下降，大 V 出走成为一个显眼的原因。一时之间，对于大 V 出走的报道更加坐实了微博的衰落。对于两三年前的大 V 出走事件，我们至今记忆犹新。但是，今天我们要重新发问：大 V 出走是坏事吗？大 V 真的出走了吗？

从某种程度上讲，微博早期把自身定位为"媒体"确实招致了许多不必要的麻烦。拥有巨大社会影响力的微博，俨然成为一个虚拟的社会，大量社会性的和政治性的讨论在微博上特别抢眼。但是，这对于微博的商业化来讲并不是一件好事。曾因为FT中文网撰写媒体札记而闻名业内的徐达内，对此有特别的感受："坦白讲，在 2013 年和 2014 年之前，微博某种程度上来说过于意识形态化，过于政治化，过于时政化。当然这个也不是微博从

---

① 资料来源：项目组于 2016 年 4 月 7 日对鼓山文化 CEO 冯子末的访谈记录。

一家商业公司角度想看到的,它更多地变成了一个吵架对立的地方。虽然这有一定的好处,实现了一些启蒙和公民教育的作用,但从商业的角度来说,是一件非常难处理的事情。不管是从风险,还是从商业化变现的角度,这都是一件比较麻烦的事情。在经过这么一场变革以后,在经过微博自己的努力之后,你可以看到微博现在明显已年轻化,下沉到三四线城市。过去的那些大V反而不再是唯一的中心,我觉得这是一个好现象,公知不再是唯一的。从微博的角度来说,它也不愿意大家天天讨论意识形态,那多麻烦。"[1] 所以,从某种程度上讲,大V的出走和微博用户结构的悄然变化,加上微博有意地扶持各类垂直领域中的意见领袖,不断强化微博的生态价值,使得微博在很大程度上摆脱了早期过于政治化的困境。

但是,由于微博的公共价值,微博能够给大V提供的社会影响力是其他平台无法比拟的。因此,微博用户的回流也包括大V的回归,"所谓的离场就是基于各方面的压力,大V们就少说话了,该看的大家不还是在看吗?现在慢慢地你会发现有些大V又开始说话了。大家会因为不知道尺度而不说话或者少说话,但实际上该看的大家都在看"。[2]

---

[1] 资料来源:项目组于2016年4月29日对新榜CEO徐达内的访谈记录。
[2] 资料来源:项目组于2016年5月5日对微博运营副总经理陈福云的访谈记录。

第二章 涅槃重生：新商业化图景浮现

负责微博用户运营的陈福云在谈到这个现象时说："我曾经监测过一些大佬的微博数据，几乎天天登录，天天刷着看。以前他们是天天发言的，后来不发了，因为没什么发的，甚至有时候被攻击，所以不发了，但是很多人其实都在看。第一，微信分流，所以大家会觉得微博不行了。第二，用户玩了一段时间以后，感觉微博其实没那么火了。第三，出现一些针对微博的管控，大家会认为微博在走下坡路，就要不行了。"① 大V出走并不是微博能够左右的问题，比如一些大V发表不合适的政治言论甚至加重了微博的运营负担，而企业领导者或高管的言论常引起股市变动等。水能载舟，亦能覆舟，正是微博的社会影响力，也给这些大V进一步提升企业影响力提供了独一无二的舞台。此处的大V出走更多的是指非商业性的、偏时政评论的大V，而影视娱乐明星甚至企业大V基本上没有出走。比如，沉寂已久的赵本山为了给女儿参加网络主播评选活动拉票，于2016年5月31日发博为女儿拉票（见图2-13）。自2010年开通微博以来，这是赵本山的第九条微博，并且这条微博距上次发博（2011年2月3日）已逾5年时间。

---

① 资料来源：项目组于2016年5月5日对微博运营副总经理陈福云的访谈记录。

图2-13 赵本山在微博上发布博文为女儿拉票

此外，不得不提的是，正是由于早期段子手、大V和各类娱乐明星等账号的影响力过大，使得普通用户的存在感越来越弱，优质内容生产遭遇瓶颈。对于用户来讲，微博的吸引力必然下降。我们把这类问题归纳为微博用户结构两头大中间小、缺乏缓冲地带，普通用户极容易产生疲惫感、缺乏存在感。"有一段时间，有很多在微博上的人找不到除了娱乐以外的额外价值。而且因为大众获取知识的方式也一直在变，有一个阶段可能很多已经在微博上待了三至五年的用户，不能再找到自己想看的内容。因为信息出现过载，同时很多内容好像也没有那么有意思。这段时间微博上的内容生产可能进入了一个瓶颈期，用户可能不会像之前那么活跃。有些人可能直接离开了，这可能是一个问题。"①

　　大V出走时间为微博赢得了重新调整的时间，在此期间，微博不断挖掘和发现了平台上各个领域的中小V，在持续的运营努力下，各种类型和大小的强节点不断加强微博信息网络结构的稳定性和扩张力，一个更为有力的信息网络结构正在逐步生成。

清理门户：规范营销信息

　　还有一种唱衰微博的声音集中认为微博用户体验变差了，信息流里的营销信息过多，僵尸粉横行。出于营销、公关等目的的僵尸粉大量出现，导致营销信息泛滥，严重影响了用户体验。"当时我们对僵尸粉，包括发了过量营销信息的账号，进行了专项处理……从2014年开始到2015年上半年大量地清理僵尸粉，控制营销信息总量，对于大号发营销信息进行统一管理，终于把用户体验提上来了。原来用户都受不了了，现在已经做到可控。"②

　　曾经有一段时间，由于对微博营销号缺乏管理，没有统一的

---

　　① 资料来源：项目组于2016年4月7日对鼓山文化CEO冯子末的访谈记录。

　　② 资料来源：项目组于2016年3月31日对微博营销副总裁王雅娟的访谈记录。

出口，营销信息一度泛滥成灾。不仅微博用户体验遭到破坏，微博平台方的商业化也遭受阻力，平台方落得"坐在金山上要饭"的局面，长期处于亏损状态。

早期，企业对于微博价值的认识也较为简单，普遍把微博当作一个有效的赢得媒体（earned media）使用。企业的普遍做法是建立企业账号，利用内容，比如创意内容、抽奖、活动等方式不断与用户建立联系，进行品牌传播。也正是在这个阶段，出现了大量的微博代运营公司。整个微博的生态可以用"乱哄哄"来形容。

微博上的大号段子手不是"个体户"，大多数隶属于专门的经纪公司，其中最有影响力的一家是鼓山文化。谈到微博草根大号的营销化，鼓山文化CEO冯子末说："最开始，有一个明显的趋势就是内容创作者跳出来了。和以前的那种草根、公知、企业家、明星不同，一夜之间提供幽默内容的创作者跳出来了，这对微博最开始的商业化起到了很重要的作用。在它有两三千万用户的时候，很多这种投入低成本的新公司取得了很大的、爆发性的成果，形成了案例，所以很多企业也会拿钱进来。不管去做官微运营，还是去做新媒体投放，微博是在中国的这个环境中最好的平台。在这个环境中，我们是开始做新媒体营销的一拨人。"①

---

① 资料来源：项目组于2016年4月7日对鼓山文化CEO冯子末的访谈记录。

但是，早期微博运营方并没有有意识地去规制这种萌生的力量。"在早先的时候，我们对微博大号的管理很松散，微博官方没有介入管理，大号自由接营销推广需求。所以从用户角度来说，他们看见了大量的营销信息，觉得微博到处都是广告，于是用户体验下降，但是微博其实并没有从这些广告中获利。"[1]在某种程度上，彼时的微博有点儿像管理不善的农贸市场，没有管理方，也没有规矩，整个生态环境非常糟糕。随后，特别针对发布营销信息的账号进行管理的"微任务"上线，通过该产品，微博上的所有营销信息都要经过这一通道，微博平台方也能够从中获取分成收益。事实上，此类分成收益占总体收入不足5%，"微任务"更多的意义在于规范营销信息。

除此之外，微博成立了反垃圾小组，实行实名制注册等相关动作也为改善微博社区环境贡献了力量。比如2015年，微博启动"垃圾粉丝清理计划"，不到半年，共清理垃圾关系341亿，清理账号51万，连续封杀几千个营销大号。[2]

从各个社交平台的发展来看，微博出现的这类问题并不是个案，它更多的是此类平台在发展过程中不可避免的一个阶段。只

---

[1] 资料来源：项目组于2016年3月31日对微博营销副总裁王雅娟的访谈记录。

[2] 华创证券，《社交媒体龙头强势崛起，营销业务与移动直播双轮驱动：微博公司深度研究报告》，第17页。

是这个问题与其他问题同时爆发，共同导致了微博在2013年的骤然降温。

除了上述几个方面的原因之外，应该看到微博在2013年前后的产品定位出现偏差和用户认知不稳定也是造成其骤然降温的重要原因。彼时的微博承载了过多的功能，甚至一度把即时通信功能作为主要功能加载进微博。早期微博用户不仅把微博当作公共平台，还大量进行个人化的内容分享和私人性的对话，这正是当时埋下的隐患。"出现问题最多的时候是2012年和2013年，我们出的问题是什么呢？回头看，我们所在的产品领域其实和微信有所不同，微博连接的是信息和人，叫社会网络；微信连接的是人和人，叫社交网络；但是我们当时想去社交市场，结果失败了。那个时候外部的环境是微信出现后，对QQ形成了替代性优势，成长很快。我们当时的情况就是，本来在微博市场里面跟腾讯微博、搜狐微博、网易微博竞争，看起来快赢了，但是压力非常大。当时我们内部做出一个决策，干脆以攻为守，进攻社交市场。我们觉得自己会做得很牛，可以进攻社交市场。其实今天回头来看，那个时候是不应该进入的，社交产品的网络效应比微博强太多了……进攻失败之后，不单单内部和外部认为我们做不了社交网络，甚至认为微博也是一个行将消失的产品。这其实不是对微博的否定，而是对整个社交媒体的否定。因为有人觉得微信出现之后，没必要再用这样一类产品——不是新浪微博这样一个产品，而是不再需要微博这一类产品。"①王高飞在谈到内部原因的时候，从战略层面的误判为我们提供了参考。

但如果单纯从数据上看，这个触底反弹的过程很快就完成了。只不过，在用户认知和市场表现上，时间要相对长一些。作为微博早期用户的徐达内说："我就是从 2010 年前后开始用微博的，见证了微博最鼎盛的时期，同时也认为微博可能在 2014 年左右②会有一些下降。直到最近——2015 年下半年到 2016 年上半年，可以看到它在复苏，可以称这是重新发现价值的过程。我觉得在 2014 年的时候，外界有一些人对微博是过于低估了。"③一直奋战在数字营销第一线的专家，对于微博的复苏也有一种认识视角。天猫市场部数字营销总监段玲从各个社会化平台对比的角度谈道："今天微博的江湖地位其实受到了一些影响，特别是 2013 年。我觉得 2013—2014 年对它的影响最大，2015—2016 年它开始回归了。"④

微博近两年的复苏并不是单纯的用户运营层面的复苏，对微博复苏的认识还需要从商业化的角度去看。事实上，微博在 2013 年

---

① 资料来源：项目组于 2016 年 6 月 29 日对微博 CEO 王高飞的访谈记录。
② 其实是 2013 年，2014 年的这种印象很大程度上是一个重新认识微博的过程产生的一种延续。
③ 资料来源：项目组于 2016 年 4 月 29 日对新榜 CEO 徐达内的访谈记录。
④ 资料来源：项目组于 2016 年 4 月 27 日对天猫事业部市场部数字营销总监段玲的访谈记录。

被唱衰，根本的原因在于没有找到合适的商业化路径，这也是一些学者在这个阶段对微博唱衰的重要原因。在2013年几个冲击波同时爆发时，还未找到商业化路径的微博看起来更加窘迫和衰败。关于微博商业化的探索和努力将在后文为大家一一呈现。

聚拢资源，拓展商业化版图

在商业化的过程中，微博之所以能在近两年取得较快的推进，与微博上市后作为独立的业务单元，制定独立的政策体系和商业化战略有着密切的关系。微博商业化的一个重要步骤就是对微博平台上的各类商业资源进行整合和聚拢，使各类资源能够围绕在微博平台方周围，最大化客户价值的同时，保证用户体验。

从目前调研的情况看，微博运营方把营销账号、广告公司、明星等资源或参与方的整合，统称为聚拢策略。运营方在避免营销信息失控的同时，开发了一系列的商业化产品进行营销支持和客户服务，最终达到的效果是把各类客户聚拢在微博平台上。客户在一系列成功案例的启发下，更加明确地认识到微博的营销价值和商业能力，开始主动积极地展开与微博的商业合作。这种情况的变化，与微博自身在经营上把自己从媒体平台的思维中解放出来是密切相关的。没有这种理念的突破,微博商业化的突破是不可能取得成功的。

本节主要从营销账号、广告公司和代言明星的聚拢谈起,并在下一节对企业客户创新的案例进行梳理。从中我们可以看到,正是这种聚拢策略的有效执行,保证了客户服务质量的突破,进而把客户聚拢在微博平台方周围。更为重要的是,微博在营销层面的集中管理,可以有效控制营销信息对用户体验的负面影响。目前,微博对用户信息流内营销信息的控制是在10%以内。显然,这种控制只有在聚拢之后才能得到保证。

对营销大号的聚拢

平台方具有商业价值,并不意味着平台方能够利用商业价值。对于具备数字生活空间属性的互联网平台而言,如何开发自身的商业价值是一个新命题,没有现成的商业模式可以遵循。在很长一段时间里,微博的商业价值未被平台方自身开发,而寄生在平台上的各类营销大号却早已开始了商业价值开发的草莽时代。营销大号流量变现的最主要方式就是发广告或对电商进行导流。当运营方无法掌握商业化过程的时候,整个数字市场就会沦为临时搭建起来的农贸市场,出现各种为赚快钱损害用户体验和用户价值的行为。不受控的营销账号对整个微博生态是一个潜在的威胁，微博运营方必须以一个强有力的监管方和服务方姿态出面进行干预、调整和规范，对这些营销信息和账号进行有效的管理。

"我们观察过，80%的营销内容往往是20%的所谓的营销账号发出的。有一些营销账号就一直在发低质量的营销信息。我们要管制这种内容的分发，因为连续发低质量的内容，其实是在骚扰用户，不会有什么效果，大多数用户不会关注。对于这种内容，我们管控的方式是控制它的传播。就是你可以选择继续发，但是我们会控制内容的传播，减少对大多数用户的骚扰。我们会控制信息流内营销内容的占比，并且尽量提升营销内容的质量。"[1]

为了及时规范此类商业化行为，微博推出了营销产品——微任务。微任务最早于2012年年底正式推出，首次尝试将微博营销有偿交易公开化，帮助微博大号（自媒体等）与需求方对接，在管控营销信息占比的同时，也能从中获得收益。微任务一方面能够有效管控营销信息的比例，保证用户体验；另一方面通过产品、数据等方面的支持，为客户和微博大号提供了更加通畅的渠道，提升了两者的价值。简单来讲，微博把大量有营销能力和营销价值的账号资源进行整合，有推广需求的企业可以通过微任务这一官方交易平台找到合适的微博大号进行营销传播。微任务

---

[1] 资料来源：项目组于2016年3月14日对微博商业运营总经理洪力舟的访谈记录。

并非一经推出就立竿见影，而是经过了一个漫长的调整和推进过程，微博真正对营销账号完成管制大约是在 2015 年。

微博用户可以在应用广场搜索微任务（见图 2-14），授权微任务应用进行后续操作。

图 2-14　应用广场中的微任务平台

进入微任务后，需求方和营销账号可以选择各自的入口进入。需求方可以是个人用户自助下单，也可以由微博认证的服务商、合作伙伴根据投放策略进行下单（见图 2-15）。

图 2-15　进入平台前需要选择身份

微博上现有的知名段子手、草根博主、垂直领域达人等基本都已被网罗进微任务平台。在平台的保证下，这些具有影响力的自媒体账号的商业价值可以转化为实际收益，同时微博也可从中抽取账号应得收益的30%作为平台使用费。凡是没有通过微任务进行营销信息发布的账号，一经发现就会做降权、降频直至删号处理。

微任务刚刚推出的时候确实引起了一些营销账号的不满，此举被普遍指认为"收割"。从理论来讲，即便是"收割"，微博平台方收取一定的管理费也无可厚非。但是，对于微博运营方来讲，此举更为重要的意义在于数字生活空间的打造和一个良好生态的保证。毋庸讳言，对于营销账号而言，微任务确实动了它们的蛋糕，本来风生水起地做营销，突然平台方要介入瓜分，这种突然的变化乍听起来让人无法接受。事实上，并非微博运营方从营销账号的1万元营销费用中分走3 000元，"你原来一条赚多少钱，加入微任务，照样给你多少钱一条，所以微任务实际上是在这个基础上加价的，是广告主多掏的钱，并且作为段子手，你可以调价。通过一段时间的调价，最终由市场来决定价格"。[①]调整之后，营销账号并没有少赚，而是多赚了。

一些管理营销账号的机构也认为，"刚开始调整时肯定会有

---

① 资料来源：项目组于2016年5月5日对微博运营副总经理陈福云的访谈记录。

一些影响，但是对于账号关系、生意量等并没有多大的影响。这是一个交易规范化和生态升级的过程，这个过程也是我们和平台方加深关系、增强互动的过程"。①除了营销账号自己的客户之外，微博平台方也会给各营销账号进行派单，这就壮大了营销账号的客户资源。同时，在微任务这一平台的统一管理下，客户更容易找到合适的营销账号，减少了沟通成本。为了扶持生态的健康发展，微博平台方也在权限、资源、数据等方面提供相应的扶持政策。对于客户而言，可以更加合理地利用微博上的营销账号资源，进行传播链的设计，以配合其在微博上的工作甚至整个营销传播策划工作。比如，企业在微博上往往利用"话题"进行营销传播，为了充分调动粉丝的参与度，需要生产大量优质的内容，这个时候企业往往会使用微博段子手大号进行内容创造和引导。

微任务产品一经推出，先行试水的企业就收到了超过预期的良好效果。2012年11月8日，东风标致借"双十一"话题通过微任务平台进行了为期一天的推广。图2–16所示的博文内容首先于11月8日由"@汽车点评团"直发。11月9日由"@汽车资讯达人""@收录唯美图片"等转发。当天上午，20个垂直领域的汽车主题账号发布了东风标致的促销信息，覆盖近1 000万

---

① 资料来源：项目组于2016年4月7日对鼓山文化CEO冯子末的访谈记录。

精准用户；当天下午，微博上10个具有影响力的草根账号开始传播东风标致的"双十一"活动，微博上迅速形成了话题的扩散矩阵，覆盖超过2 500万用户。在大V的激活和引导下，当天共有5 000名用户参与分享，超过100辆东风标致408订单成交，成交额超过1 000万元，而客户的前期投入仅万余元，真正实现了小投入、大回报。

图2-16 东风标致借"双十一"话题通过微任务平台进行了为期一天的推广

第二章 涅槃重生：新商业化图景浮现

图2-16 东风标致借"双十一"话题通过微任务平台进行了为期一天的推广（续）

对广告代理公司的聚拢

在微博最火爆的时期，在微博上开官微几乎成了企业数字营销的标配。一时之间，围绕企业微博运营所成立的代运营公司多达2 000家，它们主要负责为企业运营官方微博账号。这些还不包括帮助企业在微博上进行舆情监控、广告优化、数据监测等的第三方公司。在某种程度上，正是这样一大批代运营公司的兴起，造成了微博上僵尸粉的横行。同时，大批负责企业官微的代运营公司并不具备相应的能力，能够有效运作好官微的代运营公司还是少数，导致出现大量不规范的运营动作，比如滥发营销信息、买卖僵尸粉等。

在我们对洋码头市场部经理单宁炎进行访谈的时候，他提到之前在乙方工作时便负责企业官方微博账号代运营。"我之前是做乙方的，运营过很多官方微博的账号。微博最火的时候运营官方微博账号是一件很开心的事情，因为很多人会转，互动量很大。我们对微博的期望太高了，它什么事情都能做，帮我卖货、宣传、解决负面信息、做公共关系……我们给它加载了太多东西。比如杜蕾斯，它的互动量下降得非常大。当时我总结了很多网站的案例，互动量非常大，但不到半年，互动量就直线下跌。2012年年底至2013年年初，就是微博刚刚开始走下坡路的那段时间，很多官方微博都关闭了。那个时候的'浪姐''@碧浪'，现在的互动量非常少，但有些账号的互动量还是保持在一二十，现在有一些账号的互动量正在往上升……"①

正是在这个阶段，当微博衰落的迹象甫一出现，将近2 000多家代运营公司很快只剩下不到200家。从整个生态来讲，出现这种情况也是各参与方"自食恶果"。为了避免再次出现"多输"的局面，微博平台方加紧了对代理商的聚拢。很快，微博推出了优选服务商策略，把具备服务能力和客户资源的代理商纳入优选

---

① 资料来源：项目组于2016年4月26日对洋码头市场部经理单宁炎的访谈记录。

服务商之列，提供针对性的政策和支持，并对其进行有效的培训和沟通。针对不同类型的代理商，均有专门的对接部门。这样大大提高了代理商的服务质量和微博平台方的商业价值。

因为过去"微博平台没有把这些公司拢得更近，有点儿失联的状态，它们跟客户走得更近，导致了一些什么情况呢？第一，微博连自己干了一些什么事情都不知道。微博不知道有什么新产品、哪些数据接口变了，每一次都是被动地响应。这样服务客户的效率就比较低，所以希望用优选服务商这样的项目，把围着微博做业务的公司能够聚拢在自己身边。这样当微博有新产品、新策略时能够很容易通过这样的渠道跟大家沟通。第二，如果有相应的培训、考核、引导，就不至于出现比如之前的代运营公司本来有2 000家，现在只剩下200多家的情况，也不会破坏生态。公司兴致勃勃地来，但是没过两年就死了，这不是什么好事。从平台角度来说，有责任维持健康的生态，有责任保持良好的沟通，这样大家一起全面随着微博发展，结果是双赢的"。①在红红火火的微博平台上，各类企业和运营方一哄而上，各有各的打法，一个没有规矩的江湖对微博平台的下滑负有不可推卸的责任。

自从微博对各类商业资源进行集中管理之后，针对微博的广

---

① 资料来源：项目组于2016年3月31日对微博营销副总裁王雅娟的访谈记录。

告代理商的门槛、政策和培训基本完善起来，微博平台方、企业客户和第三方服务公司之间有了一个畅通有效的沟通机制，整个客户方资源被盘活。

对明星资源的聚拢

明星资源是微博最大的资产之一。明星与粉丝之间的连接与互动不仅提升了用户活跃度，也大大增强了明星的社会影响力和传播价值。微博成了明星和粉丝互动最大的平台。这种新的变化，同样给明星代言的商业行为提供了新的机会和玩法。对于许多明星而言，微博已经成为最重要的宣传平台。负责微博垂直运营的陈振华在访谈中告诉我们，大量的明星艺人出于品牌曝光和自身关注度的需求入驻微博。他们利用微博与粉丝进行互动，赚得相关的资源，实现明星的自我推广。微博则针对明星设计了相关的商业化产品，以便更好地聚拢这类人群。目前，明星最看重的微博推广资源有两类：一个是开机报头，另一个是热搜关键词。为自己买过热搜关键词的明星不在少数。

微博作为连接器，同样也在连接企业与明星。企业在微博上的营销传播是整合性的，如果仅仅使用明星发博文这种形式，明星代言的价值就会大打折扣。因此，围绕明星资源，微博开发了相应的营销传播策略和商业化产品，在增强企业明星代言的效果上起到了显著作用。

除了微博平台自身能够提供给明星各种资源外，微博用户的年轻化也给明星提供了很大的价值。明星是微博的一大垂直方，负责垂直运营的陈振华在谈到这一点时提到："微博用户的年龄在下沉，下沉的结果是 90 后甚至 00 后的娱乐需求要比 80 后、85 后强得多，这种天然属性为我们做粉丝经济相关的产品提供了支持。在微博上明星的粉丝效应的表现是非常极端的，比如 2015 年黄晓明与 Angelababy 结婚，无非是两个人结婚的事，却能够在一天之内冲到 70 亿甚至 80 亿的阅读量，远大于两会几亿、十几亿的阅读数。这足以证明现在的内容消费方向性的问题。"①

在微博运营方没有启动商业化策略之前，明星资源非常分散，仅仅停留在提高传播价值，为企业发布、转发博文的层面，没有有效地结合微博的各类商业资源，进行整合传播。微博的各种营销资源也没有很好地调动起来，坐拥几亿人口的平台商业价值一直没有被充分开发。

在微博不断聚拢客户、代理公司、营销大号，开发商业化产品的大背景下，企业的明星资源自然也会随客户一起聚拢在微博周围。更为重要的是，这种聚拢不是简单地从企业而来，越来越

---

① 资料来源：项目组于 2016 年 4 月 6 日对微博垂直商业化运营部陈振华的访谈记录。

多的企业在寻找代言人时，会根据明星在微博上的影响力进行选择，确定代言人后紧接着会制定一整套的微博营销策略。

微博为了更好地聚拢明星资源，提高对客户和明星的服务质量，已经专门针对明星资源开发了类似于微任务的合作模式和"微代言"的组合产品，即将投入运营。

新浪娱乐事业部将通过微博开启明星商业化项目，在微博上做明星经纪，为品牌和明星搭桥，将直接对接明星的商业微博、广告代言和影视活动，并为此专门设立了明星商业运营总监一职。

微博发布的 2015 年第一季度财报显示，有千万级粉丝量的明星大 V 有 280 位以上，拥有百万级粉丝量的明星有 1 500 位以上，此外还有 1 000 位以上海外娱乐明星。显然，这些明星都可以承接微博广告业务（见图 2–17）。

图 2–17 拥有 3 000 万粉丝的"@杨幂"在微博为某款肥皂做广告

线上明星经纪的入口是前面介绍过的有偿信息发布平台——微任务（见图2-18）。它是连接商业有偿信息发布供需关系的桥梁，接单方主要是有传播价值的草根账号、个人账号，发单方则是公关公司、代运营公司、中小企业。

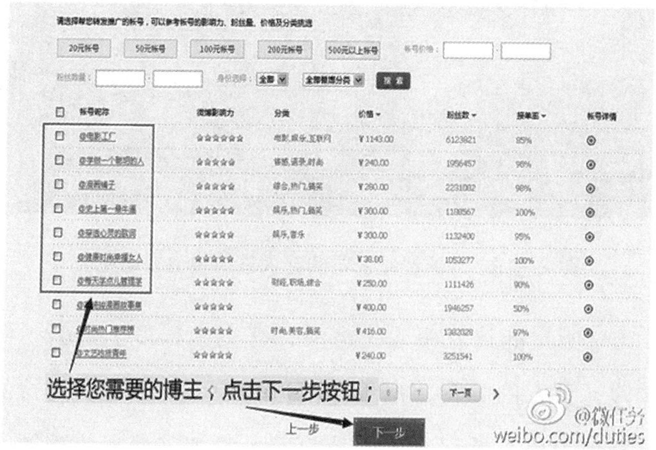

图2-18 微任务上明码标价的账号

不同于目前微任务的明码标价，明星在微博上的广告价格是被内部掌握的。明星商业运营总监吴赫解释道："新浪娱乐是明星唯一的接单方和执行方，也就是说，明星在微博上的商业业务都由新浪来沟通和执行。我们不计划对外公开价格，或许只会开放给拥有VIP（贵宾）资格的品牌，让它们自行在线上下单并付费。"目前，千易时代、18文化、喜天影视、鑫宝源影视、壹心娱乐五家经纪公司旗下的近百位明星都已签约此项业务（见图2-19），其中粉丝在千万级以上的明星 32 人，粉丝百万级明星 24 人，粉丝百万级以下明星 29 人。

明星线上经纪业务——签约规模

✓ 目前共签约明星近百人，其中粉丝在千万级以上的明星32人，粉丝百万级明星24人，粉丝百万级以下明星29人；

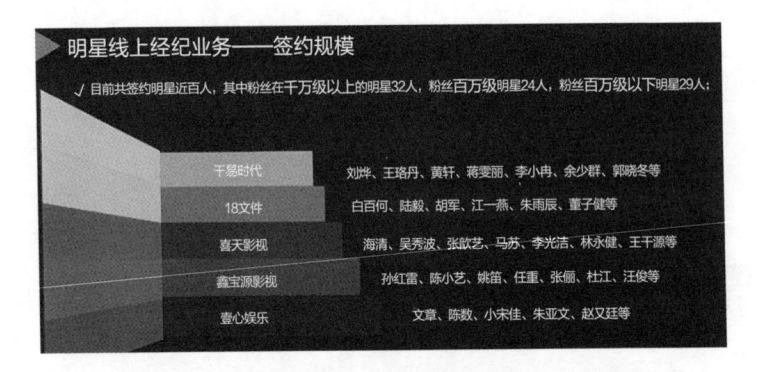

千易时代	刘烨、王珞丹、黄轩、蒋雯丽、李小冉、余少群、郭晓冬等
18文件	白百何、陆毅、胡军、江一燕、朱雨辰、董子健等
喜天影视	海清、吴秀波、张歆艺、马苏、李光洁、林永健、王干源等
鑫宝源影视	孙红雷、陈小艺、姚笛、任重、张俪、杜江、汪俊等
壹心娱乐	文章、陈数、小宋佳、朱亚文、赵又廷等

图 2-19　五家经纪公司的艺人签约线上经纪业务

针对明星的这款商业化产品，在更大程度上加强了明星与微博运营方的关系，把微博服务客户、加强自身运营的能力提升到了更高的层次。这是微博不断加强聚拢策略的一个重要举措。

为了提升自身的商业化价值，寻找合适的商业化路径，微博在各个层面不断尝试、突破。我们把这些尝试、突破从以上三个层面进行了归纳总结，称之为聚拢策略。但事实上，在微博一系列的聚拢动作发生之前，并没有刻意地按照这几个方面去进行聚拢，而是从各个层面不断地根据经验和平台特点，一步步地推进和尝试。其实，还有许多其他隐而不见的聚拢在悄然发生。虽然我们没有进行详细的探讨，但是通过这几个方面，可以清楚地了解到，如果没有这样的聚拢策略，用户的体验依然是一个大问题，微博的商业化尝试也不会有一个坚实的基础。需要强调的是，这些动作依然在进行的过程中，目前看均已初见成效，但是距离最终的目标还有一定的距离。微博还会不断地在各个方面进行新的尝试和调整，上述聚拢是我们在写作的过程中，反复斟酌推敲、谨慎提出的一些主要方面。

初战告捷的商业化

一个看似巧合的事件是，圈内人唱衰微博的声音紧随对脸谱网"非死不可"的判断之后出现。这不是两个独立的现象。我们认为之所以会出现这种情况，除了因为微博运营层面出现的各种衰落迹象外，最重要的是微博一直没有寻找到合适的商业化策略，这与脸谱网颇有相似之处。

从数据表现上看，微博在运营层面其实很快就实现了复苏。微博的传播价值巨大是不争的事实，但是在相当长的一段时间内，其传播价值并没有转化为营销价值，单纯依靠横幅广告的售卖似乎让人看不到希望。商业化的尝试是一个需要相对较长时间的市场培育过程，这个过程并不轻松，无论是全球社交巨头脸谱网，还是国内首屈一指的微博，都面临商业化的巨大压力。

无论如何，微博确实具有非常强大的传播价值和商业价值。只要这一点不变，那么商业化就指日可待。圈内人的唱衰、用户离场、企业离弃似乎犹在眼前，负责微博营销的副总裁王雅娟在谈到当时的境况时说："微博最困难的时候是上市的时候，很多客户，包括新浪的老客户都不投微博，因为大家都投微信去了。员工跟我说客户不用微博，客户说他的老板也不用微博，去做微信营销了。"[1]微博全国渠道策略总监胡毅在回忆当时的微博商业化困境时说："其实2014年刚拆分那会儿[2]是很痛苦的，那是微博的低谷。当时你会发现，面对客户和代理公司时肯定要先解释一小时左右，'微博最近还行吗？微博还有人看吗？微博还有人用吗？'等。这是必须经历的，在那个时间是很痛苦的。"[3]

即使在微博最困难的阶段，仍有一股起着支撑微博营收的客户群力量在不断壮大，这就是EBS客户，也被称为中小客户或者成长型客户。这类客户在当时还不足以撑起微博收入的半边天，他们更注重效果类广告的投放。因此只要有效果，此类客户就不会轻易离开微博。在我们后续的案例介绍中会发现，一些中小客

---

[1] 资料来源：2016年微博营销副总裁王雅娟在江苏工商局的培训课堂上的讲课记录。

[2] 指微博从新浪独立出来。

[3] 资料来源：项目组于2016年4月15日对微博全国渠道策略总监胡毅的访谈记录。

户正是在 2013—2014 年成长起来的。

微博广告产品运营总监靳贝贝在谈到微博内部对粉丝通的定义时,强调粉丝通是信息流广告体系,而并非只针对成长型企业的广告体系。只是在粉丝通成立之初,微博和新浪门户的商业化团队还是一个合并的部门,那时门户相对而言偏重于大品牌客户,所以粉丝通在发展之初先从中小企业切入,开始建立中小企业客户体系,而这部分中小企业客户业务的发展速度远超出了预期,消耗了大部分的信息流流量。

从近两年的收入分析,微博的中小客户的收入和客户数量一直是上升的。从图 2-20 可以看出,2013 年以来的中小客户板块在客户数量和广告收入上一直在高速增长。

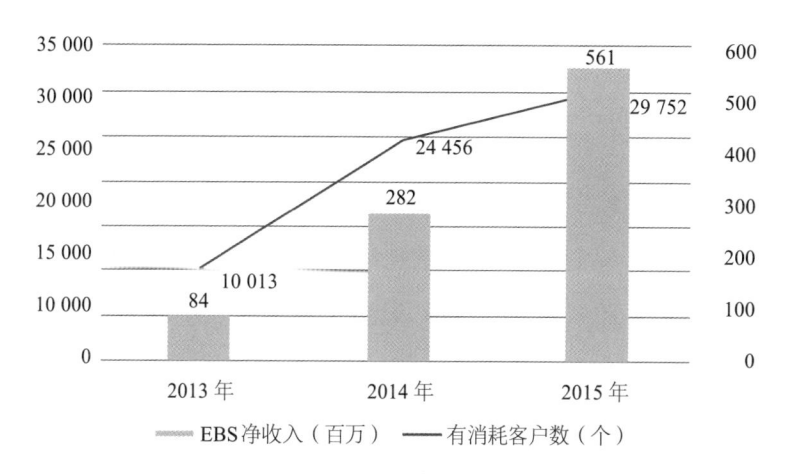

图 2-20 2013—2015 年微博 EBS 净收入和有消耗客户数

2014年是微博销售团队最困难的一年,在某种程度上也多是指针对大品牌客户的销售。王雅娟表示,中小企业在这一阶段继续用粉丝通来产生效果,而大品牌客户受到2013年下半年微信高速发展的影响,用户从自身感受出发认为微信使用时间大幅增加,大品牌客户会觉得微博的用户少了,导致"很多品牌都不投放,或者不想投放,或者投得很少……我们做营销的人追求创新,不断尝试新的玩法"。[①]

在访谈过程中,我们一直在想到底是什么促成了当下微博商业化的崛起和成功?为什么2014年微博营收触底的时间节点反而成为微博绝地反弹的开端?抛开专业的视角,除了上述各种铺垫性动作,微博专业且奋力拼搏的销售团队也是一个重要原因。回忆起当时的境况,王雅娟想起与销售人员的一段对话:"有人问我们还开发这个客户吗?要放弃吗?我当时直觉的反应就是'还有没有客户对微博感兴趣?还有。那能不能把感兴趣的客户请回来?能。'我们把感兴趣的客户的订单确认拿回来,每一个案子都按照成功案例的目标去做,我要求每一个案子的执行要非常优秀,所以我们在最困难的时候,整个2014年里留下了非常多的优秀案例。在2015年参与各个广告节的广告,评

---

① 资料来源:项目组于2016年3月31日对微博营销副总裁王雅娟的访谈记录。

审互联网广告、移动互联网广告，拿到了很多大奖。"[①]2015年，在专注于移动营销领域的移动营销大奖（Top Mobile Awards，简称TMA）中，TMA入围案例185个，其中微博使用率为33%。在获奖案例（金、银、铜奖）中，微博的使用比例提高到了62%。也就是说，三个获奖案例中就有两个采用微博作为营销平台。在单个类别中，微博与获奖案例的这种强相关性更加突出。例如在创意类案例中，微博使用率达到64%，互动体验类中达到77%，而在效果类案例中，这一比率居然高达100%。[②]正是在微博最困难的时候，微博沉淀下了一大批优秀的案例。这个过程与上述微博的一系列动作是协同前进的，包括微博对各类资源的聚拢和产品化，用户和内容运营的改善与升级等。

还有一个不可忽视的原因，在今天看来也毋庸讳言，那就是微博脱离了新浪的门户体系，这意味着我们开篇说的微博开始慢慢走出原有的媒体思维。不走出社会化媒体的老思路，微博是没有出路的。对此，微博全国渠道策略总监胡毅从自身感受出发谈了这种变化："那个节点肯定很重要，就是说微博把销

---

① 资料来源：2016年微博营销副总裁王雅娟在江苏工商局的培训课堂上的讲课记录。

② TMA大奖，你不知道的今年TMA案例的最大秘密[EB/OL].http://www.a.com.cn/info/domestic/2015/1201/286326.html 2016-05-20.

售独立分开。2014年4月，独立分开运营很重要。更重要的一点主要还是2015年，这其实是最重要的一年。因为我们逐渐脱离了门户从前的体系，制定了独立的政策，无论是普通政策，还是KA政策。我们有自己的政策、销售团队和渠道团队，向广告公司、代理公司讲解微博的产品，让它们了解我们的玩法。同时，如果公司这边有任何案例出来了，我们都会和客户分享，并尝试让他们去做。2015年的销售业绩提升得非常高，2014年下滑得非常厉害，但是自从分开以后到现在为止，销售业绩每年的攀升速度都非常快。"[①]

2015年，微博实现了收入的总体提升，当年营收达30多亿元。2013—2015年微博的营收情况如表2-1所示。随着这一块收入的变化，业内看好微博的声音开始出现。

如目前在各类市场研究机构出具的报告中所示，继搜索广告、电商广告之后，开始提出了一个新的概念叫"社交广告"。社交广告指的是社交环境中的广告，含利用社交关系进行推广的联盟。这一概念的兴起与微博目前较为成功的商业模式是息息相关的。如表2-2至表2-4所示，社交类广告的崛起开始得到肯定，预计其他类网络广告保持两位数增长的同时，社交广告的增长能够高达139%。"2015年，网络媒体广告营收规模预计将突

[①] 资料来源：项目组于2016年4月15日对微博全国渠道策略总监胡毅的访谈记录。

表 2-1 2014年第一季度—2016年第一季度微博营收情况统计表

(单位：1 000美元)

时间	非阿里	非阿里/广告总营收(%)	阿里	阿里/广告总营收(%)	广告总营收	增值服务	总营收	阿里/总营收(%)
2014年第一季度	31 992	62	19 861	38	51 853	15 657	67 510	29
2014年第二季度	37 401	63	22 182	37	59 583	17 737	77 320	29
2014年第三季度	37 845	58	27 582	42	65 373	18 757	84 130	33
2014年第四季度	49 957	57	38 016	43	87 973	17 239	105 212	36
2015年第一季度	44 667	56	34 493	44	79 160	17 130	96 290	36
2015年第二季度	59 444	68	28 423	32	87 867	19 975	107 842	26
2015年第三季度	73 331	69	32 530	31	105 861	18 873	124 734	26
2015年第四季度	81 323	63	48 204	37	129 527	19 498	149 025	32
2016年第一季度	88 126	89	111 20	11	99 246	20 044	11 920	9

破 2 000 亿元，同比增长 36%。在网络各细分媒体中，搜索、电商平台广告营收仍然保持强势地位，网络视频、社交广告则在快速崛起"。[①]不仅如此，根据艾瑞咨询的分析，微博在 2016 年第一季度的广告收入达到 6.47 亿元，赢利达到 1.05 亿元，随着微博营销服务能力的提升，在社交广告上将继续保持增长。"但从单个用户价值角度，即平均每个月活跃用户带来的广告营收（advertising revenue per mau comparison）估算，2016 年全球主要社交媒体的单个用户价值金额为：脸谱网全球 14.8 美元，脸谱网亚洲区 7 美元，推特全球 7.8 美元，推特亚洲区 3 美元，微博 1.8 美元。对比显示，微博月活跃用户的平均价值被严重低估"。[②]与境外社交媒体的对比能够明显地看到微博在这一块还有很大的提升空间和提高赢利的可能性。

[①] 彭胜君. 2015 年中国网络广告年底盘点和展望[EB/OL].http://www.chinaz.com/news/2015/1211/481950.shtml 2016-05-20.

[②] 艾瑞咨询分析报告（2016）。

表 2-2 网络广告市场规模 （单位：100 美元）

市场规模	2010年	2011年	2012年	2013年	2014年	2015年（预测）	2016年（预测）
搜索广告	9 552	16 847	30 722	44 787	60 903	78 216	99 334
电商广告	2 420	6 820	17 443	27 937	40 782	52 963	66 204
分类信息及O2O广告	1 000	1 500	2 032	2 176	3 885	5 445	7 079
新闻信息媒体广告	7 016	8 668	9 742	11 098	12 687	14 940	17 181
垂直媒体及工具类广告	8 278	8 597	8 830	11 497	16 512	19 691	23 236
社交广告	842	1 207	2 064	3 276	4 998	11 947	21 504
视频广告	2 148	4 251	6 478	9 229	14 219	24 875	37 312
网络广告收入规模	31 256	47 890	77 310	110 000	153 987	208 007	271 849

表 2-3 网络广告市场份额 （%）

市场份额	2010年	2011年	2012年	2013年	2014年	2015年（预测）	2016年（预测）
搜索广告	31	35	40	41	40	38	37
电商广告	8	14	23	25	26	25	24
分类信息及O2O广告	3	3	3	2	3	3	3
新闻信息媒体广告	22	18	13	10	8	7	6

(续)

垂直媒体及工具类广告	26	18	11	10	11	9	9
社交广告	3	3	3	3	3	6	8
视频广告	7	9	8	8	9	12	14

表2-4 网络广告增长率 （%）

增长率	2010年	2011年	2012年	2013年	2014年	2015年（预测）	2016年（预测）
搜索广告	47	76	82	46	36	28	27
电商广告	61	182	156	60	46	30	25
分类信息及O2O广告	54	50	35	7	79	40	30
新闻信息媒体广告	36	24	12	14	14	18	15
垂直媒体及工具类广告	21	4	3	30	44	19	18
社交广告	134	43	71	59	53	139	80
视频广告	291	98	52	42	54	75	50
网络广告整体	45	53	61	42	40	35	31

社交广告的分类和数据为微博的收入提供了一种解释，也为微博的成长提供了一个佐证。但是，我们认为社交广告并不能很好地解释和概括目前微博的所有商业实践。首要的一点原因是，所谓的微博信息流广告其实具有很强的互动性，用户不仅可以对

相关的博文广告进行评论或点赞,还可以参与相应话题的讨论,其造成的二次传播和深度参与的效果并不是"广告"能够解释清楚的。经典的广告定义是"广告是一个由可识别来源设计的有偿的媒介传播形式,用来说服接受者在现在或未来产生行为"。正如上文所强调的,微博平台所处的数字时代,已经是一个由大众传播主导转向人际传播主导的时代。那么,在大众媒体时代的这一广告定义对于目前微博平台上的"类广告实践"来讲,还有多大的解释力?"社交"还是"广告"吗?

我们认为,社交广告的定义显然是不合适的。但是,到底如何从统计上对此类收入进行归纳还没有一个合理的标准和解释。陈刚和潘洪亮在《重新定义广告——数字传播时代的广告定义研究》一文中,经过对数字传播环境的分析和对数字社会与工业社会不同经济社会背景的比较,在研究企业数字传播活动的基础上,对广告提出了一个新的定义,认为:"广告是由一个可确定的来源,通过生产和发布有沟通力的内容,与生活者进行交流互动,意图使生活者发生认知、情感和行为改变的传播活动。"[①]新的问题和现象要求新的概念,围绕新的概念又必须进行系统化的研究。对于"社交广告"这种新问题,如何界定和统计是目前我们面对的一个挑战。我们在此强调对社交广告概念的批判,是想

[①] 陈刚,潘洪亮.重新定义广告——数字传播时代的广告定义研究[J].新闻与写作,2016(4).

说明，对于目前微博的商业实践和潜力开发，切不可落入传统的理论框架内。传统思路的条条框框，对于商业价值的认识和开发天然具有扭曲和窄化的能力。

无论如何，我们看到了微博在收入上的快速增长和商业化上初步成功的尝试。但是，增长与崛起确实不能划等号，只能说目前的状况是微博重新上路的一个良好开端。我们判断，从微博的战略上和执行路线设计上考虑，这个良好的开端很可能是微博崛起的前兆。从衰落到快速增长，这个过程是如何发生的？这是一个令人兴奋又有些惊心动魄的故事，甚至还有些心酸在其中。这种感受恐怕只有身在其中的人才会更有感触。作为局外人，我们试图抽离出一些主要的部分，把这个故事讲给大家听。基于粉丝通的中小客户当然是一个重要的故事线，但我们把它放在下一章专门论述，在此我们主要从大品牌客户的回归角度讲。

就像我们在上文中反复提及的，在这个阶段，微博开发出了一系列的商业化产品体系，目前该商业化产品系统已经有了雏形，并在微博的商业化过程中发挥了重要作用。微博商业化产品的发展不是一蹴而就的，其成功的背后确实是一点点的努力改进，"你们现在上微博会觉得内容变好了，对不对？这看似很简单，但其实是用了两三年时间在背后设计算法、调整、测试……一大堆工程师在后台进行优化才做到的"。[①]同时，要注意的是，这些商

[①] 资料来源：项目组于2016年3月22日对微博商业运营部产品营销副总监靳贝贝的访谈记录。

业化产品仍处在不断优化、调整、功能兼并、新产品开发的过程中，总体上整个商业化产品体系还处在一个较大的变动阶段。所以，虽然它们在商业化过程中起到了重要的支架作用，但在本书中我们不单独介绍每一个商业化产品，而是通过介绍微博的两大营销解决方案，将这些还在调整、完善中的一个个商业化产品的作用、使用方法等在案例中进行呈现。

在一个个案例的精心设计和有效执行下，微博积累下了许多优秀的案例。更重要的是，在这个过程中，微博越来越明确自身的价值。本部分将呈现的是微博目前较为成熟的两大营销解决方案：台网联动和Big Day。所谓营销解决方案的基础是微博开发的各类商业化产品，为了有效达到企业的预定传播目标，把这些产品充分地调动起来需要策略性的框架，该框架融合了"产品+策略+服务"等方面。

台网联动适用于电视台热门节目在微博上与用户的互动，对于企业来讲，通过台网联动能够利用微博形成大面积曝光，并抓住营销活动的最佳时机。开机报头、品牌速递、热门话题、热门搜索等商业产品轮番上阵，共同撑起台网联动给客户带来的巨大价值。台网联动在2014年第二季度强力撑起了微博的营收，这对于微博来讲是非常关键的一仗。这一仗是由客户伊利配合共同打造的，这与伊利本身的营销策略密切相关。伊利几乎每一季度都会抢占一两个大型的综艺节目、大IP（知识产权）。而用户往往愿意在微博上讨论或吐槽一些大型综艺节目,极容易形成话题和强传播价值。对于微博来讲,台网联动提升了微博的活跃度;对于电视台来讲,则是提高收视率的一个新渠道,因为微博的用户往往会转换为节目观众;对于企业来讲,线上线下的联动更好地扩大了品牌影响力,毕竟抢占IP只是第一步,更多的营销费用会投入到扩大IP的借势营销上,后者的投入甚至会占到总投入的90%。可以说,目前几乎所有的大型综艺活动的大品牌客户都会在微博上应用台网联动的营销传播策略,而电视台也看到了微博给其带来的巨大价值,会积极配合。

Big Day的营销策略则是利用了微博平台容易形成爆点的特性。这一策略是继台网联动之后,微博在与天猫于2014年"双十一"的营销活动后总结出来的。由于阿里与微博的战略合作,天猫一直是微博的重要客户,但在此之前,天猫一直以硬广投放为主。在此次活动过程中,双方合作重新设计,微博启用各种商业产品配合天猫在微博上进行营销传播,不断推出各种各样的玩法、各种类型的活动,充分调动起了粉丝的积极性。从开机报头进入微博开始,到热门话题炒作、热门搜索助阵、让红包飞活动配合等一系列动作下来,各种爆点频出,效果出人意料。特别适合新品发布、大型促销活动的Big Day开启了微博与天猫合作的新模式,同时也为微博沉淀下了一个新型的营销解决方案。2015年3月,微博正式向市场推出了这一营销产品。

需要说明的是，在玩法上，台网联动在某种程度上与Big Day有着相通的地方，但因为两者的思路不同，在具体操作上也会有所不同。正如我们在上文把微博比作一个舞台一样，微博营销人员就像一个个道具师、编剧、舞美、灯光师、摄影师、导演，针对不同的情况有着不同的"类型片"，而我们认为某种程度上也可以将台网联动算作Big Day的一种特殊类型。

台网联动：深度链接多方资源

早在2013年8月7日，国际知名市场研究公司尼尔森便发布报告称，推特用户可提高电视节目的收视率，原因是用户会在收看电视节目的同时发布实时共享评论。无独有偶，从2013年的暑期开始，微博上也掀起了关于电视节目的讨论热潮，《中国好声音》《快乐男声》等综艺节目在微博上纷纷聚合了大量的人群和评论。趁此热度，微博以"#疯狂综艺季#"为主题，汇集了73档热门综艺节目的相关话题，迅速推出"综艺话题榜"，实时反映节目排名和热度。疯狂综艺季的两个月内，综艺节目共产生了超过5亿条微博，《中国好声音》总体微博话题提及量超过1.8亿，《快乐男声》总体微博话题提及量超过1.2亿。一夜间，原本饱受互联网冲击的传统电视节目与互联网成为竞和关系，国内台网联动的新玩法就此开启。

在接下来的实践中，电视节目纷纷找到了微博营销的正确打开方式。2014年被业内称为台网联动模式的元年，而微博被评为这种创新模式的"最佳合伙人"。从此，电视节目影响力的评判已不仅仅由电视台的收视率来衡量，微博话题也一举成为其重要的衡量指标，以供广告主参考。以中国广视索福瑞媒介研究有限责任公司（CSM）发布的2014年5月11日至17日当周全国上星频道90档节目的微博指数数据为例，90档节目平均的微博讨论量为1.15，阅读量均值则为870，这意味着1人次的微博讨论可以激活多达750余人次的阅读传播[1]。如此疯狂的传播速度和规模让客户看到了微博台网联动的实力。加上微博"热门话题"和"搜索推广"等产品的助推，微博台网联动的独特优势被迅速放大，不仅带动了用户对电视节目的关注，也让以伊利为代表的一大批冠名节目的品牌商深深植入用户的心中。根据CSM于2015年6月发布的数据显示，电视台综艺节目在微博上的阅读量和讨论量与节目的收视率成正相关关系，一档节目微博上的讨论量增加1%，相应能够带动收视率提升0.1%[2]。

包括台网联动在内的众多微博玩法中，都会运用到微博话

---

[1] 郑维东. CSM：微博讨论每增加1%可形成约0.1%收视率增加[EB/OL]. http://www.a.com.cn/info/world/2015/0610/282913.html.2016-05-20.

[2] 微博电视指数.2015年暑期综艺节目与电视剧报告：电视&微博双平台节目表现分析.http://www.askci.com/news/chanye/2015/12/11/184637bhe3.shtml.2016-05-20.

题功能。话题是以相同主题聚合志同道合的网友在线交流、实时互动的讨论平台，也是微博用户发现、获取信息的重要渠道。用户可以通过发布带有双井号加话题的微博参与主题讨论，讨论的内容涵盖了社会热点、综艺、娱乐、本地等各个行业和兴趣领域。在移动客户端，热门话题推广文字链存在于发现页横幅广告下方，第一个位置是营销话题，标注有"推荐"字样，后两个话题位置显示的是由网友讨论产生自然热度的话题。点击"热门话题"后，首先可以看见推荐页的话题单，同时能够看见话题的热度，其中第三条为营销位置，同样有"推荐"标识。2013年下半年，微博使"热门话题榜"商业化，榜单的排序规则除了会考量话题的真实阅读传播覆盖能力外，还会注重话题在传播过程中引发的用户参与度（例如讨论人数、微博数等）以及话题参与用户构成的多样性等因素。热门话题榜中，固定第四条为推荐话题。以上三个广告位（见图2-21）均支持单独预定售卖，每天五轮播。PC（个人计算机）端只有热门话题推广文字链和热门话题榜中的两个位置。另外，值得一提的是，进入话题页后，用户除了参与讨论，还有三种互动方式，分别为投票、PK（比拼）和抽奖（见图2-22）。热门话题是微博上一项重要的功能，热点事件、突发事件、新奇事件往往通过话题页聚合微博用户，形成庞大的关注量和讨论量，对于企业来说是不可多得的公共展示和互动区域。热门话题有两条运作思路：一是进行话题造势，自造话题进行炒作；二是话题借势，借助热点事件顺势推广。话题运用的第一个层面是吸引用户关注和参与，提高话题的互动量。第二个层面是通过持续有效的信息传递，进行粉丝沉淀，开展长期的客户关系管理，提升品牌忠诚度。

图 2-21　热门话题的三个广告位（移动端截图）

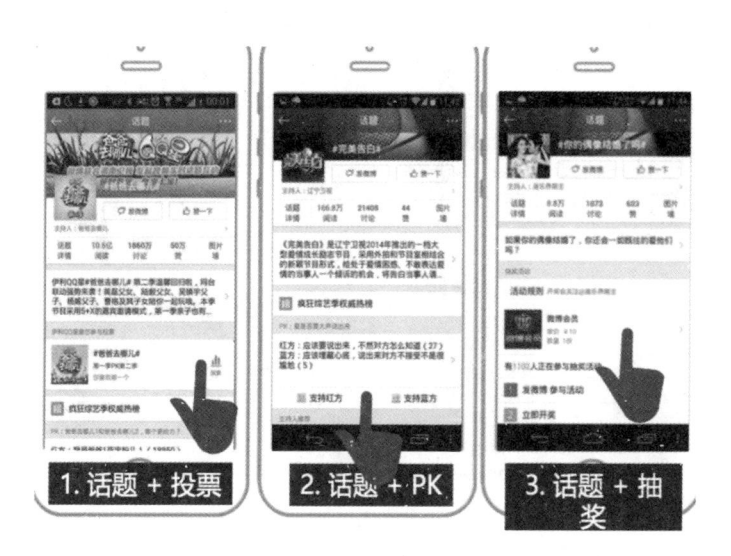

图 2–22　话题页的三种互动方式

　　台网联动过程中（见图 2–23），打破了原本传统电视节目"单向传播"的传播模式，让用户有机会参与到与电视节目制作方、参演嘉宾、其他观众的互动中，用户不仅贡献了关于电视节目的优质评论，放大了节目亮点，而且吸引了更多注意到该话题的用户回过头去关注节目本身。当然，节目与品牌的天然联系还让电视节目的品牌赞助商在话题传播扩散过程中提高了品牌认知度和好感度，甚至有用户主动进行协同创造，丰富品牌形象和内容。加多宝《中国好声音》使用微博的案例为此提供了典范。

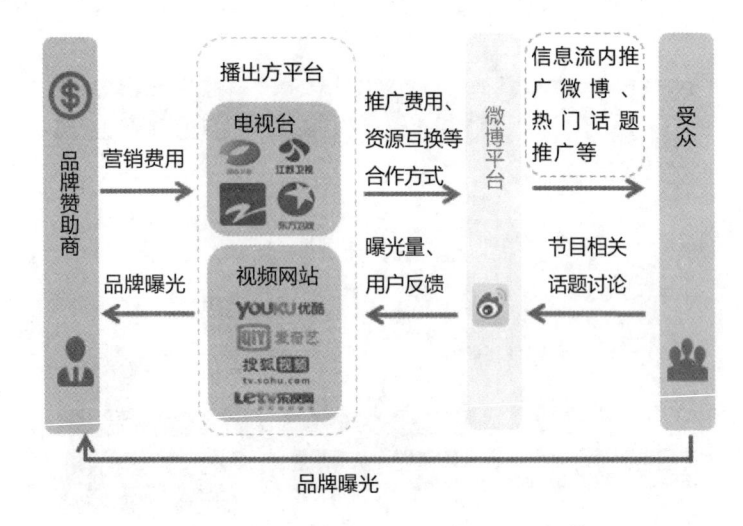

图 2–23　微博热门话题商业化示意图[①]

提起《中国好声音》，不得不想到冠名该节目第四季的"金罐加多宝"。2015年7月，借势《中国好声音》第四季的播出，加多宝在微博上开辟了许多独家特权：配合热门话题，使用微博卡片、雷达、红包、彩蛋等商业化产品。伴随着节目的火爆播出，加多宝也强势席卷了微博的各个角落。

首先，微博上开设了以"#中国好声音#"为主话题的话题矩阵，且首次增设了特约主持人"@加多宝凉茶"（见图2–24），他的特权是可以置顶与品牌密切相关的博文内容。用户参与

---

① 杨雪斌. "台网联动"趋势下新浪微博价值分析[EB/OL]. http://tech.sina.com.cn/i/2013-09-29/11398781926.shtml. 2016-05-25.

"#中国好声音#"话题，发布文字微博将激活电视话题卡片（见图 2–25），类似于视频贴片广告，用户发布图片微博将收到推荐的好声音卡通形象图片贴纸，点击贴纸上的黑色话题标签即可无痕跳转至话题页参与互动讨论[①]。从 7 月 17 日中午 12 点到 7 月 20 日中午 12 点，三天内"#中国好声音#"话题页阅读量增加了 5.4 亿，讨论量增加了 97.4 万。"@加多宝凉茶"在此次的台网联动中，主话题"#中国好声音#"累计阅读量 114 亿，讨论量 770 万；系列子话题阅读量 11 亿，讨论量 164 万。

图 2-24　话题特约主持人　　图 2-25　电视话题卡片

① 台网联动.谁敢不抱微博的大腿？[EB/OL].http://www.pcpop.com/doc/JSU/18/185695.shtml. 2016-05-25.

除此之外，基于雷达的搜索功能，微博还能够吸引相关用户并激发其参与节目的实时互动。用户可以和导师、学员进行互动，比如在盲选阶段点击金罐为学员打分、在导师考核阶段投票支持自己喜欢的学员、为喜欢的导师加油等，更有"戳金罐点评好声音，抢现金红包"的活动。据微博统计，活动期间累积通过雷达（见图2-26）参与互动的人次高达570余万，当天两万元的加多宝红包在短短三分钟之内就被一抢而光。另外，只要用户分享、转发或者输入"加多宝""好声音"等关键词，微博就会自动通过大数据为该条微博增加"金彩星期五"彩蛋（见图2-27）。当天24小时内触发加多宝彩蛋的微博共计69万余条，其中41万网友提及了"好声音"关键词，产生了超过20亿的曝光，并且这41万用户中有1 590个蓝V用户和8 669个橙V用户。

首播当日，《中国好声音》取得了5.3%的收视率和16.3%的市场占有率，创造了中国电视综艺节目首播收视的新纪录。同时，在微博上，用户搜索话题热度达到自然置顶，各大媒体自发报道《好声音通过微博抢头条》新闻，节目收视与微博互动呈明显正相关。

第二章 涅槃重生：新商业化图景浮现

图 2-26 雷达带来的实时互动

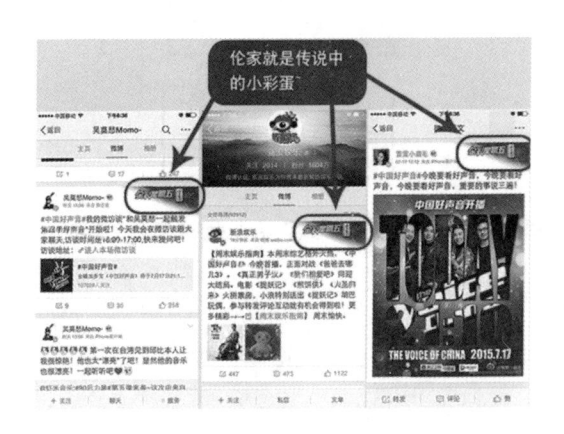

图 2-27 大 V 纷纷发布相关微博触发彩蛋

除以上的新鲜玩法外，助推《中国好声音》登头条的还有一款产品——微博搜索。只要用户在搜索框内输入"好声音"就会获得"@加多宝凉茶"的账号推荐和博文推广(见图2-28),冠名品牌借机抢镜,使品牌与电视节目形成强相关,成为台网联动的第二大赢家。加多宝的这次微博营销让其他广告主看到了微博的更多玩法,为其他综艺节目的赞助商打开了社会化传播的新思路。

图 2-28 搜索"好声音"会出现加多宝的相关推荐

通过加多宝的案例,可以看到除了话题,另一个台网联动的利器——搜索。据《2015微博搜索白皮书》显示,截至2015年11月底,每日用户主动搜索量破2亿。如此庞大的体量可以看出微博上用户对于信息的主动获取具有很高的需求,用户在微博上搜索信息时将会产生一个营销推荐的空间市场。微博搜索推广正是一款基于所有微博用户,依靠特定关键词展现原生广告的营销产品。"关键词"的出售机制是,一个关键词在同一时间仅限一个客户购买。如果获得该关键词,用户在搜索后微博将会推荐企业账号、品牌相关主页、相关用户和相关博文。搜索框在微博移动端的首页和发现页顶端,PC端的搜索框位置为顶部右侧。在框内输入用户感兴趣的词条并搜索,将会跳转至新页面显示结果。该产品适用于品牌营销、事件营销、节日营销以及台网联动等场景,比如搜索"双十一"会出现天猫的相关信息,搜索"冰桶挑战"会出现微公益的推荐,搜索"奔跑吧兄弟"会出现节目特约合作品牌途牛等(见图2-29)。搜索推广的优势在于人群定向和资源独占。基于关键词的定向展示使得对该关键词感兴趣的人群能够接收精准广告,维护用户体验。同时,关键词的购买限制让广告主可以独占优质的推广位置,提升传播效果。

图 2-29 搜索"奔跑吧兄弟"会出现节目特约合作品牌途牛的相关账号、活动、博文等

总之，在台网联动的整体战役中，微博的各类资源的产品化和商业化，都是重要的战役武器和物资。在一次次的战役经验中，产品化的资源将常规化，负责战役设计与指挥的"指战员"也越来越熟悉战役的规律和打法。

伊利作为最先使用微博台网联动模式的品牌对此最有发言权，近几年每年必冠名一个综艺节目的大投入使伊利在微博台网联动玩法下收获颇丰，创造了中国牛奶界的"现象级"，自然不会放过台网联动的新型营销尝试。下面我们将以伊利QQ星冠名的《爸爸去哪儿》为例，剖析热门话题和搜索推广等产品在台网联动中的优质效果。

2014年6月，《爸爸去哪儿2》在万千观众的期待中接档放映，伊利QQ星作为赞助商也强势占据观众的心。在微博与湖南卫视联合打造的台网联动项目的基础上，伊利QQ星在微博上展开营销布局。

主话题"#爸爸去哪儿#"由该节目的微博官方运营，互动过程中官微会发布带有"伊利QQ星"相关字眼的博文或话题，品牌全程存在感极强；子话题则是每周节目播出前由微博放出本期看点，引导网友参与讨论，并组织投票、PK等活动，维持话题活跃度的同时增强品牌与用户的互动。

伊利利用微博开机报头、顶部公告、信息流广告、热门话题、搜索推广等商业化产品，帮助品牌在广泛触达用户的同时实现营销软着陆,伴随节目的热播,寻找品牌的出镜机会[①]。在搜索推广产品使用期间,搜索关键词"爸爸去哪儿"将会出现"@伊利QQ星爸爸去哪儿"的账号、博文及品牌活动页推荐(见图2–30),将节目与品牌紧密联系到一起,增加品牌的曝光,同时转化节目粉丝和参演明星粉丝为品牌粉丝,带动更多的用户到线下购买实现沉淀。

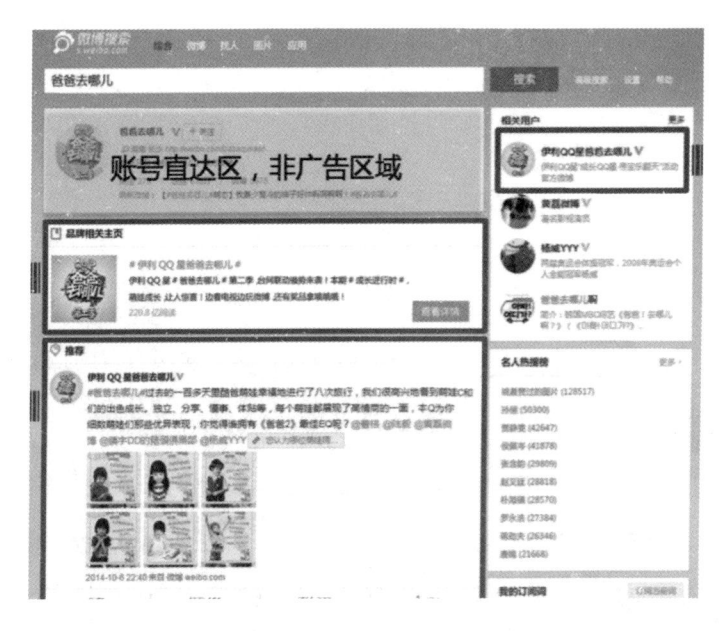

图2–30 搜索"爸爸去哪儿"出现的伊利广告位

---

① 台网联动,谁敢不抱微博的大腿? [EB/OL]. http://www.pcpop.com/doc/JSU/18/185695.shtml.2016-05-25.

《爸爸去哪儿2》播出期间，其微博提及量达到2.2亿条，"#爸爸去哪儿#"主话题新增阅读总量202.9亿，比2013年增长25倍，曝光量增长超过200亿次[①]。借势节目影响力的伊利QQ星，通过台网联动获得了远超预期的传播效果，顺利实现了伊利QQ星三个月高达202亿次的互动曝光。据荷兰合作银行发布的《全球乳业20强报告》显示，2014年伊利跻身10强（考察因素包含前一年内乳制品销售额），2015年同样维持2014年的名次，这是中国乳制品企业有史以来最好的成绩。[②]

Big Day策略：快速引爆市场

对于企业来讲，总有一些"重要时刻"——Big Day，需要规模化的市场营销活动以达到告知、拉新、引流等目的，例如新品首发、线下活动、重大事件或者重要节日等（见图2-31）。微博的Big Day整体营销方案正是在帮助广告主解决这一营销难题的过程中沉淀下来的适合微博平台的"方法论"。Big Day的诞生与微博作为大公共传播平台的特性息息相关，一个不太恰当的类

[①] 百度百家. 看微博财报五个数据亮点[EB/OL]. http://zennew.baijia.baidu.com/article/36244.2016-05-25.

[②] 乳液资讯网. 2015年度全球乳业20强出炉：伊利第10，蒙牛跃升三位排第11[EB/OL].http://www.myguancha.com/post/4122.2016-05-25.

比是，如果如此多的社会性爆炸事件能够在微博上短期内爆发，为什么商业事件（营销活动）不可以？商业活动因为不如社会实践具有内在的推动力，所以需要微博官方提供更多的曝光资源和营销工具。

图 2-31　品牌的四大重要日子

微博的 Big Day 整体营销方案是一种将商业话题进行社会化运作的方法，它综合运用多种微博商业化资源，帮助品牌在某个重要时刻形成具有社会影响力的传播热点。Big Day 一般发动明星、KOL 等资源为品牌营销造势并提供背书，配合微博开机报头、热搜（关键词）、粉丝通、粉丝头条等各类商业化产品甚至包括非商业化的运营资源，将品牌信息融入微博用户的数字生活空间中，形成营销传播闭环，打造品牌营销传播的"大日子"，以迅速形成品牌知名度和规模化的销售效果等。

首先，微博的Big Day整体营销方案能够在短时间内整合微博双平台（移动和PC）的黄金传播资源，覆盖全量粉丝，迅速打造传播声量。其中，包括PC未登录页展示、微博通栏和搜索页富媒体，移动端的开机报头、顶部公告和下拉刷新背景图。同时，利用微博的标准化商业产品，如热门搜索包、粉丝头条、品牌速递等信息流广告作为主力资源进行曝光。再加上品牌会员的软性展示特权等资源，可以做到全路径覆盖用户使用微博的各个环节，保证品牌信息传播覆盖。此外，在Big Day当日，微博可以提供企业独占传播资源的服务，排除竞争品牌的借势传播和竞争影响，助力品牌的强势曝光。

Big Day解决方案中所应用到的重要资源之一是粉丝头条（见图2-32）。在微博环境中，一条微博并不是每一个粉丝都能看到的。为了让所有粉丝甚至是潜在粉丝看到某一条博文，粉丝头条便应运而生。使用粉丝头条可以将最新的动态、推广内容在第一时间推送给粉丝，呈现在粉丝信息流的顶端，让他们打开微博的第一眼就能看到。粉丝头条还能够触达潜在粉丝，出现在非粉的信息流前端。不仅如此，粉丝头条还具有"帮上头条"的功能，粉丝可以为明星代投、企业内部可以为老板代投、企业也可以为意见领袖代投，任何用户觉得某条其他人发的微博值得推广都可以进行代投。

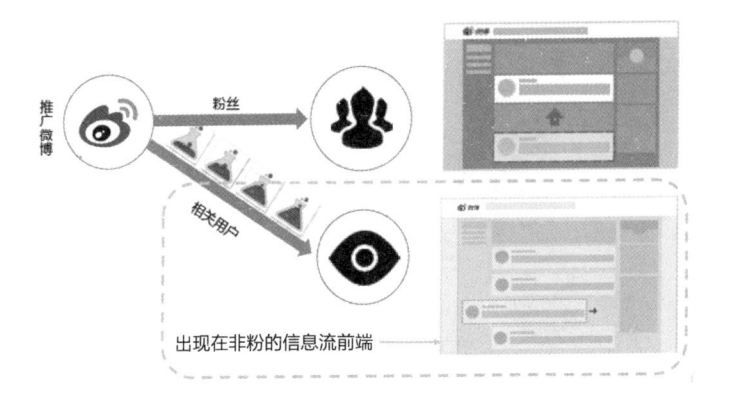

图 2-32 粉丝头条推广示意图

Big Day中运用到的另一个商业化产品品牌速递是微博针对品牌客户推出的，它是一种能够借助社交关系进行传播的微博信息流广告。在微博的推荐算法中，最具特色的就是利用社交关系进行内容推荐。比如你的微博好友与某一条微博有互动（转、评、赞、收藏等），这条微博很可能会出现在你的信息流里。这条微博可能是商业信息，也可能是普通博文。品牌速递就是从这一思路衍生出的商业化产品。首先，客户可以选择目标群体的属性，例如性别、年龄、地域等，划定用户范围之后进行"品牌速递"，广泛触达目标用户。然后，目标用户一旦对推广信息产生"转、评、赞、关注"等互动行为，推广内容便会出现在该用户的粉丝（符合品牌要求）的信息流里，由粉丝触发粉丝，信息可以最大化地得到精准传播。品牌速递的形式多样，具体样式如图 2-33 所示。

图 2-33 品牌速递样式（移动端）

热门搜索包也是 Big Day 中的重要资源，热门搜索拥有四大入口，包括微博移动端首页、移动端发现页、微博 PC 端和新浪网首页，还能够配合首页、发现页的默认关键词以及聚合结果的落地页，引导用户进行搜索。每日热门入口仅由单一客户独享，四大一级页面入口的客户关键词能够达到每日亿级曝光。用户进行搜索后，落地页还可以对品牌账号、相关兴趣主页、相关用户和微博进行推荐，多点呈现品牌信息，集中展现客户的重点品牌信息，高效聚集转化。

近两年，微博的商业化产品开发取得了快速发展，逐步得到了客户的认可。在其众多的商业化产品中，不论是作为拳头产品的粉丝通，还是品牌速递与粉丝头条这些满足不同需求的其他信息流广告产品，它们的功能和价值也一直处在不断的调整之中。

所以在近两年，我们可以看到微博商业化产品快速的更新换代步伐。因此需要注意的是，也许今天我们介绍的产品，明天就会整合进其他产品中或由更高级的产品替代。比如，上述的粉丝头条和品牌速递是Big Day方案中常用的两个商业化产品，在微博进一步优化商业化产品后，粉丝头条和品牌速递很快将与粉丝通融合成新的超级粉丝通产品。

除了对于微博自身各项商业化产品资源的整合之外，对于大量KOL资源、各领域达人和明星的运用也是Big Day方案的重要内容。一方面，大号的粉丝群具有足够的规模，品牌可以利用大号的个人背书取得更深入的传播效果。另一方面，Big Day形成的爆发性传播影响力不仅停留在推广活动上，还要包括大量相关且优质内容的生产。KOL、营销大号在调动起普通用户内容生产的积极性上具有非常重要的引导作用，他们自身在生产优质内容方面的能力也是保证话题热度的重要条件。

最后，微博基于自身的大数据分析精准触达目标用户，结合微博红包策略激发用户互动，配合活动发布、预约、发券、购买和微博客服等营销闭环工具，全程支持品牌Big Day（见图2–34）。微博的大数据不仅能够提供诸如性别、年龄、地域等基本的用户属性，还能够描绘清晰的用户社交图谱，完整地呈现活动中的粉丝与用户互动情况，包括用户关注的品牌、行业KOL和媒体，并且充分尊重用户的行为兴趣，关注用户参与的话题、活动和转发的微博,提供特殊日期、用户地理位置,对接线下数据,刻画详细的用户时空场景。

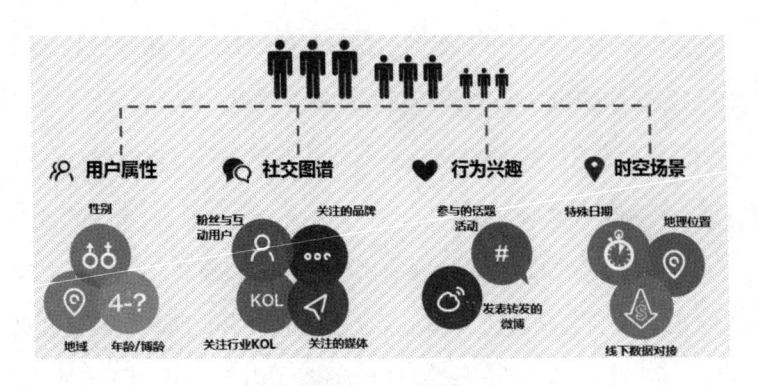

图 2-34 微博利用大数据助力 Big Day

洋码头的 Big Day:"黑色星期五"

如果说国内电商最不能错过的节日是"双十一",那么"黑色星期五"则是跨境电商必须抓住的营销机会。黑色星期五是感恩节的第二天,是美国的传统圣诞大采购日。这一天,美国的商场会推出大量打折和优惠活动,进行年底最后一次大规模的促销。众多海淘电商紧紧地盯住黑色星期五,纷纷打造一场声势浩大的营销活动,因此,如何在这场混战中迅速脱颖而出并打动目标用户成为这些海淘电商的心头大事。

2015 年,国内重要的跨境电商企业洋码头联合微博在黑色星期五打造了一场经典的 Big Day 营销案例。洋码头的营销目标非常明确，就是抓住一年只有一次的黑色星期五购物节，全面提升品牌曝光量、APP 下载量和激活量，并且使洋码头和黑色星期五在用户印象中形成强关联。Big Day 方案非常适合在重要的节日进行大规模的传播、曝光和互动。特别是，在 Big Day 的执行日可以由品牌独占微博商业化传播资源，保证真正做到"一战成名"。

洋码头虽然早在 2009 年就已经成立，耕耘海淘市场时间较长，但是品牌知名度并不高。所以整合微博的商业化传播资源，最大限度地提高洋码头的品牌曝光量是整个 Big Day 方案的第一步。伴随用户的浏览全路径，配合使用开机报头、下拉刷新背景图、信息流广告、发现页横幅广告、搜索落地页和热门话题等微博社交资源（见图 2-35），让目标用户在短时间内快速大量地接触品牌信息，确保营销目标的达成。

图 2-35 用户浏览路径的微博社交资源展现

在这次的洋码头黑色星期五Big Day中还使用了热门搜索包，当用户搜索"黑色星期五"等相关词条时，微博就会主动推荐洋码头账号、显示洋码头的品牌橱窗和微博推荐，充分使洋码头和黑色星期五形成强关联。同时，微博制作了搜索互动页面，当用户搜索"洋码头黑色星期五"关键词时，红包和洋码头的图像就会飘下，生动的互动画面引导网民参与活动（见图2-36）。

图2-36 微博的富媒体搜索页

在洋码头获得强大的品牌曝光量和传播覆盖的基础上，进一步进行深度传播、吸引目标用户、激活用户行动是这一阶段的主要目标。Angelababy是洋码头的股东也是洋码头的明星产品经理，在这次黑色星期五Big Day中发微博为洋码头APP代言（见图2-37）。同时，洋码头放出5亿元红包，发放可以在洋码头上使用的优惠券，用最优惠、最实在的方式激发粉丝热情，引导用户下载并激活APP。此外，洋码头发动了近60个大V账号，进行长达16天的密集发博，释放强大声量，配合微博官方导购"@微博购物"，营造黑色星期五最火的海淘气氛。

图 2-37　Angelababy 为洋码头 APP 代言

随着 Big Day 活动的深入，洋码头在微博发起"晒订单号送 10 元红包"活动，粉丝发博时也会触发微博彩蛋，"@洋码头"官微图文直播买手扫货，激发品牌和粉丝互动，实现涟漪式传播（见图 2-38）。与此同时，微博为洋码头制作定制版洋码头黑色星期五话题页，植入链接方便用户扫码下载 APP。洋码头的落地页明显地标出"立即下载"选项，引导用户到应用市场，配合下载之后才可以使用的洋码头红包，提升粉丝下载 APP 的热情。

图 2-38　粉丝晒单、微博菜单、微博图文直播实现涟漪式传播

在微博方和洋码头的精心设计和强力执行下，洋码头 Big Day 创造了 4.1 亿双话题阅读量和 38.4 万讨论量，增加了 5 万多真粉。Big Day 当天微博总曝光量突破 5.5 亿，微博营销副总裁王雅娟在演讲时提到 "Big Day 当天，洋码头 APP 的下载量不断地在苹果的 APP Store 里面往上冲。当客户看到他们的 APP 冲到了免费电商类下载第三名的时候，就在朋友圈里晒单。因为他们从来没有冲到过第三名，之前一直都是第五十多名。做完 Big Day 之后，他们就冲到了第三名。然后，我们的销售评论说'X 总，如果超过了干爹，您就把我收了吧'。'干爹'指的是淘宝 APP。结果到晚上，他们就冲到了免费购物类下载榜单的第一名（见图 2-39）"[1]。

---

[1] 资料来源：2016 年微博营销副总裁王雅娟在江苏工商局的培训课堂上的讲课记录。

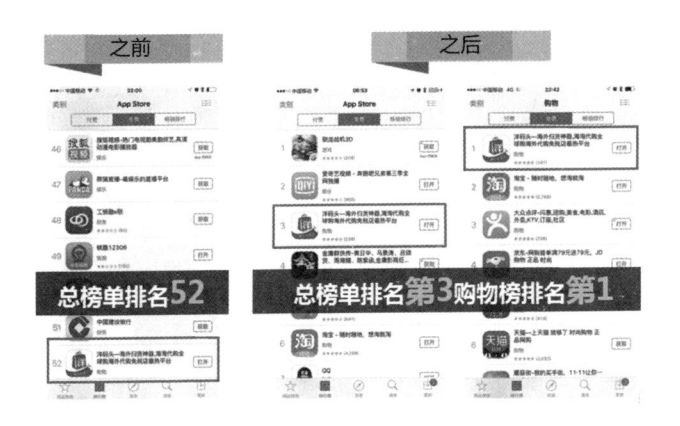

图 2-39　Big Day 前后洋码头 APP 的下载排名对比

伊利优酸乳借势周杰伦

　　伊利一直是微博的重要客户，在台网联动的合作中也与微博共同打造了新的营销模式。由于伊利的营销战略对于娱乐营销的重视，与微博的娱乐属性具有天然的可融合性，因此，两者的合作诞生了不少成功的案例。

　　如果请周杰伦的粉丝回忆，2014 年年底至 2015 年年初发生了什么大事，十有八九都会回答周杰伦新歌发布和大婚两件大事。对于伊利而言，如何充分借助周杰伦的两件大事，开启别具一格的营销传播，达到品牌的强势曝光并且吸引用户互动分享，是新的营销任务重点。为此，微博为伊利优酸乳量身打造了社交音乐营销Big Day整体营销方案（见图2–40）。

图2–40　微博为伊利优酸乳打造的Big Day整体营销方案

整体活动分为两个阶段：第一阶段，12月29日至1月17日借势杰伦新歌发布，打造"周杰伦新歌演绎，优酸乳为爱告白"活动（见图2–41），"@微音乐"发布新歌《手写的从前》抢先听。同时，"#周杰伦新歌发布#""#2015向TA告白吧#"两个互动话题上线，互动版开机报头、微博顶部公告、品牌速递信息流也加入活动中，实现优酸乳品牌强势曝光，充分激发周杰伦粉丝的潜力。

图2–41　周杰伦新歌演绎优酸乳为爱告白

在这次伊利优酸乳Big Day活动中，充分利用了热门话题，其推广的文字链一般通过五轮播的方式进行展示（见图2-42），移动端推荐热门话题位于话题页的第三位，在品牌话题页还可以加入投票、PK和抽奖等形式提高互动率。本次伊利优酸乳发布了三个话题："#祝福周杰伦#""#周杰伦新歌发布#"和"#2015向TA告白吧#"，抢先收听周杰伦新歌，为粉丝给周杰伦新婚送祝福搭建平台，激发周杰伦粉丝的互动热情。三个话题的累计阅读量高达1.3亿，超过15.9万次讨论，新增粉丝近1.4万人。

图2-42 通过五轮播的方式进行展示

值得一提的是这次微博音乐营销传播的全路径安排（见图2-43）：微播音乐强势曝光新歌《手写的从前》，微博听歌露出，微音乐发起互动话题，新浪娱乐进行转发，将音乐营销效果推向全新的高峰。这也使得新歌发布首日，《手写的从前》微博播放就高达120万次，首发前三天一直排在微博播放排行榜第一位。

图 2-43　微博音乐营销传播的全路径安排

活动第二阶段，1月18日至1月19日"#祝福周杰伦#"话题发布，话题页关联"15年的陪伴，跟着杰伦手写从前"猜歌游戏。周杰伦大婚的日子借势自然是最佳的选择（见图2-44），不过伊利也从周杰伦粉丝的角度出发，为他们打造了猜歌游戏。在粉丝参与中，既长时间展露伊利优酸乳，又在游戏最后邀请粉丝们祝福。活动最后，话题阅读量超过1亿，34万粉丝和用户主动转发分享微博，44万粉丝和用户参与活动，520万人主动参加猜歌游戏。

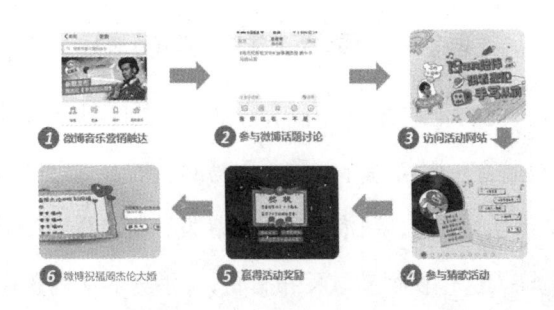

图 2-44　活动第二阶段借势周杰伦大婚，为粉丝们打造猜歌游戏

重塑市场对微博商业价值的认识

在优秀案例积累和营销策略开发慢慢走向成熟的时候，微博的销售团队明显地发现微博在客户中的心智占有率（mind share）开始提升。为了助推微博的市场声量，微博销售团队也开始着力对微博的营销传播价值进行市场宣传。对于微博近两年的鏖战来讲，2015年第四季度是一个重要的节点，在微博沉淀了足够多的案例、在市场上的独特价值得以确立之际，微博营销团队抓住客户年底做预算和各种行业会议论坛的机会开始进行市场宣传。

其中，一个重要的公关事件是2015年的金投赏，微博牵手宝洁在该活动上进行了强力宣传。以此次事件为标志，市场对微博价值的肯定开始集体性地被唤醒。作为全球最大的广告主，宝洁在微博上的成功案例有力地吸引了其他客户和代理公司的注意力。市场对微博价值的肯定不是孤立事件，微博的独特价值为解决大品牌在当前的市场环境中普遍遇到的问题提供了一个有效突破口。互联网为中小品牌带来的机会正在蚕食大品牌的市场份额。"不少大品牌在丢失市场份额，年轻用户逐渐不再喜爱，这时该怎么帮助大品牌年轻化？这个问题是企业关注的，也是微博能做到的"。[①]对于大品牌来讲，丢失年轻用户背后是大量具有互

[①] 资料来源：项目组于2016年3月31日对微博营销副总裁王雅娟的访谈记录。

联网基因的中小品牌的崛起,大量跨界竞争对手的出现对于传统企业市场地位的削弱是蚂蚁搬山式的。传统的大型企业怎么办?向互联网企业转型在此阶段基本成为共识,但如何转型却是一个难题,目前处在一个集体探索和集体焦虑交织前行的过程中。对于该阶段的企业来讲,微博是一个迈向互联网的机会和绝佳的试错平台,也是互联网化战略不可缺少的重要平台。一个简单的理由是,这里有企业想要的大规模的用户。

以此次金投赏事件为例,在此之前,宝洁很长一段时间内并没有意识到微博的价值,对于微博的销售人员一直是婉拒的态度。宝洁对微博价值的肯定,也经历了一个有趣的过程。其中一个重要的节点是宝洁看到高洁丝案例的时候,感到了震惊。同为女性护理产品,高洁丝的市场份额并不如宝洁的护舒宝,但是看到高洁丝的成功案例,宝洁的品牌管理人员深有感触:"没想到微博还可以这么玩。"

不久,在宝洁的KPI(关键绩效指标)始终无法完成,还剩几十万元钱的情况下,跟进宝洁几年的微博销售看到了机会,提出让宝洁试一试微博平台。这一试,宝洁对微博价值的认识有了决定性的转折。这次的牛刀小试,就是效果出乎意料的"Like A Girl"案例。

早在2014年夏天,护舒宝就发布了名为"Like A Girl"的短片,针对青春期女性进行了调研,发现青春期的女孩子会受到来自社会各界给她们的"条条框框"的限制，因为有"那些不能做"的约束而导致女孩们的自信心降低，"Like A Girl"在她们的成长中变成了贬义。而这个时期的女生其实正处于自我发现、自我肯定的阶段，一旦被固有的观念束缚，将很难在未来恢复自信。护舒宝通过短片传达"Like A Girl"绝不该被当作一句侮辱人的话，相反，它意味着坚强、勇敢、优秀和了不起。该短片引起了巨大反响，斩获了戛纳国际创意节最高荣誉之一——最佳公关类大奖，也在YouTube上获得将近6 000万的浏览量。同年护舒宝又发布了同一系列的第二弹《势不可当》（Girls Are Unstoppable），上线两天，观看人数即达到570万。

在中国也存在同样的问题，约90%的女性认为社会对她们有偏见，还有将近70%的女性从小就被灌输由性别带来的诸多限制。在生活中，常有性格直爽、不爱化妆的女性被贴上"假小子""爷们儿"的标签，而很多女性会被这样的偏见影响，以致埋没自我、随波逐流。为了改变这一现状，在金投赏前夕，宝洁联合微博引入了《势不可当》这则短片，旨在揭露青春期少女容易受到偏见影响、丧失自信的现状，鼓励女生摆脱束缚，提倡社会撕去对她们标签式的评价。

10月15日至10月21日，宝洁利用微博热门话题套装（基础包）、热门搜索套装、品牌速递、粉丝头条等资源进行曝光引流至微博双端话题页"#我就是女生#"，用户可以通过话题

"#我就是女生#"参与讨论,话题页如图2—45所示。

图2—45 微博"#我就是女生#"PC端话题页(左)与客户端话题页(右)

为配合短片引入,护舒宝开启了一轮振奋人心的"女生宣言"活动,首先牵手田馥甄、马薇薇、柏邦妮等知名女性代表为女生发言(见图2—46),用宣言展示个性,抵抗陈旧的社会期望带给她们的消极影响,鼓励女孩们勇往直前。

图2—46 田馥甄等知名女性代表为女生发言

图 2—46　田馥甄等知名女性代表为女生发言（续）

同时，护舒宝号召全社会加入到支持"#我就是女生#"活动的行列中来，携手打破对女生的限制，赋予女生"坚定、勇敢、势不可当"的新定义。在"#我就是女生#"的微博、微信线上活动中分享消费者自己的声音（见图 2-47），用态度和坚持改变现状，打破偏见，活出女生原本应有的骄傲，因为"#我就是女生#"。

图 2—47　在"#我就是女生#"的微博、微信线上活动中分享自己的声音

图2-47 在"#我就是女生#"的微博、微信线上活动中分享自己的声音(续)

配合"#我就是女生#"的话题,护舒宝还为山区留守女生进行众筹等公益活动(见图2-48),鼓励网民积极参与,并与其他品牌进行联动,共同为"#我就是女生#"造势,得到了消费者的热烈回应。

图2-48 护舒宝为山区留守女生进行众筹等公益活动

图 2-48　护舒宝为山区留守女生进行众筹等公益活动（续）

微博"#我就是女生#"的话题，上线短短几天就获得近亿次的阅读量，有超过 2.2 万人参与讨论。微博平台广告资源的效果也得到了充分证明，均完成了客户的 KPI 要求，文字链点击量在 PC 端达到预期的 3 倍，客户端近 5 倍，品牌速递的点击量更是超额完成，达到了预期 KPI 的 10 倍效果。截至 2016 年 6 月

16日，该话题已获得1.2亿次阅读、4.3万次讨论量和857个粉丝。

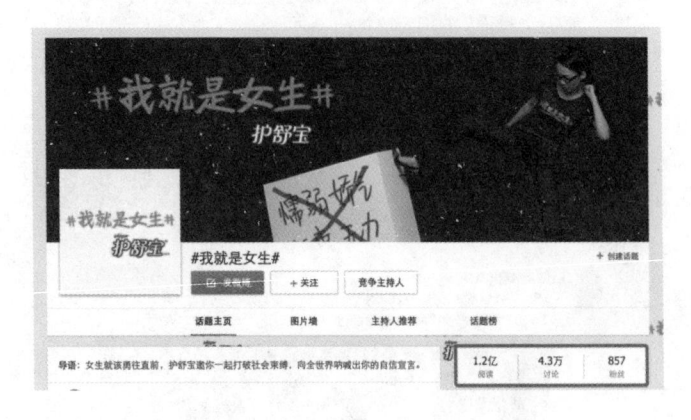

图2-49 "#我就是女生#"话题页

宝洁在深入消费者洞察后，在恰当的时间，利用受众接收信息的习惯模式，把关键信息通过微博传递给她们。宝洁大中华区传播与公关副总裁许有杰在金投赏赛后接受记者的专访中表示"Like A Girl"里并没有谈到护舒宝品牌的功能，而是和消费者进行深度的情感沟通，通过创意直击消费者内心，讲出她们的心声，并借助微博平台传播的特性发挥消费者的能动性，让消费者自身为品牌创造优质内容，"Like A Girl"将女性消费者的痛点转变为正能量信息进行传播，大大增加了护舒宝品牌美誉度。①

---

① 凤凰网.专访宝洁公关副总裁许有杰：品牌传播需洞察消费者的内心.http://www.360xh.com/information/201511/04/2952.html.2016-05-30.

由微博的商业案例，我们可以发现品牌与生活者的沟通在新的传播环境中没有停留在传播层面，而是更为紧密地嵌入企业整体的运营管理。在微博平台上，品牌与生活者的沟通既是起点，也是持续至各个经营环节中的重要部分。

进入2016年以来，宝洁开始在微博上启动规模化的投放。宝洁在各领域的主要强势品牌在微博上的实践会沉淀更多的案例。根据传统的市场指标，除了品牌传播效果，销售效果也被纳入市场效果考虑范围内。以玉兰油为例，在3个月内，通过微博选取目标群体进行精准投放，在这个群体中能够转化到天猫旗舰店的比率高达3.83%，发生喜欢、收藏、加入购物车等行为的潜客比率为2.12%，最终成交客户转化率为0.41%。目前，数字营销领域的商业活动普遍强调品牌和效果相结合的"品效合一"。这说明了两个问题：第一，在数字营销领域，原有营销的各个部门不再是孤立的，而是在数字化和数据的帮助下开始一体化；第二，"品效合一"注定是阶段性的衡量标准，因为站在企业整体发展的角度看，需要加入衡量的指标不只是品牌和销售，还会包含更多其他方面的指标。

梳理微博这两年商业化的历程，我们有一个清晰的感受：扎实、稳步。微博的商业化是一步步走出来的，一个个案例积累出来的，也是微博各业务部门一点点推进的。"其实，我们整个销售团队和客户市场团队做了大量的地面工作，就是我们一个一个案例的积累。我们的销售，特别是客户市场团队是一个一个代理、一个一个客户去做研究。这种地推是非常扎实的。因为我们有很多漂亮的案例，客户和代理常常表示很受启发。"[1]

在与微博团队接触的过程中，王雅娟多次提到图 2-50。她认为，在企业处于从"早期拥有者"向"早期大众"跳跃的阶段时，微博能够提供非常巨大的价值，帮助企业迅速积累起规模化的用户。但是，换一种视角，对微博而言，在商业化的道路上，目前也处于跳跃这个鸿沟的阶段。成长中的微博虽然取得了初步成功，但前期做的各项铺垫工作的后劲还没有完全发挥出来，需要克服的挑战依然不小。

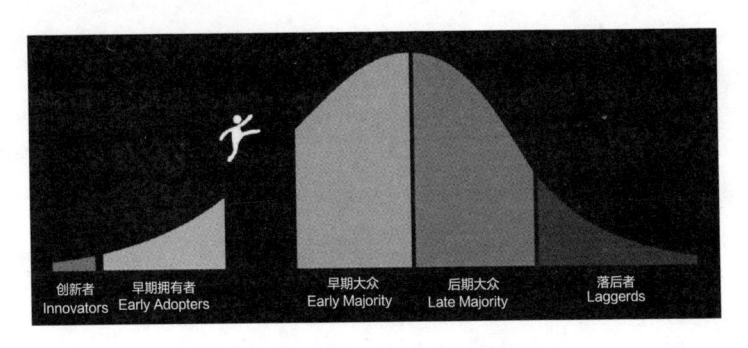

图 2-50 高科技产品生命周期图

综上所述，我们对微博在涅槃重生的过程中实现的升级概括

---

[1] 资料来源：项目组于 2016 年 3 月 31 日对微博营销副总裁王雅娟的访谈记录。

为"三个下沉",即用户的年轻化、内容的圈层化和地域的多元化三个方面的下沉。在此过程中,微博在商业化上进行了一系列的商业布局,可以总结为四个聚拢,分别是对营销大号、广告公司、明星资源和企业客户的聚拢,把各种商业资源和商业力量聚拢在微博平台的周围,保证了后续商业化的基础。同时,为了配合微博整体商业化的步伐,微博的粉丝通、WAX系统(详见第三章)、品牌速递、粉丝头条等一系列的商业化产品为服务企业客户提供了工具,在此基础上开发的台网联动和Big Day两大商业解决方案为解决客户问题沉淀了许多优秀案例。

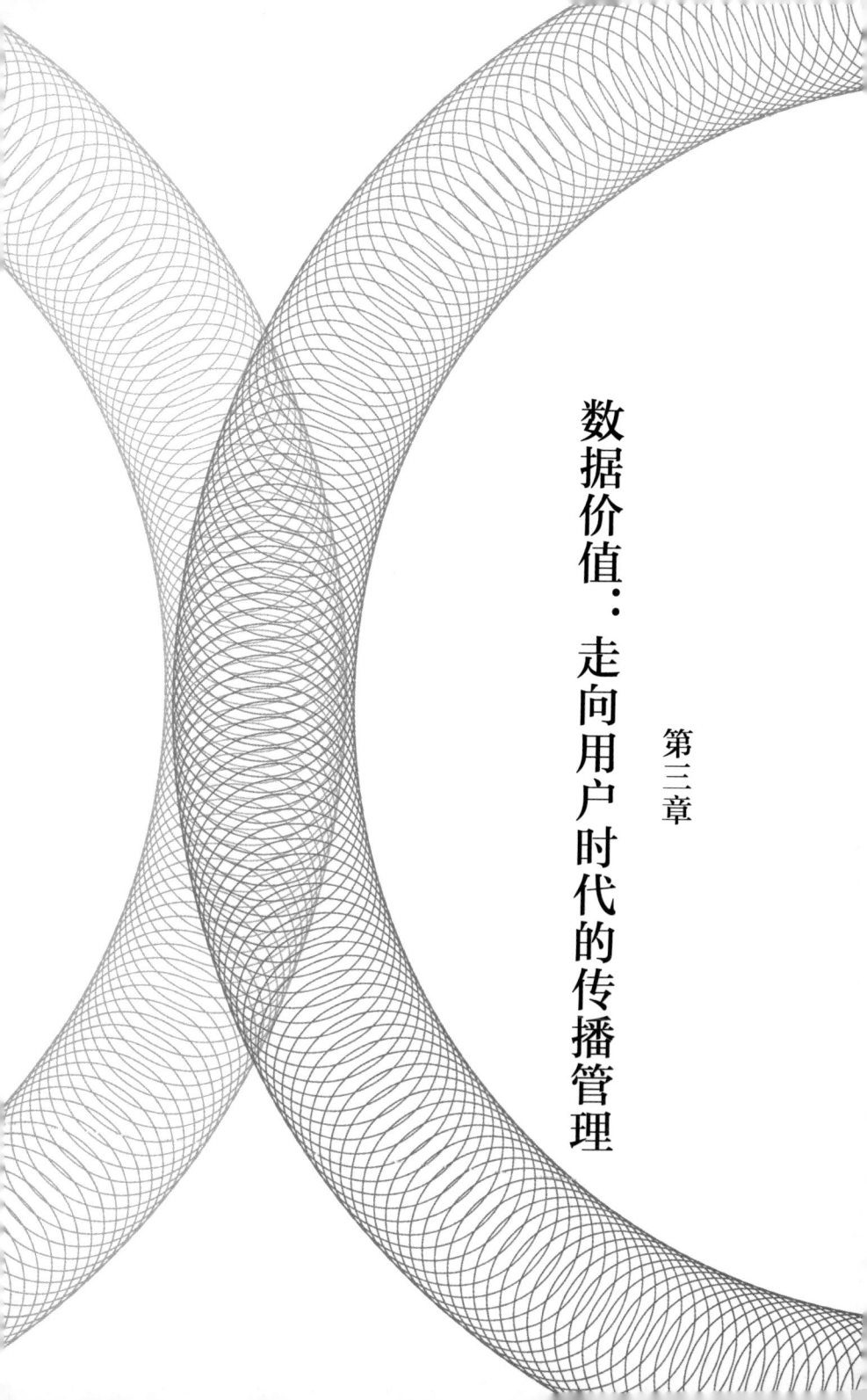

第三章

数据价值：走向用户时代的传播管理

2013年，IBM针对4 183位全球最高管理层人员进行了调研，受访对象包括524位CMO（首席营销官），以此次访谈为基础，形成了《迎接挑战：全球最高管理层调研之CMO洞察》报告。报告指出，面对数字化带来的挑战，企业在变革的步伐上与数字技术的发展速度相差越来越远，情况比之前更加糟糕。其中，某新西兰保险公司的CMO表示："我们知道自己要做什么，最大的挑战是为之建立数据基础设施。"该报告提出一个问题：企业在数字化世界中如何取得成功？CMO们认为有三个必须满足的条件：使用数据分析更深入地了解客户——无论单个客户，还是全体客户；设计能够给客户带来价值的客户体验；充分利用新技术，以智慧和高效的方式提供这些体验。

根据数字服务化理论，企业在数字时代面对的首要问题是如何突破传统，拥抱数字时代，打造一个全新的数字化企业，因为数字化的企业是互联网化和服务化的基础与前提。

数字服务化指的是应用互联网技术，基于超级规模化的人际传播和组织传播的特点重塑组织、整合资源、创新流程、创造价值。也就是说，数字服务化是企业面对数字时代的挑战，进行的整体性变革，而不是某一方面，更不是目前如火如荼的数字营销。许多企业对互联网挑战的认识和应对之策还停留在数字营销层面，在传统市场营销的操作模式上进行小修小补式的改良。应该看到，我们即将面临的是一场整体性的产业革命，必须在各方面做好准备。这也是本书从各个层面反复强调，以微博平台为例，企业在如何利用微博平台、如何利用数据和内容、如何打造传播管理部门等方面"超越营销"，并根据企业的实际情况，锻造一个适应未来发展的企业的着眼点所在。

企业全面数字化之后，数据将成为企业最重要的资产，如何利用数据重塑企业成为企业最关心的命题。数据资产的开发，核心在于对用户的管理。也就是说，数据背后的用户才是企业最为核心的资产，所以对于企业来说，用户的数据将越来越重要，建立企业自有的用户数据库刻不容缓。

企业如何建立用户数据库？如何利用自身的数据资产？如何使用和挖掘数据价值？这是全新的时代命题。根据创意传播管理理论，这一系列问题的背后其实是一整套方法论体系的建设，我们把它称为基于用户的传播管理体系。

目前，从企业数字化的进程来看，企业的各种尝试和实践还处在较为初级的阶段。许多企业还没有明确的数字化意识，没有意识到建立独有的数据管理系统、建设数据库、提升数据能力的重要性。

微博拥有海量的用户数据，这对企业而言是一个巨大的宝藏。本章试图以微博为研究对象，对以上问题进行初步回应，明确在微博这样的平台上，企业应该如何进行用户数据的积累、建设数据库，并利用数据库进行用户关系的维护，最终搭建独有的数据管理平台和组织结构。需要说明的是，目前在微博上的实践还不足以支撑我们从企业整体发展层面展开的论述，更多的依然是从数字营销的层面来讲述微博的数据和技术给企业带来的价值。

触达用户，积累数据

微博上拥有巨量的用户基础，这些用户就是数字生活者，是企业用户数据库建设的重要来源。由于微博平台的强账号体系，微博平台巨大的用户池对企业来讲是非常优质的数据来源。如何通过营销传播技术手段有效触达企业的用户和潜在用户，传达企业信息，并将用户数据沉淀到企业的数据管理平台中，这是企业利用微博平台的核心思路。

沿着这个思路，企业的第一步就是通过各种传播活动触达数字生活者，进而收集所有产生互动的用户行为数据。此外，还需要利用用户基础数据或将一些企业的自有数据进行整合和碰撞，然后通过对这些数据的分析，调整投放策略再次进行投放，对用户进行再触达，由此形成一个持续产生数据和反馈到数据库的循环，通过不断优化数据质量，最终沉淀有效用户（见图3-1）。

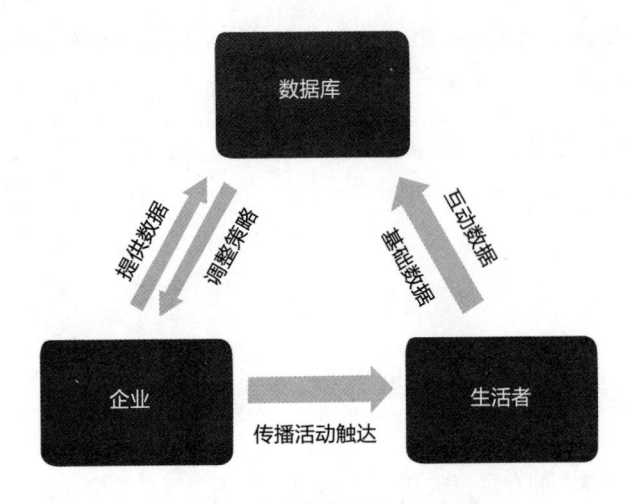

图3-1 企业的传播管理逻辑图

此外，需要再次表明的是，传统的营销传播逻辑仅停留在传播触达层面，后续的反馈需要市场调查这样的类黑箱动作。但是，在数字传播环境中，可以明显地看到反馈的结果。传播触达仅仅是一个开始，用户的所有行为都可以通过数字技术进行数据收集和分析再利用。最终将建立一个用户数据库，后续与用户规模化产生服务关系的基础便建立了。因此，可以说，微博平台上的传播活动早已超越了营销的范畴。这种变化，可以概括为从传统商业逻辑转型为数字商业逻辑。

目前，企业把数据积累进自有的数据管理平台并以用户为中心进行多平台运用的案例还不成熟。在此阶段，企业更加偏重于在微博平台内部进行数字商业逻辑的实践。因为微博平台自身已经有足够的商业化产品支持企业的传播，也有足够的用户基础供企业进行实践甚至试验。

企业在微博平台上的传播活动可以分为两种：一种是在拥有企业蓝V账号的基础上开展数字传播；另一种是单纯地把微博当作数字媒体平台进行传播投放。但是，在微博这一数字生活空间中，如果企业没有账号，就相当于用户没有对话的对象，企业就无法通过传播活动把用户聚集在账号周围，也无法有效地服务用户、培养用户群。企业的传播活动便落入了传统的营销逻辑内，即传播活动停留在告知阶段便戛然而止，效果大打折扣。这对企业而言是一个非常大的损失，是没有充分认识和利用微博平台的表现。在微博上，企业账号是企业的数字家园，是开展各种商业活动的基础。

对于企业的微博实践而言，通过数字技术和软件对微博既有的海量内容和数据进行数据挖掘、舆情分析等，当然是企业数据积累的一个重要途径，但是，此类数据的一个显著缺陷是没有企业和用户之间的互动行为，也没有产生联系，更多地体现为静态分析。因此，此类数据能力的建设方式，我们暂且按下不表。

目前对于企业而言，最重要的是如何通过传播活动触达用户。根据第二章中的内容，我们可以看到微博已经开发了大量的商业化产品和营销传播解决方案供企业使用。基于微博提供的商业化产品所发生的这些传播活动是企业触达用户、积累数据的重要方式。

但是本章我们要更加集中于数据价值的挖掘和运用，因此，粉丝通将成为本章的重点。粉丝通对企业的价值在于，它不需要企业具备高深的大数据技术，而是提供了一个简易的类DSP（需求方平台）界面，企业可以根据微博上的目标用户进行群体画像选择并投放，以得到准确触达的效果。在某种程度上讲，粉丝通其实是把大数据和大数据技术简单化和傻瓜化，使得人人都可以操作，都可以根据需求有效地触达用户。

微博粉丝通推动了微博信息流广告的大发展，是微博商业化布局中的重要一步。粉丝通于2012年12月26日诞生，2013年3月18日正式上线。它是基于微博海量的用户数据，通过技术手段把推广信息广泛传递给粉丝和潜在粉丝的广告产品，即在用户首页的信息流中插入推广微博。它会随着信息流的滚动而消失，如果用户不喜欢这条广告，可以点击右上角选择隐藏。粉丝通推广的微博与普通微博在功能和形态上无异，仅仅以"推广"或"推荐"标识以示区分（PC端是在微博的左下角显示"推广"，而移动端是在左上角显示"推荐"字样）。

普通的微博用户需要先在微博广告中心申请开通粉丝通账户，随后企业或者个人就可以通过微博广告中心，即粉丝通的后台进行广告投放操作，企业客户根据用户属性和社交关系精准地选择需要投放的人群，并根据推广需求自行设置投放量和日消耗量，选择合适的出价方式，之后微博粉丝通系统会按照客户选择的出价方式和出价，综合用户投放的广告质量以及当天同时段投放的广告数量等多种因素进行综合考量，给出合适的收费价格并进行实时计费。

粉丝通的诞生是微博进行商业化探索的产物，甚至可以说粉丝通的产生对微博来讲是一个意外惊喜。粉丝通的开发和发展在很大程度上启蒙了社交平台的广告变现方式。但在微博内部，当初粉丝通这款产品的诞生更多的是为了满足中小客户的需求。中小客户在微博上不像大品牌客户那样有大量的品牌曝光诉求，相对来说其更加看重效果类广告。正如微博商业运营总经理洪力舟所言："其实粉丝通刚刚出来的时候，有很多中小企业使用这个产品。中小企业的玩法，其实跟大品牌企业的差别还是很大的。中小企业的广告投放量会比较小，很多可能就几千块钱，几万块钱就已经算不少了。而且从另一个角度来说，它们和大品牌企业对微博营销的认知也不太一样，中小企业对品牌建设的需求相对较低，更注重实效。比如我开了一个淘宝店，就想在微博上找到自己的受众。最好是我给广告受众一个URL（统一资源定位符）让他点击，然后从这个URL上就可以直接跳转到我的淘宝店购买商品，达到这样的效果就可以了。"① 所以粉丝通在一开始的时候，就是专门针对中小企业、针对广告投放效果的诉求开发的。

事实上，粉丝通的根本价值在于企业能够基于用户群进行购买并对他们施加影响。在粉丝通的发展过程中，企业和微博平台方越来越认识到，粉丝通不仅适用于效果类广告，对于品牌曝光有着同样重要的作用。所以，近两年来粉丝通更加趋向于追求品牌传播和转化效果的协同发展，即品效合一。同时，需要关注的是，信息流对于微博来说是最具有营销价值的一部分内容，而粉丝通这一产品直接将推广信息植入信息流之中，这几乎消耗掉了微博一半甚至更多的营销资源。所以，粉丝通是微博平台最重要的商业化产品。

粉丝通的地位和作用之所以与日俱增，还因为这一产品符合大数据时代企业进行数字传播的趋势：自助化。通过粉丝通，所有企业的市场工作人员都可以自主进行广告投放的操作，并

---

① 资料来源：项目组于2016年3月14日对微博商业运营总经理洪力舟的访谈记录。

根据自己的诉求实时调整。这种自助式的广告投放系统一方面提高了客户的传播效率和客户对用户的理解程度，另一方面也节省了微博方面大量的人力——有了这样一个简单易用的大数据操作平台，就不需要微博投入过多的人力来帮助企业进行维护。在某种意义上，这相当于微博提供了一个基于微博大数据的广告投放工具，企业可以根据自己的需求和预算自主投放并即时进行调整。微博平台也发现了粉丝通在品牌客户中越来越受欢迎，"我们发现现在越来越多的大企业在考虑用粉丝通，虽然它们一般都有代理商提供服务，但是一些代理商不太会用粉丝通，相反，很多中小企业比较在行……所以微博有一部分工作人员会在短期内支持品牌企业客户做粉丝通。但我们不希望粉丝通完全被我们控制，那样会限制粉丝通之后的发展。我们希望会有更多的企业能够自己去做，或者它们的代理公司能够去做"。[①]

微博粉丝通是国内最早开始做定向效果类广告投放系统的平台之一，但在2013年时，客户对这类投放并不买账。"客户会问'我为什么要投一个社交的东西，而且一个CPM（千人成本）要10块钱'。一般来说，其他平台的一个CPM可能就两三块钱。而且在微博平台上用粉丝通还要新建微博账号，那个时

[①] 资料来源：项目组于2016年3月14日对微博商业运营总经理洪力舟的访谈记录。

候这种账号体系并不是特别流行。"[1]客户对微博粉丝通这种社交广告的不理解，一个重要的原因是当时移动化的趋势还不明显，企业的目光还没有开始转向移动平台。客户的广告投放还主要集中在PC端，大部分客户只要PC流量，而且愿意用高价去购买PC端的流量。以电商类客户为例，当时的电商类客户虽然也同现在一样有较强的从社交平台导流的需求，但在初期受限于移动支付发展的情况，绝大部分用户出于对移动端支付安全的考虑，尚未养成移动支付习惯，移动端的流量也自然被此类客户视为垃圾流量，从而较少进行移动端投放。PC端的购买与支付还是主流，导致当时微博移动端的转化率不如PC端，粉丝通的效果略差。

但是，微博较为超前地意识到了用户向移动端转移的趋势。通过微博后台数据可以明显地看到用户正在快速大量地向移动端迁移。比如，移动端的互动率明显高于PC端，有时可达到2倍以上的差别。互动率越高，企业的转化成本越低。微博团队不断地教育市场"移动"是大势所趋，企业可以通过移动端造势，吸引用户关注，然后再配合PC端进行转化。

据靳贝贝的回忆，粉丝通实现第一次量的突破得益于2013年电商客户的发展。他提到，粉丝通逐渐"建立起人群定向的维

---

[1] 资料来源：项目组于2016年6月4日对微博商业运营部产品营销副总监靳贝贝的访谈记录。

度，真正实现了性别、年龄、地域、设备、兴趣以及时间维度的定向。通过产品、运营、渠道以及代理商等的不懈努力，粉丝通平台整体的平均互动率从 2013 年年初的 0.3% 提升到了 0.5%，甚至有部分客户达到了 2% 的高互动率"[1]。早期可喜的投放效果也回报了首批尝试微博粉丝通产品的客户，比如，梦享家家电家居是一家专注于引进全球精良家电的淘宝店铺，该企业于 2013 年 3 月在微博粉丝通平台上进行了为期 15 天的广告投放，期间所有信息流广告博文共获得了 2.6 亿次的阅读、2 万次的点击和 9 731 次的淘宝引流，当月销量是上月销量的 3 倍，2013 年 3 月的销售额超过 94 万元。

可见粉丝通产品在当时已有了雏形，采用原生信息流广告的形式，以移动和社交传播作为产品的新特点，基本实现了由售卖 PV（网页浏览量）到售卖 UV（独立访客数）的转变，即广告主不再像传统的那样去购买媒体版面、位置、时段，而是开始购买平台背后可以看到这个广告的"人"。通过粉丝通购买信息流广告实际上购买的是微博平台背后的用户。客户可以将信息流广告定向得更精准，使信息流广告更有效。这样的变化其实是传统商业逻辑向数字商业逻辑转变的重要转折点。

2014 年是微博营收最为困难的时期。"2013 年微信成长得

---

[1] 靳贝贝微博文章，关于粉丝通的那些事：出生篇.http://weibo.com/ttarticle/p/show?id=2309403952371083395204.2016-05-10.

特别快，微博当时也受到了来自微信非常大的压力。2012年到2013年上半年，微博主要的用户群都在一线城市，当微信开始被大规模使用之后，微博在一线城市的活跃用户和用户的媒体使用时间都受到了很大影响。"[1]而此时，正是微博作为独立的运营实体在纳斯达克上市的时间点，此时的微博既要面对上市后营收的压力，还要面对大客户离去、用户结构的深度调整亟待完成，以及微信的冲击等问题。尽管这一年微博面临多方挑战，但这也正是微博触底反弹的重要一年。对于粉丝通而言也是如此，逐渐成长起来的粉丝通平台和中小企业客户群几乎成为当时微博最重要的支柱。

2014年，整个市场开始快速拥抱移动互联网。而"这个时候我们（微博）移动端的占比已经到80%左右了，而且大家慢慢地开始接受移动支付这个概念"[2]。这一转变意味着移动端的广告投放能够为客户带来流量并创收，微博的大部分客户也已经意识到移动时代的到来，越来越多的客户不仅不再要求只投放PC端，而且开始希望只投放移动平台。

通过不断地调整，粉丝通不断升级和优化，在技术上也取得

---

[1] 资料来源：2016年微博营销副总裁王雅娟在江苏工商局的培训课堂上的讲课记录。

[2] 资料来源：项目组于2016年6月4日对微博商业运营部产品营销副总监靳贝贝的访谈记录。

了重要突破。这一年粉丝通最重大的技术突破有两个：第一，在人群的定向维度之外，第一次利用用户社交关系数据进行精准投放，推出"相似粉丝关系"定向功能，帮助企业针对某一账号的核心粉丝群做定向投放。第二，为通过粉丝通进行投放的信息流广告提供较为全面的数据分析功能——针对各个定向维度的曝光和互动数据以及7日内的自然传播数据进行详细的数据分析，为客户及时纠正定向和再定向提供了基础。粉丝通产品的不断完善也使得这一阶段通过粉丝通平台投放的信息流广告的平均互动率从0.5%提升至1%。

此外，整个市场环境的变化也开始助力粉丝通的发展。电商粉丝经济的崛起和国家鼓励双创后大量创业企业的崛起，催生了大量的传播需求。微博与其产品粉丝通成为这两类企业的新宠，甚至可以说这两类客户成为粉丝通在2014年得以起飞的双翼。

得益于移动互联网、移动支付的快速发展，很多初创企业特别是做APP起家的创业公司大量爆发。"一大批创业企业应运而生，如今我们所熟知的滴滴、百度外卖、酷狗音乐、小红书、天气通、折800、大街网、喜马拉雅FM……以APP的形式在移动端大放光彩，各种VC（风险投资）也纷至沓来，全民陷入创业风潮。"[①]APP创业类公司需要进行大量拉新以获取用户，微博作

---

① 靳贝贝微博文章，关于粉丝通的那些事：腾飞.http://weibo.com/ttarticle/p/show?id=2309403955093115389097.2016-05-10.

为当时为数不多拥有6 000万以上日活跃用户的社交平台，成为创业者和创业公司的必争之地。粉丝通平台上由APP客户带来的收入占比呈现直线上升的趋势，这在很大程度上拉动了2014年粉丝通的收入。在2014年下半年，微博中小渠道果断采取超常规激励措施，一时间，APP客户成为代理商的"新宠"。

也正是在2014年，上市后的微博成立了独立的商业化团队，运营粉丝通的团队也在不断完善和成熟。"这一整年中，微博商业化团队实现了质的蜕变，建立起包含销售、市场、运营、产品以及数据在内的一整套体系。"①

在各种因素的助攻下，粉丝通销售收入实现了大跨步的增长，开始真正实现起飞。"在这一年里，粉丝通乘胜追击，在微博整体商业化的步调中逐步承担起中坚作用，微博的整个商业体系由流量经济向粉丝经济转变，由PC时代向移动时代更迭，由人群画像向社交关系升级。粉丝通客户投放的信息流广告的平均互动率从0.5%提升至1%，日消耗也实现了100%以上的增长。这一切都预示着移动时代的到来——移动不再是一种趋势，而是一种当下；社交媒体不再是一句销售话术，而是看得见、摸得着的营销模式。"②

---

① 同上。

② 靳贝贝微博文章，关于粉丝通的那些事：腾飞.http://weibo.com/ttarticle/p/show?id=2309403955093115389097.2016-05-10.

经过两三年时间持续的产品升级和市场经营，粉丝通在2014年开始起飞，并在2015年实现了真正的腾飞，成为微博商业化进程的中流砥柱。进入2015年，对于粉丝通而言，一个显著的变化是，使用微博粉丝通的客户不再局限于中小企业客户，随着大客户的回流，它们对粉丝通的使用比率也越来越高，同时粉丝通仍在不断升级，微博开始整合其他类的信息流广告产品，以打造超级粉丝通。

越来越多的企业认识到粉丝通的重要价值不仅仅在于由信息流广告带来的引流转化。很多借助微博平台成长壮大的初创企业开始意识到在微博投放广告不仅要注重效果，同时也要注重品牌的打造和粉丝关系的沉淀，"最开始我们使用效果广告的确追求的是打出广告之后就成交，但是如果我们一直做效果广告，不为品牌做长期的打算并制定策略，我觉得最终导致的结果会很悲惨"。[①]

随着客户对微博的新玩法越来越熟悉，大品牌客户也开始意识到粉丝通的价值。粉丝通开始整合原有的微博精选、品牌速递等信息流广告产品。在微博不断升级粉丝通的同时，在不需要像Big Day和台网联动类大型营销传播活动支持的情况下，越来越多的客户更愿意通过粉丝通投放广告。

[①] 资料来源：项目组于2016年4月9日对WIS护肤总经理黎文祥的访谈记录。

在微博这种数字生活空间中，企业对效果类广告和品牌类广告的需求也处在一个同步增长和不断尝试的阶段。总之，无论是大品牌还是成长型企业都开始注重品效合一，"原来买效果类广告的客户也开始买品牌类广告，买品牌类广告的客户也开始买效果类广告"[①]。

粉丝通凭借良好的传播效果吸引了大批客户投向微博，仿佛一个个石子打在水面上泛起了圈圈涟漪，从在线教育到手游推广，从电商服装到化妆品销售，从地方中小企业的品牌树立到国际知名大企业的品牌推广，越来越多的客户被粉丝通的魅力吸引。

粉丝通的价值不仅在于为客户提供了一个更为便捷和精准的广告投放工具，正如本章开篇所讲，粉丝通更为企业提供了一种触达用户、积累数据的手段。这种手段，除了产生了品牌传播的价值之外，更为重要的是它沉淀下了用户群和数据库，是企业数据资产积累的重要组成部分。对于企业而言，积累了活跃度高的用户和优质数据后，每个用户的长期价值的开发不仅成为可能，而且这种价值具备非常大的潜力。数字营销传播在积累数据和沉淀用户上的这种新变化，从根本上来说是对传统营销传播的一种超越，形成了一个新的逻辑。这个新逻辑的起点和核心是用户，

---

① 资料来源：项目组于 2016 年 3 月 31 日对微博营销副总裁王雅娟的访谈记录。

这是在传统逻辑中从未出现过的。

比如，过去企业衡量营销投入的效果通常使用ROI（投资收益率）这个指标。但是，几乎所有营销人都清楚，这个指标从来就不可能被准确计算出来，最多只能提供一个大概的数据供企业参考。在没有数字化之前，传播活动与销售效果或品牌效果之间就是一个黑匣子，没有人可以完全搞清楚这个过程到底是怎样发生的。著名营销传播专家唐·舒尔茨教授曾在《整合营销传播：创造企业价值的五大关键步骤》一书中尝试对企业营销传播活动的ROI进行准确量化。这一类努力是整合营销传播的重要内容，但是，在没有充分数字化的时代，此类努力非常难以实现，企业也无法有效执行。

通过粉丝通的案例，我们可以看到，ROI虽然可以更好地实现对传播活动效果的衡量，但是这个概念对粉丝通来说已经没有太大价值。因为ROI的本质在于对传播活动效果的衡量，而粉丝通的核心不是传播活动，而是用户。即使传播活动效果衡量清楚，也无法把传播活动之后的用户积累和数据积累的价值表现出来。这就是超越营销之后的数字商业逻辑的不同之处，它需要新的思维方式和概念体系。

我们尝试用WIS护肤的例子来为大家阐释这种新的思考方式。WIS护肤是一家从微博平台上起家的企业，经营的是护肤品，但是该公司并不把自己看作传统护肤品企业，一直把自己定位为互联网护肤品企业。除了有产品部门和研发部门，该企业的其他部门设计和工作内容基本完全是互联网化的，而WIS护肤的传播和销售工作早期只在微博平台上进行。据靳贝贝回忆，WIS护肤初期在微博粉丝通上的投入遥遥领先于其他品牌，WIS护肤每日粉丝通广告投放的消耗不设置上限。初期，WIS护肤的ROI甚至低至1∶0.2，也就是说，每投入100元的营销预算，只有20元的销售额。WIS护肤之所以这样不计较ROI的转化，疯狂投入资金到微博粉丝通，是因为他们认识到了用户的重要价值，即粉丝经济的重要性。"微博的营销和其他地方的营销是不一样的，它会带来沉淀。这个沉淀就是我们一直强调的粉丝，它沉淀的粉丝可以给这个品牌带来持续的后续营收。我们在2013—2014年一直就是这么做的，事实也验证了这个结论。"①因为一旦抓住了WIS护肤的目标用户，加上WIS护肤提供的良好售前、售后的咨询服务，大部分用户会产生持续的购买行为，最少会持续一年。这样一来，用户的价值能够被企业不断进行挖掘。"从表象来看，客户购买一支WIS护肤产品，厂家亏损了80%，但是，客户在购买后续11支产品时，厂家的营销成本几乎为零，而利润也大部分从后续的购买

---

① 资料来源：项目组于2016年4月9日对WIS护肤总经理黎文祥的访谈记录。

第三章　数据价值：走向用户时代的传播管理

行为中产生。"①也就是说，营销价值的衡量，不是以单次交易来衡量，而是以客户使用产品生命周期的整体每用户平均收入（average revenue per user，简称 ARPU）来衡量，依赖良好的产品与服务，提高整体 ARPU 值，使得 WIS 这样的企业敢于在前期营销进行大量投入，这种大胆的投入也确实给它们带来了良好的回报。我们把 WIS 护肤当作微博平台上崛起的一个典型案例进行分析，后续还会涉及。虽然 WIS 护肤还存在各种各样的问题，但是它的微博营销实践和互联网思维，使得它在本质上已经是一个比较初级阶段的数字商业逻辑的案例。综上，我们通过对 ROI 这一概念的批判强调了微博的数字商业逻辑与传统商业逻辑的不同之处，把商业活动的思考重心转移到"人"上。

从理论上解释，我们把微博看作一个企业可以与用户进行人际沟通的地方，而两者在微博上的沟通便是以账号体现的。从互联网产品的角度看，微博的优势在于它的强账号体系，"所谓强账号体系，是指无论你在 PC 上还是手机上使用它们的服务或内容的时候，都需要登录自己的账号。这意味着它们'先天'就能

---

① 靳贝贝微博文章，关于粉丝通的那些事：腾飞.http://weibo.com/ttarticle/p/show?id=2309403955093115389097. 2016-05-10.

知道你是同一个人"。①微博平台就拥有这样天然的强账号体系，为个人身份的识别提供了极大的便利，无论是在PC端还是在移动端，都可以通过微博账号进行追踪。相较于PC端，移动端拥有更强的数据属性，有更多的手段获取用户的互动信息、地理位置信息。目前，微博已实现PC、手机互通，其移动端占比超过80%，这些都为微博平台描绘用户画像奠定了基础。

除了账号体系提供的识别个人身份的便利外，还需要拥有大规模的受众，这样形成的群体画像才会有意义。截至2016年第一季度，微博拥有2.61亿月活跃用户，日活跃用户达到1.2亿。至2015年12月，微博用户中17~33岁年轻群体约占全量的79%，覆盖主流80后、90后人群，且性别比例较为均衡。这样规模庞大的人群数据在微博平台不断积累，根据这些数据可以形成群体画像。"从内容、用户属性还有用户行为这三个层面上，都可以确定一些画像维度。理论上，可以通过分析用户发的是哪方面内容确定画像维度；属性上，可以通过分析用户在什么地方、什么年龄层确定画像维度；行为上，可以分析更关注哪一类微博内容、有没有购买行为等。"②

---

① 宋星.互联网人群画像和你所不知道的真相（二）. http://it.sohu.com/20160323/n441704360.shtml.2016-05-18.

② 资料来源：项目组于2016年5月5日对微博运营副总经理陈福云的访谈记录。

综合起来看，微博数据能够形成一个更加完整、丰富的用户画像，借助这些画像投放广告会更加精准有效。"运用全账号体系的媒体很容易对这个用户的画像进行精准描述。事实上，用户画像不是一个新的概念，你可以认为从纸媒时代就有这个概念，只不过互联网比传统媒体在数据层面上是更准确的，数据越来越贴近人的内心状态，可以更好地知道你想要什么。推广告的话，就可以更精准。"[1]

按照上述方式进行数据积累形成的粉丝画像（或称用户画像），为粉丝通的定向广告投放奠定了坚实的基础。与其他平台不同的是，在粉丝通后台系统中，广告主不仅可以根据用户属性，比如基本的人口特征进行选择，还可以基于用户的社交关系将信息精准地投放给目标人群。粉丝通的投放原理很简单，比如，当一个用户登录微博、使用微博的时候，过往的行为数据会告诉我们这是一个北京地区的23岁女性，曾查找过"宋仲基""金秀贤"等韩国艺人的信息，关注了他们的微博，还会转发并评论"美容""减肥"等内容。通过这些基本信息和用户行为痕迹，可以初步判断她是一个喜欢韩剧、追星、紧跟时尚潮流的北京年轻女孩。然后，通过数据的不断积累，针对这个人的画像也就会越发完善。当我们知道了这个人是谁，就可以在

---

[1] 资料来源：项目组于2016年6月4日对微博商业运营部产品营销副总监靳贝贝的访谈记录。

她再次登录使用微博时,向她展示推广信息。当这个女孩再次上线时,系统会告诉粉丝通,这里有一个北京女孩,她喜欢韩剧,追逐时尚,是宋仲基的粉丝。有一个向这个人展示广告的机会,企业就可以通过微博提供给广告主的粉丝通系统去竞争这样一次展示机会。系统会根据各个广告主对这个人的出价等信息进行竞价,最终选定展示哪一个广告主投放的信息。下面我们看一个具体的例子来了解粉丝通的数据基础如何帮助企业完成广告投放。

Miss Ma为武汉本地的一家美甲店,做出的美甲精致、好看,客单价相对其他的美甲店来说也更高一些,总体的客单价在200—400元。Miss Ma希望通过微博获取客户资料,并吸引用户到店转化成单。什么样的人是美甲店的目标受众呢?通过分析,商家定位学生党、白领、家庭主妇三个人群,利用微博粉丝通采用两种方式进行定向投放。

首先采用粉丝通系统人群属性定向(见图3-2),在人群属性上锁定18-40岁的武汉地区女性群体。既使用兴趣标签"美容化妆"定位有兴趣的目标用户,也进行不设限制的广泛曝光挖掘潜在用户。一旦这些人再次登录微博,就会在系统后方进行实时竞价,当Miss Ma的出价高于其他企业时,便会获得展示机会。

第三章 数据价值：走向用户时代的传播管理

人群属性 性别：女 年龄：18—40岁 地域：武汉	人群属性 性别：女 年龄：18—40岁 地域：武汉
社交兴趣图谱 兴趣广泛：美容化妆	社交兴趣图谱 兴趣广泛：不限
投放平台 苹果 安卓	投放平台 网页 苹果 安卓 其他终端
推广给目标用户的粉丝 不推广	推广给目标用户的粉丝 不推广
投放时间段 不限	投放时间段 不限

图 3-2 微博粉丝通人群属性定向

此外，Miss Ma 还通过系统提供的"粉丝关系"（社交关系），利用相似粉丝账号来重点向美甲、美妆类相似账号进行推广。这些账号的粉丝的日常浏览行为和账号关注关系（见图3-3）能够使 Miss Ma 确认，他们符合企业目标人群特征，有助提升转化，促进成单。

粉丝关系 武汉清和个性婚纱馆武汉麦田婚纱摄影过石摄影 维拉摄影AVIVA Daisy美甲美睫—武汉 Gloria韩式半永久美甲工作室 MIA美甲美睫 朵朵瓯耳 Akiko~nail日式美甲美睫工作室 花園日式美甲 Hansaakienn 本町nailsalon日式美甲沙龙 美甲协会 教您学美甲 美甲教室 美容美发甲沙坊 Kirakira美甲艺术学校沙龙 美甲DIY达人 美甲最前线mininal 美甲ins VIE美睫美甲 Moonail慕日式美甲美睫 罗拉美甲小屋~Rola娜娜美甲 美甲、纹身 时尚 美甲 U3美甲 美您养美甲 美甲图片库 小齐美甲店Nail Zi-Designer 四平JF造型主理人 武汉无痕接发 続絢馆~武汉无痕接发-ingstyle李天邦 武汉无痕接发PTY主理人-文青 REIKO~NAIL 武汉minna美甲工作室 angelwings日韩美甲武汉分店 武汉光谷OPI美甲 Anniebaby美甲美睫~武汉 武汉極漢快巴黎美甲 武汉不美甲~武汉 武汉指艺純美甲美睫 三里屯小米美甲武汉店 MISSQueenie美甲店 武汉ME蜜蜜美甲半永久定妆 Snail美甲造型武汉店 Pinkbaby美甲美睫~武汉店 HiNails美甲美睫 武汉晶华婚纱摄影

人群属性 性别：女 年龄：18—40岁 地域：武汉
社交兴趣图谱 兴趣广泛：美容化妆
投放平台 网页 苹果 安卓 其他终端
推广给目标用户的粉丝 不推广
投放时间段 不限

图 3-3 微博粉丝通系统提供的"粉丝关系"

在具体的投放过程中，设置3组不同的内容对3类人群进行分别投放，根据互动效果选出9组投放素材和人群的最优组合，找到最精准的受众及最被受众接受的推广方式（见图3-4）。

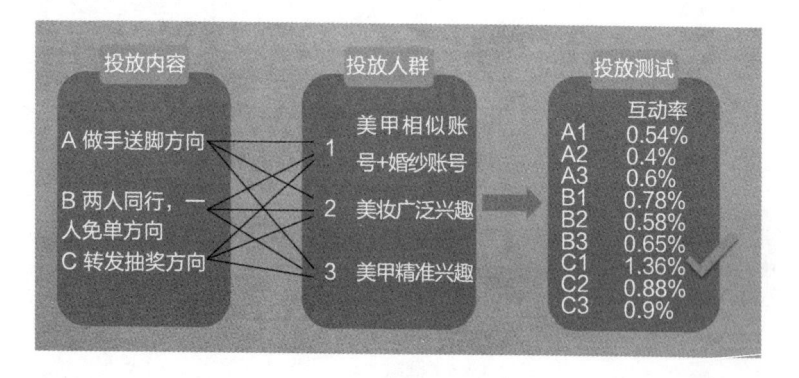

投放内容	投放人群	投放测试 互动率
A 做手送脚方向	1 美甲相似账号+婚纱账号	A1 0.54% A2 0.4% A3 0.6%
B 两人同行，一人免单方向	2 美妆广泛兴趣	B1 0.78% B2 0.58% B3 0.65%
C 转发抽奖方向	3 美甲精准兴趣	C1 1.36% ✓ C2 0.88% C3 0.9%

图3-4　具体投放过程示意图

Miss Ma在微博粉丝通进行的推广投放仅消耗7 000多元就达到29万多次曝光，加大了其在武汉女性中的知名度。日均客资收集数量达8—10人，获取客资的成本最低可至15元。其日均到店人数达5—8人，到店成本为20元左右，实现了良好的转化。不仅如此，每个到店的客人都会在微博上进行反馈和晒单，帮助企业进行二次传播，再次加强曝光并形成良好的口碑。

随着技术的发展，微博在数据层面能够做到越来越精准，"你喜欢什么东西？你开过什么账户？现在人生处于什么状态，比如是否已婚、是否有孩子、孩子几岁？都会对你有一个很详细的描述，从而让广告主更加精准地投放"[1]。粉丝通将会通过三层立体定向，即人群级的常规定向、数据包级的数据市场和颗粒级的自

---

[1] 资料来源：项目组于2016年6月4日对微博商业运营部产品营销副总监靳贝贝的访谈记录。

定义数据，来帮助企业多角度寻找精准人群。这些数据包括用户的粉丝关系、地域、年龄、兴趣、性别、使用平台等常规定向数据，也包括领袖粉丝、LBS（基于位置的服务）签到、广告偏好、话题参与等数据形成的相关市场数据包，以及微博账号、手机号码、邮箱地址这类精准的数据信息，它们使得企业能够更精准地进行广告投放。正是有了这些信息，微博平台更能充分地把这些生活者还原为一个鲜活的个体。不仅知道这个人是谁，更能清晰地了解每一个生活者的喜好和习惯，因而使画像更贴近其真实情况，对数据有更加准确的把握。在越来越完整的生活者数据驱动下，粉丝通不仅能够实现对有广告互动行为人群的重新覆盖和再触达，还能够争取在原始数据层面上，识别出某个用户就是企业的目标用户，因为微博平台数据的鲜活性能直接还原到生活者个体，而不仅仅是群体画像。因此，即使没有互动行为，这个个体也可以被企业充分触达。

触达用户的三种数据路径

微博粉丝通广告的展现形态为信息流广告，这种形式无缝融入信息流，比展示类广告更容易被用户接受，也便于落地。推广信息的形式包括账号推广、博文推广及应用推广三种。粉丝通推广的广告形式比较直接，发布博文时广告内容可使用的素材相对灵活，并且与普通博文一样可转发、评论等，二次转发帮助企业扩大广告效果。

博文推广是以博文形式出现在移动端和PC端信息流内的推广信息，在被推广的博文左上角或左下角会有"推荐"标志（见图3-5）。在粉丝通内，同一推广博文对同一用户只展现一次。这种展示方式具有普通微博的全部功能，如转发、评论、收藏、点赞等，可实现广告的二次传播，触动用户互动，从而大幅提高广告转化率。

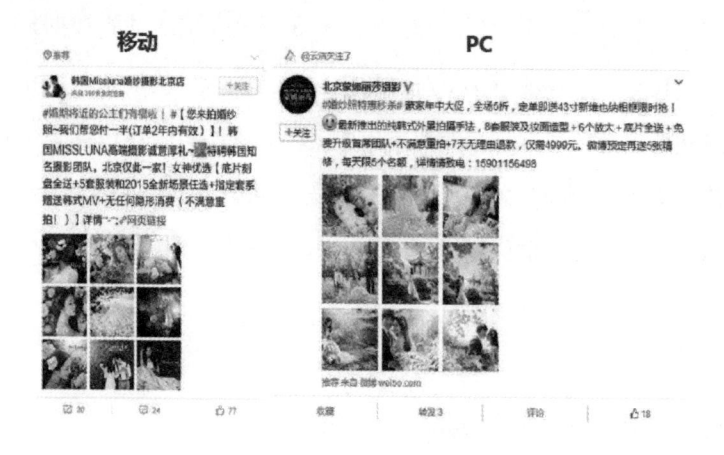

图3-5 微博粉丝通博文推广形式

应用推广出现在信息流内，会有"推荐应用"的标识，用户点击后可直接跳转到应用下载界面，方便下载的动作，直接为应用引流（见图3-6）。

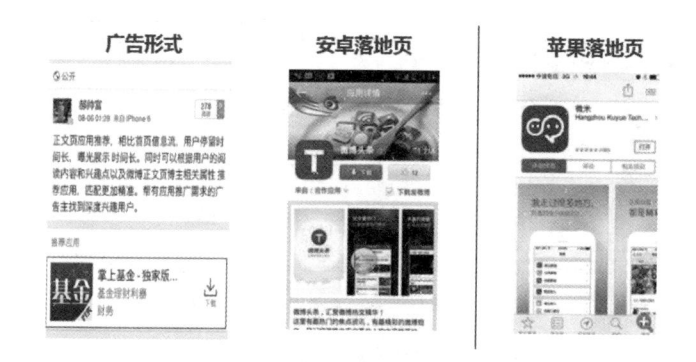

图 3-6 微博粉丝通应用推广形式

账号推广在 PC 端的展示方式为第一页展示 2.5 个账号位，点击右上箭头按钮展示另两个账号（见图 3-7）。在移动端微博信息流内有两个账号广告位，同时，在微博发现页的"找人"中有一个位置进行展示，在"发现页—特别推荐"中也有两个位置（见图 3-8）。

图 3-7 微博粉丝通账号推广 PC 端形式

图3-8　微博粉丝通账号推广移动端形式

除了目前上述三种展现形式外，粉丝通还将在未来进行全面升级。为了让这个平台的适用性更强，微博将建立标准的统一账户体系的信息流广告投放系统，推出"超级粉丝通"。2017年，微博还准备将一些非信息流广告产品合并进该系统。成为真正的微博信息流解决方案的"超级粉丝通"与现在的粉丝通2.0相比，最显著的变化就是超级粉丝通会把目前微博的所有信息流广告融合到一起，成为一个信息流广告平台，支持不同广告主的需求，变为模块化的、更具有灵活性的系统。

在应用粉丝通投放广告时，需要注意投放策略应符合广告主自身产品的投放需求，根据产品或服务的特点来选择定向的方式。

一般来说，对于美拍摄影、交友、电商导购等行业类别，其受众较为广泛，没有太大的限制，尽管一定层面上通过细化维度会缩小覆盖面、提升互动和转化率，但实际上争取覆盖面广泛，采取简单设置人群属性定向或直接进行通投的方式，会更有利于品牌的整体效果。对于受众较窄且效果转化要求比较严格的行业而言，并不需要虚高的覆盖率带来的非目标人群，而是要注重锁定人群，精准投放。例如，彩票这类产品如果采用通投方式，很难带来后续的长期购买，而真正的"彩民"有固定购买彩票的种类和习惯，有长期购买的习惯，因此针对博彩类相关的账号粉丝进行投放效果会更显著。

粉丝通虽然是能够帮助企业提高投放效果的工具，但并不能完全替代人对于产品、服务的理解，因此需要企业、代理公司和微博共同努力，在深入了解自身的产品特色和目标用户特点的基础上，进行持续的调整和优化，找到最佳的目标用户群和最优的投放方式（见图3-9）。

图3-9 粉丝通的三种定向方式

常规定向

常规定向可按照粉丝关系、年龄、性别、地域、兴趣等基本信息，以 CPM 或 CPE（每次体验收费）竞价的方式进行投放。在投放平台的选择上一般以移动端为主，因为至 2016 年第一季度，微博月活跃用户中移动端占比高达 85%，日活跃用户移动端首次破亿（达 1.1 亿），其互动率也要高于 PC 端。除了常规的人口统计学属性外，微博领先于其他平台的定向方式就是社交兴趣定向，其中既包括广泛兴趣，如医疗、餐饮、互联网等，也可以进一步细分增加更精准的兴趣标签维度（见图 3-10）。

图 3-10 微博粉丝通常规定向设置

利用常规定向进行广告投放的客户非常多，效果也非常显著。2013年12月12日至13日两天，天津航空为回馈天津地区的用户发起了"1折抢票活动"（见图3-11）。活动主要针对天津航空的粉丝和老用户，其目标人群虽然以时间宽松、爱游玩的大学生和周末散心、关注价格的年轻上班族为主，但因为总体上，该活动对天津所有有出行计划的用户都很适合，在策略上采取大曝光是比较合适的选择，高优惠力度也是助力大曝光效果的有效方式。因此，在粉丝通的广告投放中，只限制了18—60岁的年龄定向与天津地区定向两个定向方式。在项目执行的两天内，粉丝通置顶曝光量达30.6万次，微博曝光量达51.2万次，粉丝通转发数400次，微博转发数811次，二次传播411次，粉丝通互动量达到6 716次，加关注1 100个，点击4 983次，互动率高达2.19%，aCPE[①]仅为0.74元，预约机票数达3 000张，共卖出了500张机票，ROI高达1∶10。

---

① aCPE是指单次互动成本，反映的是客户进行营销推广的互动成本情况，计算方法为aCPE=投放消耗÷互动量。如一次粉丝通博文广告投放中，消耗100元，50次互动，则aCPE=100÷50=2元。

图 3–11　天津航空天津地区通投博文

　　通过粉丝通投放的优质内容或活动常常自带吸引粉丝的效果，比如，在活动中加入转发抽奖等元素，常具备超出一般投放预期的效果，带来二次曝光和互动（见图3–12）。在齐博林手表圣诞节投放项目中，因为初始转评基数高，加上账号自身运营一直很用心，获得了极高的投放效果增幅。其中，8 311次转发中有7 956次来自二次传播，涨粉量达1.6万，这些都是二次传播带来的增益效果，完全不计算在粉丝通的后台消耗上，实现了低消耗、强效果。总结多个粉丝通实际案例发现，要求粉丝转发@进行抽奖的方式，吸粉快速且效果显著，其中奖品既可以是实体的礼品，也可以是活动门票、卡券、优惠券等，这进一步带动了线下活动的参与。

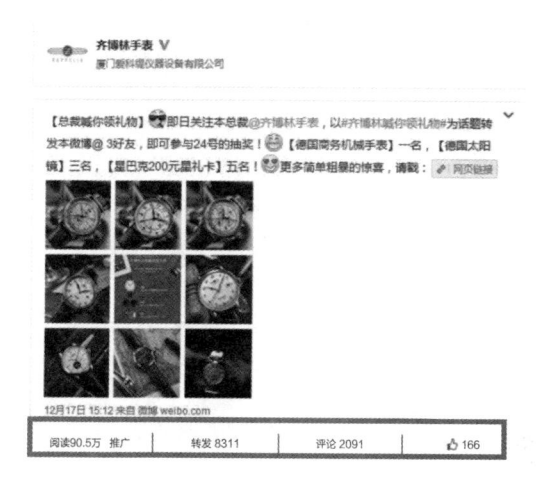

图 3-12　齐博林手表微博粉丝通投放博文二次曝光的互动量很大

通过指定账户，相似粉丝可以向某一账号的核心粉丝群进行定向，系统也会针对这个粉丝群进行"looks like"算法扩展，帮助广告主更好地定向精准粉丝。"这一定向算法，是粉丝通在人群定向维度之外第一次利用社交关系数据进行精准投放，是社交媒体的属性在商业端初次崭露头角。"[①]也就是说，在具体的推广中，还可以选择是否推广给目标用户的粉丝，因为微博上建立的常是基于兴趣的社交关系，目标用户的粉丝极可能也是企业的潜在消费者。

另外，投放计划的出价和排期也由企业依据自身需求情况进

---

① 靳贝贝微博文章，关于粉丝通的那些事：腾飞. http://weibo.com/ttarticle/p/show?id=2309403955093115389097. 2016-05-10.

行设置，如图3-13所示。

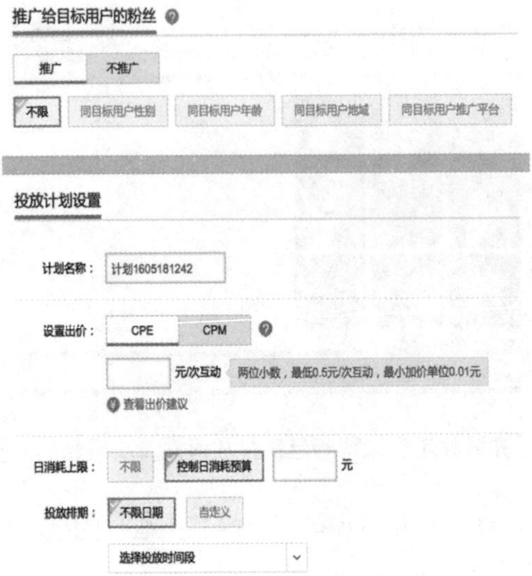

图3-13 微博粉丝通常规定向设置

数据市场定向

数据市场定向投放方式，是根据数据市场（也称数据包）以CPM竞价的方式进行投放的。这些数据包分别来自第三方公司和微博官方，粉丝通提供了曾经在某话题下互动过的话题包、搜索过某一关键词的搜索包、基于位置形成的商圈包和各垂直行业包等多种类型的数据包供企业选择，如图3-14所示。

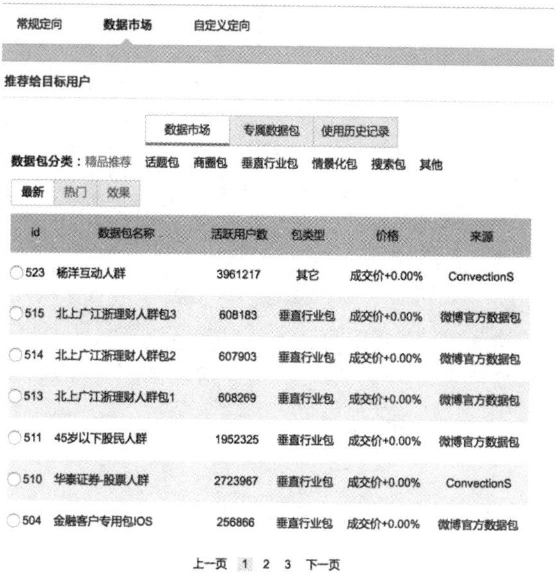

图 3-14 微博粉丝通数据市场定向

利用数据包能够实现较为精准的投放效果,且这种定向投放的方式价格并不高。Darry Ring 是一个专注求婚钻戒以及传播浪漫真爱文化的珠宝品牌,隶属香港戴瑞珠宝集团有限公司。2010 年,Darry Ring 正式进驻中国内地,该品牌在 2014 年 2 月 25 日开始投放微博粉丝通(见图 3-15)。截至 2015 年 7 月 26 日,累计消耗 1 282 万元,投放初期互动率为 0.3%,aCPE 为 3 元,通过利用微博数据市场,其博文互动率达 0.81%,aCPE 降低至 2.1 元(见表 3-1)。

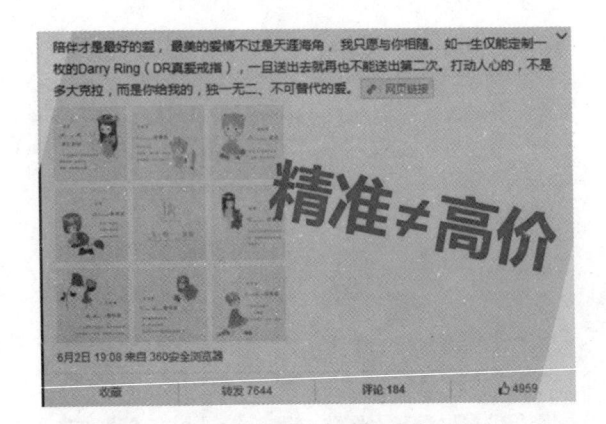

图 3—15　Darry Ring 博文

表 3—1　Darry Ring 投放不同数据包的效果反馈

包名	曝光	互动率（%）	eCPM[①]（元）	aCPE（元）
奢侈品珠宝	586 448	1.64	33.0	2.0
婚纱摄影_1	121 381	0.88	29.5	3.4
特卖类	2 487	0.84	31.7	3.8
交友类	13 852	0.79	28.9	3.7
游戏行业	2 434	0.78	33.8	4.3
金融理财	11 822	0.69	29.6	4.3
旅游类	1 071	0.65	32.0	4.9
海外购物	14 143	0.65	28.3	4.3

---

① eCPM 是每 1 000 次展示可以获得的广告收入。

(续)

包名	曝光	互动率（%）	eCPM[①]（元）	aCPE（元）
家具服务类	5 250	0.59	28.5	4.8
时尚搭配_女	4 803	0.50	28.7	5.7
美容护肤_男	8 544	0.49	32.9	6.7
汽车行业	832	0.48	29.9	6.2
留学类	647	0.46	31.6	6.8
新闻类	6 982	0.46	32.9	7.2
时尚搭配_男	10 389	0.42	32.6	7.7

自定义定向

企业通过线下活动、线上投放等方式获取了用户的相关信息并建立了企业CRM（客户关系管理）数据库后，可以利用企业自有的这类数据与微博的用户数据进行配对，进行自定义定向投放。目前可按照微博账号、手机号、邮箱地址三个维度识别微博用户，与微博数据进行比对。在微博平台上准确定位到企业客户之后，可以进行精准的传播甚至直接进行销售。正如海尔所做的微博投放那样，"当时海尔做大家电促销等活动，给了我们几百万个手机号在微博数据库匹配了UID（用户识别），然后针对这些UID在微博上进行精准的广告投放（见图3–16）。投放之后我们就跟踪这些用户账号在线下是否消费，我们根据这些手机号查到这些人购买了1 000多万元的产品。不能说完全是微博导流过去的，但是这12万的微博广告费对消费产生了很重要的影响"。[①]

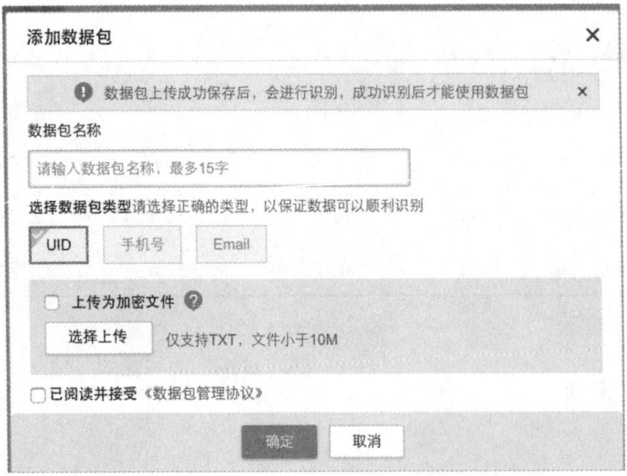

图3-16 微博粉丝通自定义数据包投放

自定义定向方式的数据大多是企业自身收集到的和自己有过互动或联系的消费者数据包，他们可能是企业的潜客，但更多的是已经购买或使用过企业产品的消费者，因而这种投放方式往往更加精准有效，互动率会高于其他投放方式。当然，营销传播的效果也取决于CRM数据库本身的质量，"像海尔是真正通过时间的积累，花了心思去筛选、维护自己的CRM数据

[①] 资料来源：2015年12月23日微博商业运营部产品营销副总监靳贝贝在北大新传的分享记录。

库。CRM数据的质量是非常重要的，否则后面的营销效果都不会理想"。①当采用这种方式匹配时，系统会自动分析匹配的人群数量并完成投放人群的数据分析（见图3–17），帮助企业更加了解消费者。

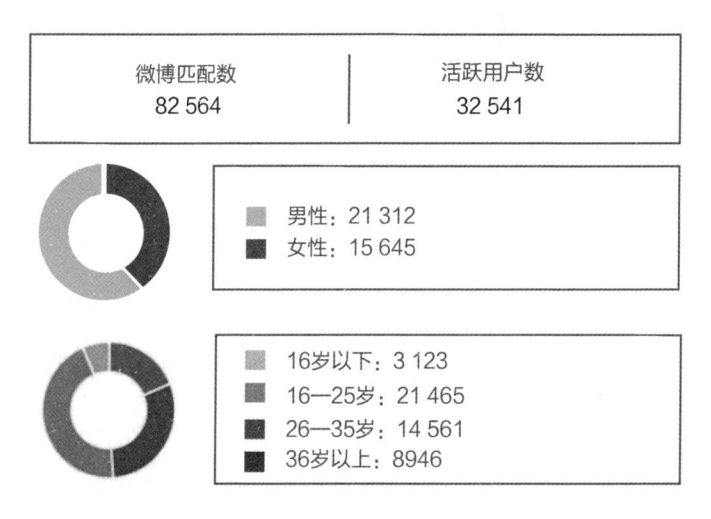

微博匹配数	活跃用户数
82 564	32 541

男性：21 312
女性：15 645

16岁以下：3 123
16—25岁：21 465
26—35岁：14 561
36岁以上：8946

图 3–17 微博粉丝通自定义数据包投放数据匹配和分析

三只松鼠就曾应用自定义数据包进行投放（见图3–18），其数据包与微博用户匹配度达47.2%，实现了平均互动率1%和最高互动率2.4%的高互动效果。

---

① 资料来源：项目组于2016年3月14日对微博商业运营总经理洪力舟的访谈记录。

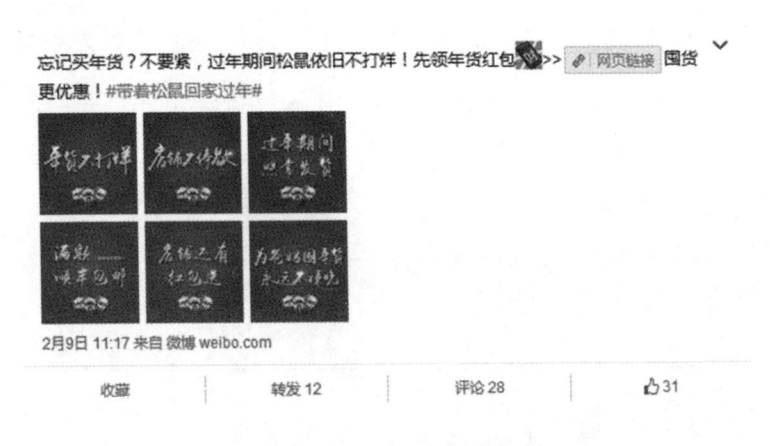

图 3-18　三只松鼠推广博文

据悉，粉丝通在升级为 2.0 版本后不仅能够支持上述三种定向方式，还支持社交推荐原生广告，企业可以根据需要自行选择当用户发生了与营销传播内容互动的行为时是否进行社交推荐。当用户转发、评论、点赞、关注时，会触发这条信息对该用户的粉丝进行展示，广告的左上角会有社交关系推荐的标志，如图 3-19 中的"@云洁关注了"。微博粉丝通通过这种方式完成"关系"数据的商业转化，将用户"为电影点赞""在某地点的签到""喜欢某类音乐"，甚至"参加过某明星的活动"等自然的关系数据进行积累，当有相关、相似的产品或品牌推广时，便可以定向到这一人群。正是因为在微博上，企业和用户之间维系着自然的、兴趣相关的非熟人社交关系，使得微博平台非常适合进行"强传播"的打造。

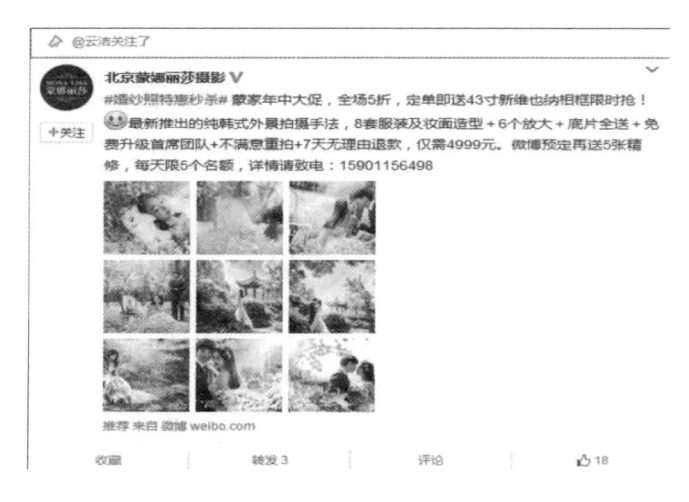

图 3-19　微博粉丝通社交关系推荐

多维度试错优化，寻求最优市场策略

微博粉丝通支持多广告组、多广告计划的投放，通过建立广告组和相应的投放人群，可以将特定推广的内容投放给指定类型的人群。利用好广告组、广告计划的命名，可以直观地进行不同组别之间的比较。粉丝通可以提供对每一个投放计划的数据反馈，广告主可以在数据中心清晰地看到每一次投放后的曝光、互动等数据的高低，为后续的优化提供参考。

到底出什么价、用什么组合方式进行投放是企业在操作过程中最关心的问题。如图 3-20 所示，象限内的虚线箭头就像一个无形的标注，企业可以不断探寻互动率等数据和出价之间的关系并进行尝试，经过几轮反复尝试不断逼近最佳选择。比如，在出价高但没有效果的时候停止消耗并分析原因，比如是不是博文内容不够吸引人？然后迅速进行修正和优化。当互动率高时，可以尝试降低出价，寻找边界成本，争取做到"低价高效"，节省成本。通过不断尝试，最终在保证互动率的同时找到一个最合理的出价，这时就可以增加投放的预算，以最优效果进行大量投放。

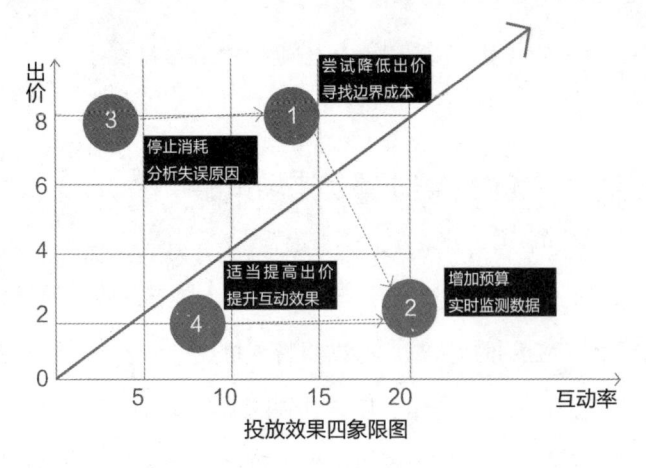

图 3-20　粉丝通广告投放的优化思路

要想在微博上找寻到企业真正的目标用户并进行精准投放，也同样可以用到上述尝试、优化的方法，在实际操作过程中通常会建立多个广告计划以便测试和比较（见图 3-21）。"钱坤投资"

是一家为用户在股票投资时提供市场分析支持和股票走势提前诊断的机构。他们的营销目的是通过粉丝通投放获得客户电话，联系客户下载诊断客户端。在投放准备阶段，利用粉丝通制订了A、B两个广告计划：A类为针对"@李大霄""@叶添荣""@凯恩斯""@疯牛说股""@股民老张"等股票类账号粉丝定向的投放计划；B类为"@金融行业网""@证券分析师""@证券周刊"等相似行业的账号的定向投放计划。两类均投放给25—66岁的中国大陆网民，并在全时间段进行安卓、苹果的分开测试。测试结果表明针对股票市场的文案创意在投资理财相关账户投放效果不佳，最终选定针对股票类账户的粉丝进行移动端平台的投放（见图3-22）。

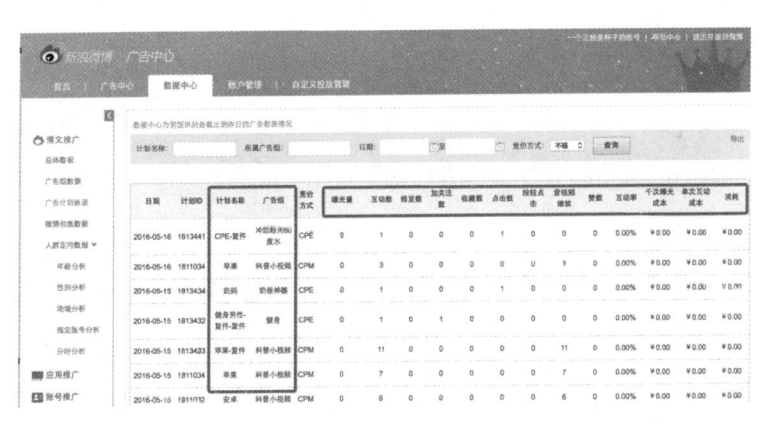

图3-21 微博粉丝通广告计划数据界面

> [查看原微博]
>
> 下周这些股票必涨！不知道自已手中的股票能否上涨？就赶紧来免费诊断一下：http://t.cn/RyUpsoG
>
> 2015-10-10 14:03 来自 微博 weibo.com

图3-22　钱坤投资微博粉丝通投放文案紧抓股民心理

　　根据使用粉丝通的客户经验，优质的图文信息往往可以产生更强的传播效果。这里所述的"优质"并不一定"精致"，而是要求在设计文案和图片时要与产品匹配，最好能够通过几组不同的参照组进行投放对比，然后通过数据分析选择最为合适的一组。在微博上，有时简单的图片优化就能很大幅度地提升互动效果。比如，淘宝卖家大荣威主要经营移动电源、充电器等产品，在推广淘宝店的过程中遇到店铺等级销量不高、站内竞争大、流量贵、没有品牌效应的问题。于是，他们在微博上利用H5落地页进行转化，结合产品单价低的特点利用免费模式进行推广，但这类账号的粉丝数毕竟有限。因此，他们开始利用粉丝通，通过对推广内容的优化（见图3-23），将推广博文配图改为简洁的展示配图，图文强调整体性，互动率便由原本的1.5%提升至2.5%，整整上升1个百分点。

图 3-23　大荣威微博粉丝通投放图片优化

再比如，360 相机在微博粉丝通进行投放时，先从产品自身特点出发，以该相机的滤镜功能和电影照片两个特色撰写博文进行试投（见图 3-24）。其中，电影照片组图文广告的投放互动率为 1.75%，aCPE 为 1.38 元，而滤镜文案的互动率达到 2.15%，aCPE 仅为 1 元，因此选择滤镜文案进一步优化。

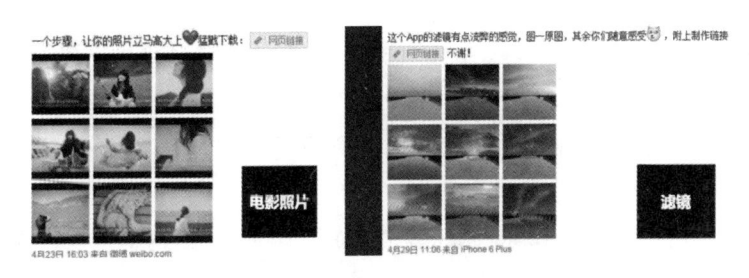

图 3-24　360 相机微博粉丝通投放图文试投

在此基础上，360 相机还进行了另外三方面的优化：博文优化、素材优化、定向优化。第一，在博文的撰写上加深个人分享的意识，同时做到文案尽量简短。第二，由于微博上使用九宫格图片的内容较多，用户容易产生观感疲劳，于是他们将素材从九宫格改为两张图凸显特效（见图3-25）。第三，他们还使用粉丝通"相似粉丝"技术定向摄影类的账号，减少偏远地区的定向投放，增加男性用户投放比例等。最终，互动率达到5.83%，aCPE仅为0.44元，激活成本控制在了3元以内。

图3-25　360相机微博粉丝通投放图文组合优化

此外，投放策略的调整也是整个投放中很重要的优化项。小红书APP在粉丝通的投放过程中就曾出现互动率与单次互动成本均达到客户预期，但量级不足的情况。于是，他们通过调整投放策略，加大品牌广告的投放，立刻带动了APP苹果榜单的提升。可见粉丝通和品牌广告如果能够配合得当，可以取得1+1>2的效果。

目前，企业在使用粉丝通进行推广时，往往看中投放后的直接效果，而不只是打造品牌声量。因此在利用粉丝通推广博文信息时，还有一个关键，就是在推广信息中加入企业活动落地页或销售页短链。用户在看到推广信息后,可以快速做出决策,直接点击链接购买,这大大缩短了决策与行动之间的时差,为企业活动或商城做了有效的引流。

比如,2015泡泡跑全国首秀全程只利用微博进行宣传(见图3-26)。因其目标人群与微博活跃用户高度重合,他们仅采取地区和年龄的定向方式就达到了极高的转化效果。推广累积曝光超过139万次,几乎覆盖沈阳每一个微博年轻用户,互动次数超过2万次,转发数量极高,口碑传播效果显著。

图 3-26　泡泡跑微博粉丝通投放博文之一

在此期间,辽宁地区的主持人和网红主动参与到博文互动中,吸引的报名人数一度飙升,导致报名官网服务器崩溃,甚至出现了黄牛利用微博的评论功能进行倒票的现象(见图3-27)。最终,本次活动有超过万人参与,销售额达160万元以上。

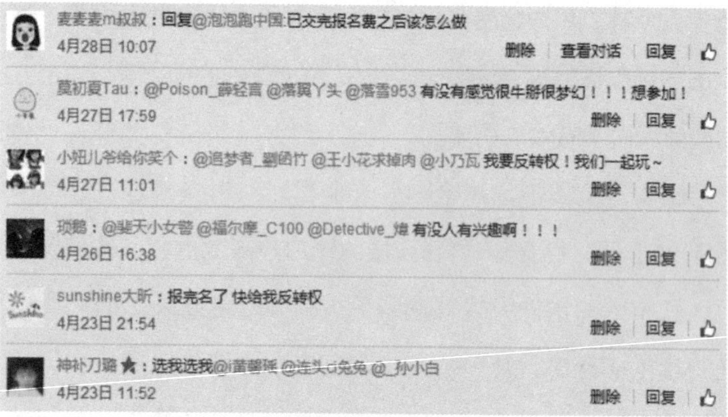

图 3-27　泡泡跑微博粉丝通投放互动评论情况

SCRM：规模化的人际沟通

在长期的数字营销传播活动中，企业积累了大量数据，如何持续开发其价值，使其助力企业发展是目前的前沿问题。社交数据是其中最为重要的数据，这类数据相比传统数据往往量级更大、更加干净并更具开发价值，同时也意味着对开发技术有更高的要求。对这类数据价值的开发，目前数字营销领域正在萌芽和发展的技术是SCRM（social customer relationship management，即社会化客户关系管理）系统。这类系统在名称上虽然承接了传统的CRM概念，但要注意的是在理解这类变化时不能延续传统的思路。

SCRM属于面向企业官方微博后端的应用系统,近些年来发展迅速。2015年年底,微博开始围绕自身平台聚拢相关的SCRM供应商,发力构建基于微博平台的SCRM体系,选择优质服务商纳入该体系。目前,微博与时趣、孔明社交管理、微联播、汉拓科技四大供应商形成合作,共同打造SCRM闭环生态。微博商业开放平台能够向第三方合作伙伴输出服务能力以及相关数据,并且会根据第三方合作伙伴的类型、服务对象、服务对象数量,配置服务、接口的类型和权限,即数据的调用量、调用频次、授权量等。第三方公司通过对各类数据进行过滤与梳理,更好地服务企业客户。

SCRM系统的出现是为了帮助企业更好地实现与粉丝之间真正的"连接"关系。企业在社交平台沉淀粉丝群体,然后通过与粉丝的持续沟通交流加强联系,围绕企业建立共建社区。在虚拟企业社区中,企业不仅能够准确地把握用户的需求,还能够鼓励他们协同创作,共同创造价值,这才是真正与粉丝建立"连接"。基于新的连接关系,企业可以持续创造新的交易机会,这种与粉丝之间建立连接的能力将是未来品牌竞争力的重要体现之一。比如,时趣CEO张锐指出品牌之间的竞争要靠"诚意","这种诚意包括了真正和消费者大规模一对一沟通,以及对消费者意见的快速反应、对消费者动态的实时反应,最终体现在对消费者不断丰富和变化的需求的满足上"。①

举一个"简单粗暴"的例子。水果管家就是通过社群运营、维系与客户之间的关系进而实现销售的。水果管家在北京、上海等城市，通过"人拉人，同事拉同事，邻居拉邻居"的方式，建立了5 000多个微信群。每天群里面都有段子、接龙、优惠等活动，水果管家的生鲜精品水果就这样通过5 000个微信群润物细无声地销售出去了。水果管家的交易流程不同于传统B2C（商对客）方式，水果管家交易的起点是消费者，即C2B（客对商）模式。水果管家在微信群中采用预订的方式收集订单，并根据下单量（消费者的需求量）进行采摘，解决了库存和现金流的问题。采摘后的水果会通过企业自建的社会化物流配送到社区的自提点，买家收到系统的提货通知后自取水果，如果有问题可以直接在微信群中找客服解决。这种模式的关键在于利用熟人社群解决了用户对企业的信任问题，社群就如同一个自生长的生物体，到了一个阶段后可以自生长。目前水果管家的微信群日增加30个，群成员日增加1 000个，这也是支撑水果管家业绩能如此快速增长的重要原因。因为是熟人介绍入群，天然有着互相信任的性质，再加上客服人员的及时反馈和标准化的IT（信息技术）系统支撑，在短短一年时间内，水果管家便拥

---

① SocialBeta专访时趣CEO张锐，漏斗将死，波纹方兴——2014年中国社会化营销趋势展望．http://socialbeta.com/t/interview-social-touch-2014.html.2016-05-03.

有300个果园合作基地，取得日销售5 000单、月销售900万元的好成绩。①

在去中介化的社交时代，水果管家利用社群来取代分销渠道，直接连接到"人"，即每一个数字生活空间中的生活者。社群通过直接连接到潜在的目标消费者，瓦解了传统的线下渠道。客服直接通过微信群与用户进行沟通、交流，解决用户问题，通过对社群核心人群的维护取得了现阶段的成功。

同样通过在社交平台维系客户关系获得成功的典型例子是小米，它建立了一套"小米社区以及小米Always On的运营体系，运营微博、微信、QQ公共主页、社区等。小米的这种独特的营销思路不仅由自己来做服务，同时运营一个社区，这也就意味着它在运营一个关系。小米通过小米社区的运营，与它的潜在受众和潜在消费者建立关系。这种关系不一定从销售开始，可以从一个共同的兴趣爱好开始，因此可以说这是一个与消费者谈恋爱的过程"。②在微博上，小米拥有相当多的微博账号，其中包括小米公司、小米产品、小米创始人雷军及其他员工等蓝V、橙V账号，其官方账号和高管账号超过25个，仅公司高

---

① 丁灵辰．5 000微信群，900万月销售，水果管家教你如何玩转社群经济．http://bobding.baijia.baidu.com/article/285889.2016-05-03.

② 潘洪亮．试论企业服务化转型的内容[J]．广告大观（理论版），2014．

管账号微博粉丝就超过 2 300 万,形成了庞大的"粉丝帝国"[①]。这些账号形成微博账号矩阵后,容易相互联动,形成话题声量,更易触达消费人群。小米的社会化内容可能并不出彩,但它的粉丝管理却取得了可观的、可衡量的商业价值,获得了极高的投资收益率。它在社交平台上的努力,最终转化成了米粉狂热追逐小米的动力,如图 3–28 所示,其微博粉丝数与销量呈现出相当一致的相关关系。

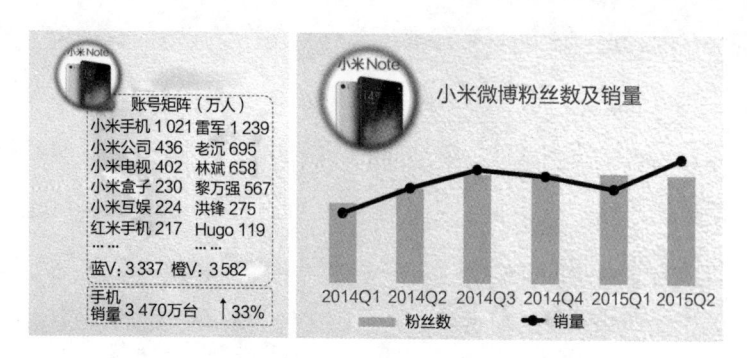

图 3–28 小米账号矩阵与微博粉丝数销量趋势图

以上两个成功案例都得益于良好的客户关系维护。对于水果管家而言,当业绩翻倍、群组增多、管理成本上升时,直接通过微信回复信息就会面临统计数据和沟通耗时费力等问题。SCRM 正是基于这种社交平台上进行客户关系管理的逻辑而诞生的系

---

① 粉丝生意进化到粉丝经济,企业需要做些什么?http://www.ccidnet.com/2015/1104/10046840.shtml. 2016-05-03.

统,是为企业更方便、更快捷地与客户沟通交流、提供客户服务的一套工具,而小米也需要这样的工具来帮助企业统一对社交平台的多个账号进行管理和维护。微博平台与供应商合作,共同打造微博SCRM闭环生态,正是希望能够通过提供这样的工具来帮助更多的企业,实现与粉丝之间的连接,将生活者真正沉淀为企业的忠实粉丝,转化为企业的客户。SCRM系统一般以企业应用为主,在系统中不仅可以导入微博平台的生活者数据,还可以导入其他社交平台以及自有的数据,通过各种类型数据的碰撞、比对,能够使企业从更全面的角度了解生活者。

企业意识到,在社交平台与大规模的生活者进行一对一的沟通与对话已经越来越重要。所有生活者数据,不论是生活者的自我表达、与企业品牌对话,还是其在社交平台的浏览、互动等行为,必须通过进一步的管理和挖掘才能实现真正的社会化关系管理。与生活者的持续沟通,一方面能够直接形成销售,另一方面通过延伸用户长期的价值,实现了企业自身的产品优化和迭代。

SCRM系统的构建

个人和小微企业往往直接通过微博、微信等平台进行回复,甚至直接通过电话、短信与消费者进行联系。在投放上,"小的公司有可能收集了客户的手机号码、邮箱地址或者微博ID,形成一个Excel表就可以上传微博投放系统"[1]，可能并不需要专门使用SCRM系统。这类数据收集工作在传统的营销传播过程中一直存在，它们也都是客户关系管理的组成部分，但互联网上大量碎片化信息需要进行整合和过滤，而且这一过程必须依赖技术工具得以实现。因为"大量的碎片化数据不可能依靠人脑和Excel表格来进行管理和处理，需要大量的自动化技术处理能力"[2]，企业自身也需要提升数据搜集、处理、管理和使用的能力来发挥大规模的数据信息的价值，SCRM系统的构建就成为这一过程中不可缺少的一环。

"微博全新发布的社会化营销解决方案，正是在整合海量社交数据与企业自有数据的基础上，帮助企业打通了SCRM系统。通过对用户在微博上的发布、互动、搜索等行为进行分析，并与企业自己的用户数据打通，就可以建立起更清晰的粉丝画像。在此基础上，企业不仅可以面向粉丝提供有效服务，还能根据粉丝的行为习惯和喜好有针对性地推出营销活动，从而提升广告投放

---

[1] 资料来源：项目组于2016年3月14日对微博商业运营总经理洪力舟的访谈记录。

[2] SocialBeta专访时趣CEO张锐，漏斗将死，波纹方兴——2014年中国社会化营销趋势展望。http://socialbeta.com/t/interview-social-touch-2014.html.2016-05-03.

的互动率和转化率。"[1]要挖掘长期积累下来的数据价值,将微博数据和企业CRM进行打通是其中的重要环节之一,"微博上的粉丝积累、用户互动也可以成为企业的资产。当我把这个数据输送到企业,并与企业经营、企业的CRM系统打通之后,它会成为企业的资产,否则永远都是所谓的孤立信息"[2]。也就是说,SCRM系统帮助企业解决了如何从社交平台上积累的用户社交数据中挖掘出更高的价值并实现用户沉淀和变现的问题。

要在数字生活空间中实现企业与消费者之间的连接,必须转变传统上对于"微博营销"的认识,不能仅将微博作为一个大号转发、段子扩散的公关和内容营销平台,而是要通过数据管理的技术与软件,将内容、客服、电商、广告等各个环节打通,并进行相应的企业层面的调整,才能发挥社交平台数据的价值。时趣CEO张锐在接受《IT时代周刊》专访时也指出这一系列动作的实现没有软件支持是不行的,"你既不知道多少人看了你的营销活动、他们是谁,也不知道他们有没有进一步转发或扩散,所以营销正在快速IT化,未来社会化营销也会有自己的IT系统,这是

---

[1] 粉丝生意进化到粉丝经济,企业需要做些什么? http://www.ccidnet.com/2015/1104/10046840.shtml.2016-05-03.

[2] 资料来源:项目组于2016年3月31日对微博营销副总裁王雅娟的访谈记录。

发展趋势"[1]，强调了应用SCRM系统助力社会化传播的重要意义。在具体的操作过程中，SCRM系统的构建既可以依赖于第三方服务公司提供的相关软件，并根据企业自身情况进行一定的调整，如有条件也可以专门开发自己的SCRM系统。

为了更直观地说明SCRM的运作方式，本书将主要以微联播的UniSCRM第三方系统为例，介绍第三方服务公司如何帮助企业建立一套基于自身业务的SCRM系统。微联播开发的客户服务及客户关系管理系统，叫作UniSCRM。SCRM系统一般会持续开发各种功能，然后根据客户的需求，设计和配备不同的功能板块。对于数据处理量大、回复时间要求严格的企业，比如中国平安、招商银行等客户，微联播为它们专门定制开发了一些专业度较高的功能。但对于一般客户而言，大多只需要简单、便捷的操作就能够达到要求，系统不需要过于复杂。"CRM并不是一个创造性的东西，这一套本身已经在企业自己的业务流程中了。关键在于企业是否理解得更深一些，是否有系统去表现。"[2]所以微联播会事先跟企业进行沟通，了解企业的业务流程，再根据业务流程进行系统上的调整，开发不同程度的功能，对基础的系统进行

---

[1] IT时代周刊.对话时趣张锐：一家营销技术公司的典型化生存. http://www.zhuayoukong.com/308877.html.2016-05-10.

[2] 资料来源：项目组于2016年4月12日对微联播COO（首席运营官）李立的访谈记录。

改造，对不同的行业加入模块化的功能。

除了第三方服务公司外，企业如有能力也可自建SCRM系统。WIS护肤早先采用了外包平台，但是在发现了企业对SCRM系统的强需求后，便启用自己的技术研发团队，针对企业自身的使用习惯、服务粉丝的要求，定制开发了自有系统。"我们这个品牌很多时候都愿意自建团队，于是我们在2014年6月就开始开发SCRM这个系统，到2014年9月平台就完成了，进而在微信上做服务。"[1]WIS开发的这套工具不同于通过网页登录形式的微联播系统，而是采用类似QQ这样的客户端形式，目前主要基于微信平台，未来也会基于微博平台、各类APP、贴吧等社交平台，通过这套系统的端口对接多个社交平台进行客户服务。

第三方服务商因为有着专业的技术人员，相较企业的一个技术部门而言，在系统开发上更具专业优势，并且第三方服务商的云端系统能够满足多个品牌的需求，而企业自建平台则是专门针对企业自身的需求开发较高标准的定制化系统。两种方式各有好处，选择哪种方式取决于企业自身的需要，"对于我们品牌来说，哪个能够更健全地为我们提供服务就选哪个，品牌处于不同阶段的时候应该会采取不同的策略"[2]。

---

[1] 资料来源：项目组于2016年4月9日对WIS护肤总经理黎文祥的访谈记录。
[2] 同上。

客服系统和客服人员协同推进与用户的人际沟通

目前大部分SCRM系统仅需登录网页端即可使用,把企业的客户服务流程线上化、云端化。过去,消费者除了从线下销售接触企业外,较为直接的方式是通过电话进行咨询、投诉,每个客服人员在同一个时间点只服务于特定的一位客户。而互联网上即时、海量的消息流使每一个客服人员要同时与三五位甚至更多的用户进行即时沟通和交流。对于每一个客服人员而言,必须要适应同时处理多项任务的工作状态。对于某一个企业或品牌而言,服务于同一用户的客服人员可能有多个,所以需要客服人员彼此配合,协同处理用户需求。因此,如何能满足多客服同时使用和实时更新的需求,并完成不同工作人员之间的分工与衔接,考虑针对用户的个性化需求并且及时有效地进行一对一服务,成为社交时代客户管理系统需要面对的重要问题。

企业需要怎样做,才能够实现用户在社交平台上的沉淀,真正与生活者建立连接呢?如果和微博合作并且想要做好SCRM系统,需要客户有干净优质的CRM数据库,"有一些大型企业的CRM是非常好的,因为这些企业是会员制销售,每一个会员都有信息"[①],这样的企业在与微博对接时效果往往更好。

---

① 资料来源:项目组于2016年3月31日对微博营销副总裁王雅娟的访谈记录。

第三章 数据价值：走向用户时代的传播管理

对于数据质量不佳的企业，微博精选的SCRM服务商将帮助它们清理自身数据库，提升数据质量和投放效果。"企业中常常是每一个事业部都有自己的数据，没有合在一起，也没有定期清理，所以如果企业先去做内部整理，再跟我们做对接就更有效。"[①]

此外，企业在人员安排上必须进行相应的配备。项目组在访谈过程中发现，不管是做社会化客户关系管理系统的供应商，还是已经应用相关系统的企业，都意识到想要真正做好这一块，就必须要认识到关键——"人"的介入的重要性，也就是强调企业应用SCRM系统必须要配备相关的客服人员。"最准确、最优体验、最具备客户关怀的方式还是要配客服，它是整个CRM非常重要的一个元素，要对所有获取的信息进行分类、处理、贴标签和回复。"[②]良好的客户关系需要客服支持运作，不然即使拥有数据，也没有办法及时做出快速有效的回应。黎文祥在回答WIS如何保证10分钟内回复用户问题的时候，也肯定了客户服务起到的重要作用，客服"是一个投入的问题，只要你愿意投入，就能达到快速回复的效果。我们看准了这个方向对我们是明显有利

[①] 资料来源：项目组于2016年3月31日对微博营销副总裁王雅娟的访谈记录。

[②] 资料来源：项目组于2016年4月12日对微联播COO李立的访谈记录。

的，做这样的服务是理所应当的"。①

微博精选的 SCRM 合作伙伴，可以帮助企业过滤垃圾信息或营销评论信息，突出需要客服回答的信息，节省过滤垃圾信息的人力资源，使客服能够专注于最需要解决的问题。他们还可以做到根据企业的工作流程与性质，在基础的 SCRM 系统上增加模块或功能，匹配企业的客服人员需求。"比如你下班或临时请假了，要把工作交给谁、怎样去做记录、怎样生成绩效考核等，我们花费大量的时间陪客户修改，把线下呼叫中心的全部逻辑放到线上。"②以某婚纱摄影公司为例，其背后有 200 多人专门做客服工作，另有 200 人做销售跟进，整个公司的客服团队有近 400 人。大量的维护人员围绕公司七八十个账号进行精准的个性化服务，每个微博账号对应一个微博桌面，第三方 SCRM 公司要做的就是把所有的东西汇集到一个点上，节省了人力成本，也提升了工作效率和服务质量。传统的呼叫中心受限于时间和人力，而 SCRM 系统可以使一个客服同步处理、回应多个用户，"现在最多的客服是 60 个坐席，就是 60 个人同时使用。可能每 5 个坐席就有一个主管，他们之间要进行分工协调，比如我处理哪些问题、你处理哪些问题、我下班了之后把它们转给谁处理。如果早班是 5 个人同时上班，晚班只要一

---

① 资料来源：项目组于 2016 年 4 月 9 日对 WIS 护肤总经理黎文祥的访谈记录。
② 资料来源：项目组于 2016 年 4 月 12 日对微联播 COO 李立的访谈记录。

个人，那么他是处理评论、私信，还是全部互动都处理"[1]，这些都是基于社交平台的客户关系管理系统需要考虑、解决的问题。一个良好的 SCRM 系统能够帮助客服主管分配任务和管理客服，同时基于社交平台实时更新的内容，做到快速响应和更加全方位地了解企业所想触达的生活者，做更有针对性、更有效的沟通。比如，在 UniSCRM 中可以添加客服人员并设置需要客服处理的企业微博账号，如图 3-29 所示。

图 3-29 微联播 UniSCRM 系统客服添加界面

除了企业各微博账号的分配外，客服主管人员也可以将不同需求的客户分配给相应的客服进行处理，这样能够发挥不同客服人员的特长，以便更快速地解决用户问题。例如，当客服人员被消费者询问有无产品的优惠信息时，可以点击指派按钮，将该用户直接分配给负责售前咨询的相关客服进行处理（见图 3-30）。

---

[1] 资料来源：项目组于 2016 年 4 月 12 日对微联播 COO 李立的访谈记录。

沟通过程中可以随时添加为方便多客服协同工作而设置"信息标签",如相关咨询被标记"优惠"并分配给坐席后,坐席可以快速识别需要处理的信息类型,即时处理(见图3-31)。对于分配给其他坐席的会话,在"其他会话"的会话分类中还可以随时进行浏览,查看坐席人员的回复情况。客服坐席则要及时录入用户的手机、邮箱等重要信息,并根据互动内容对互动粉丝进行分组管理,对于自己处理不了的问题或需要上报的事件,也可通过"指派"功能反馈、上报给主管进行处理。

图 3-30 微联播 UniSCRM 系统账号指派管理

图 3-31 会话过程中添加信息标签并指派客服账号

挖掘潜客，沉淀用户数据库

客服是整个SCRM系统中的基础，企业在建立社交平台的客服团队后，下一步通常是通过SCRM系统挖掘平台的数据价值，收集潜客数据，沉淀用户数据库。"SCRM的第一步——明确消费者从哪里来，其实是最核心、最关键的一步。如果没有这个部分，就没有后面的数据库和关系管理"，洪力舟在谈及对SCRM的理解时，指出现在部分人对于SCRM的理解有一定的误差，很容易遗忘潜客收集的部分。他强调，"从微博的角度，潜客收集作为CRM的开端，是很重要的一点，而且很多企业已经开始这么做了"。[1]UniSCRM的客户情况概览如图3-32所示。

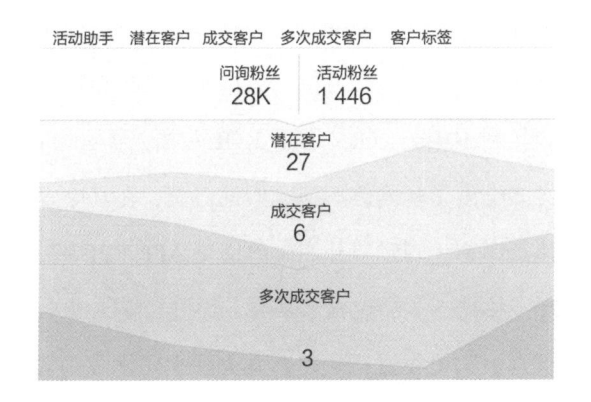

图3-32 UniSCRM客户情况概览

---

[1] 资料来源：项目组于2016年3月14日对微博商业运营总经理洪力舟的访谈记录。

潜客收集的方式有很多，线下可以通过活动收集潜客的手机号码、邮箱地址，并及时更新至 SCRM 系统的数据库中。例如，企业可以利用营销会议充分收集潜客信息。大多数营销会议都把大量精力放到邀请知名嘉宾、会场布置、媒体邀请范围上，虽然声势浩大，却无法提供会议营销带来的重要价值——销售线索和核心消费者信息。据美国营销协会公布的 2012 年 B2B（商对商）企业营销调查统计，74%的会议营销企业根本没有收集或获取到对客户有用的价值资料。"时趣"通过创新的社会化营销服务和技术手段，根据 IBM 的 PMI 会议前、中、后三个阶段的不同需求，提供以大数据分析作为洞察依据的社会化运营服务，贯穿全流程的社会化会议营销在线管理，以及存储、管理最重要的数字资产的 SCRM，帮助企业解决上述问题。在会议前期，通过大数据团队基于社交平台进行全方位的数据洞察，精准定位会议目标人群，找到和利用相关 KOL。通过 KOL 传播，扩大会议影响力。与此同时，多维度了解网络舆情、舆论口碑，在其中发现适合会议传播的热点内容。同时，开启微博社交 APP（PC 端）+微信公众平台 APP（移动端）会议报名平台，通过社交 APP 收集每一位报名者的信息，为会议进行预热，并为后续转化成销售线索提供宝贵的资料。会议期间，为提升现场参与度，IBM 突破了传统的线下互动方式，利用微信在线问答、微信投票、微博大屏幕、微直播等多种社交渠道与参会者进行全方位的沟通。会议结束后，社会化公众平台还开通了信息下载版块并对会议全程进行持续报道,有效改善了由于会议周期短导致的信息转化率低的问题。活动取得了良好的效果:累计曝光达 29 653 445 次,微信 APP 会议信息下载量 5 163 次,微信 APP 现场互动答疑 2 700 余次;会后 EDM(电子邮件营销)共 1 300 人主动订阅,微信 APP 互动页 PV 13 438 次、UV 3 634 人;会议共收集到 411 位真实用户的报名信息,并利用 SCRM 对积累的社会化资源进行管理和分类,沉淀了可持续利用的数字资产。

随着生活者使用各种数字媒体平台比重的增加和在数字平台上获取信息便利性的增强,线上积累的数据占比将会越来越大。用户的互动行为,比如关注企业账号、竞品账号,评论或转发企业微博内容,关键词的提及或参与相关话题的讨论等动作,都可以作为潜客触发的行为。另外,企业还可以根据已有的数据库建立模型进行分析,寻找相似的人群,"买纸尿裤的年轻父母会上社交平台,我们在不同的阶段定位他们,收集数据,甚至与销售数据绑在一起,其间做很多模式和模型分析这些人,比如客户社交行为的改变等,以便找到更多的孕妇和潜客"。[①]

在 UniSCRM 系统中,可以通过活动助手,对正在进行中的

---

① 资料来源:项目组于 2016 年 4 月 12 日对孔明科技储尔勇的访谈记录。

活动微博链接进行监测，如图 3-33 所示。

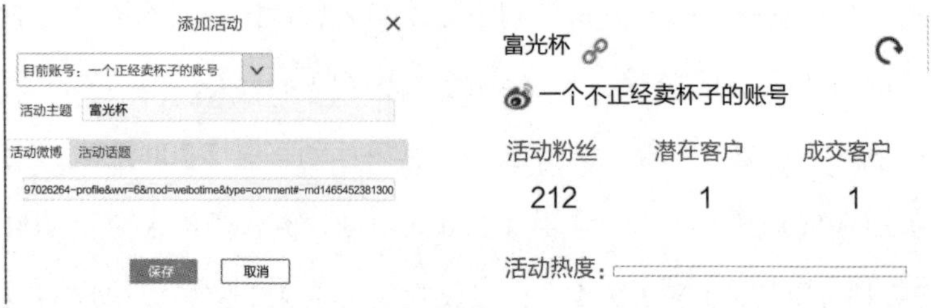

图 3-33　左图为添加活动，右图为活动的情况

成功添加微博活动或话题后，在该微博下进行互动（转发、评论、点赞）的用户就会被系统积累到潜在客户中。客服人员可根据用户的互动内容对该用户进行标签和分组，并进行相应的维护（见图 3-34）。

图 3-34　参与活动的用户列表

配合线下活动，采用与 SCRM 数据打通的 Uni 报名表单，还可以直接引导客户填写资料，获取相应的客资。同程旅游通过"暑期出境东南亚 Wi-Fi 免费送活动"（见图 3-35 和图 3-36），获取了旅客的手机号。通过这种方式得到的客户资料，用户电话接

通率高达70%，获得单个客户资料的成本由600—1 000元降低至初次优化后300元，配合Uni报表表单同步优化后降低至仅为10元。另外，企业可实时在SCRM系统中看到活动的进行情况，并及时针对留下客户资料的旅客进行标签化处理。

图3-35　同程旅游"暑期出境东南亚Wi-Fi免费送活动"SCRM系统表单情况页

图3-36　同程旅游"暑期出境东南亚Wi-Fi免费送活动"报名页

经历潜客收集的阶段，企业能够积累一定的用户数据。目前绝大多数SCRM系统采取跨平台的方式，系统可以收集用户的电话号码、微信、QQ等客户资料。另外，在客户资料页（见图3-37），还可查看近期的微博、微信动态和参与投票问卷的详情等。

图3-37　客户资料页示例

这些信息可以与企业内部的销售端或传统CRM进行打通，通过字段的匹配进行接入，起到促进企业销售的作用。自2012年起，海尔启动了网络化战略，开始基于网络与用户零距离互动。海尔对用户数据的积累和运营，分为两个层面进行。底层是海尔SCRM数据平台，其核心是1.2亿用户数据。上层海尔会员平台是海尔梦享+会员俱乐部，活跃会员超过1 500万。有了丰富、准确的数据积累，海尔将SCRM数据与微博用户数据进行匹配，匹配后做普通的定向投放，效果远远优于普通定向。可见优质数据的积累与用户数据库的建设和维护，对于企业的数字化战略的落实是非常重要的。

标签分类：强化关系维护与用户服务

互联网的发展趋势之一是，企业可以规模化地满足生活者的个性化需求。这是人际传播主导时代的重要特点。从当前的互联网实践来讲，技术和数据是其中的两大主题。大规模消费者的个性化需求，因为互联网技术的存在而有了迅速、及时、直接连接企业的沟通渠道，这种变化对基于社会化媒体进行的客户服务提出了新的要求。除了要求客户服务要尽量做到快速、准确响应外，对用户数据进行人工标签化的分类处理也是企业SCRM系统运行中的重要一步。

根据用户的不同需求和其紧急程度，在系统客服设置选项中，可以预先设置需要客服人员处理的会话优先级别。一般而言，对于私信、评论、@等用户参与程度较高并且涉及问题较多的互动行为，可以设置较高的优先级；而对于点赞等并不紧急、参与度较低的行为，可以设置为稍后处理。企业在SCRM系统中可以根据自身的需要对这些行为的优先级进行调整（见图3-38）。

图 3-38　UniSCRM 会话优先级管理

成功设定优先级后，系统会根据用户互动的方式和类型进行标注，方便客服人员按照重要程度依次进行处理（见图 3-39）。为帮助客服人员更顺利地服务用户，在系统内可预先设置相应的回复话术模板，在用户咨询时快速准确地响应，解决用户的问题，提升工作效率。

图 3-39　左图为按照优先级筛选会话，右图方框处为优先级高的会话重点提醒

无论是潜在客户，还是下单客户，SCRM 系统能够收集他们

的社会化资料。这些资料包括但不限于用户的联系方式、兴趣爱好、消费习惯等基本内容，还能够记录和整理用户与企业的互动情况，帮助企业更全面地了解客户，形成更为完整的粉丝画像，方便企业对客户进行分组和标签。

经历了潜客收集阶段，积累了大量客户资料的数据之后，还需要对数据进行处理，根据客户的特性、习惯等"打标签"，并对不同的客户进行分组归类（见图3-40），业界多把这种行为称为"分鱼缸"。操作人员既可以按照客户的不同属性如性别、年龄、职业、兴趣等进行划分，也可以按照其所处的阶段、与企业关系的密切程度等因素对人群进行分组，将用户逐步细分。现阶段，SCRM系统支持对于客户的多层级分组，例如，可以按照与企业关系的密切程度因素分为潜在粉丝、跟随粉丝、忠实粉丝等来设定一级分组。在一级分组中继续设置二级分组，可继续根据人群属性将忠实粉丝进行再细分。根据企业目的决定分类的依据及其细致程度，"理论上，企业会给每个人贴很多标签，就看每个企业的分层逻辑，比如招商银行会分积分优惠、分期付款、新开卡的客户等；像韩国艺匠等比较以销售为导向的公司，会按可接受价格层次进行划分等"。[①]

[①] 资料来源：项目组于2016年4月12日对微联播COO李立的访谈记录。

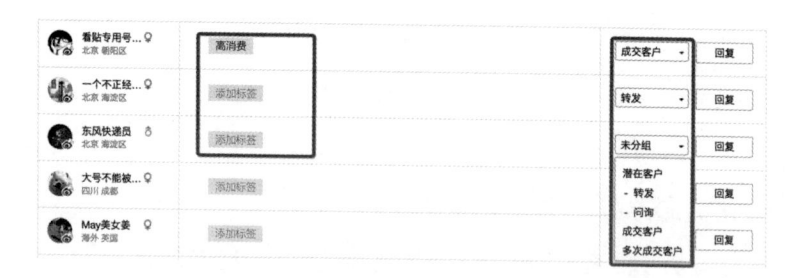

图 3-40 UniSCRM 标签、分组管理

"利用 SCRM 系统可以给客人做标签,我们每天需要维护大量的粉丝,无法根据每一个用户的微博去做客户标签,但借助系统可以实现"。用户被分类标签化后,客服人员能快速找到与之沟通的最佳方式,并为后续的宣传推广等活动提供支持,通过数据反馈明确设定针对每一层人群的最佳投入和策略。

另外,SCRM 系统通过配合一定的舆情监测功能,可以筛选出需要处理的负面信息和反馈意见,客服人员会针对此类内容进行优先处理。面对负面信息,要"老老实实帮用户解决问题,看沟通是不是能让用户再发一些有利的东西,就是黑转粉"[1],单宁炎告诉我们,在沟通的过程中"有售后很大的功劳,他们每一个人都单独联系客户"[2]。也就是说,对用户要一对一地进行沟通和服务。对于 VIP 用户,还可以跳转至其微博,

---

[1] 资料来源:项目组于 2016 年 4 月 26 日对洋码头市场部经理单宁炎访谈记录。

[2] 同上。

使客服对其有更直观全面的认识,以便做出更有针对性的沟通方案。

比如,时趣曾通过微博帮助"到到网"打通SCRM数据,并利用工具管理微博运营,积累、沉淀了大量真实用户。通过对粉丝微博内容的细致研究,明确普通粉丝喜欢什么内容,随时根据粉丝的喜好调整传播内容。除此之外,还从普通粉丝中发现、筛选出KOL粉丝,进行"勾搭",将其转化为典型的分享型用户,从而形成循环,提升官微的影响力,建立起更人性化的SCRM体系。

反馈优化:定向沟通提升效果

在经历了潜客收集、客资收集与分类、客户服务等几个阶段后,SCRM系统已经积累了丰富的用户资料,这些数据的另一个价值就是通过定向投放的方式,精准触达企业目标用户群,完成一个完整的传播闭环。

企业根据逐步完善的数据库资料,针对不同的用户进行个性化的沟通,不同的细分人群在投放系统中对应不同的"数据包"并在微博上进行定向触达。在具体操作中,既可以通过SCRM系统导出DSP数据包,并在微博粉丝通后台上传数据包进行投放,也可以直接通过SCRM对接微博WAX系统进行程序化购买,实现在微博平台上的定向投放，达到对特定市场人群的再触达。当经历过前期"人际沟通"的用户收到相应的信息时，往往比初期的精准触达效果更好，就好像老熟人见面会比第一次见面时更有亲切感一样。在实际执行中，经常互动、留有联系方式的人群数据包，由于竞价的关系，投放价格相对高于没有经过SCRM过滤的普通数据包。针对不同类型、处于不同决策阶段的客户，企业可以展现差异化的内容，比如"这个用户询问过我，但是没有留下电话，为什么？因为他不信任我，那我可以花500元去吸引他。如果已经留下电话，但没有成交，是不是因为觉得优惠不够，那么可以用下单优惠去沟通"[1]。在这个过程中，可以不断地针对人群特点进行投放、曝光、触达，积累数据并进行优化，为实现下一步转化做准备。

SCRM系统中每一层客户的UID都可以归集成数据包形式，以便进行再触达。平安集团通过推广活动收集到大量微博粉丝数据，并在SCRM系统中进行了用户分层（见图3-41），在每一层中生成相应的UID数据包，如"融资融券"数据包、"大宗交易"数据包、"定向理财"数据包等，然后通过粉丝通或WAX系统进行定向广告曝光。一般情况下，银行的拉新成本（开户成本）在315元左右，但是通过数据包的精准投放可以降至250元。

---

[1] 资料来源：项目组于2016年4月12日对微联播COO李立的访谈记录。

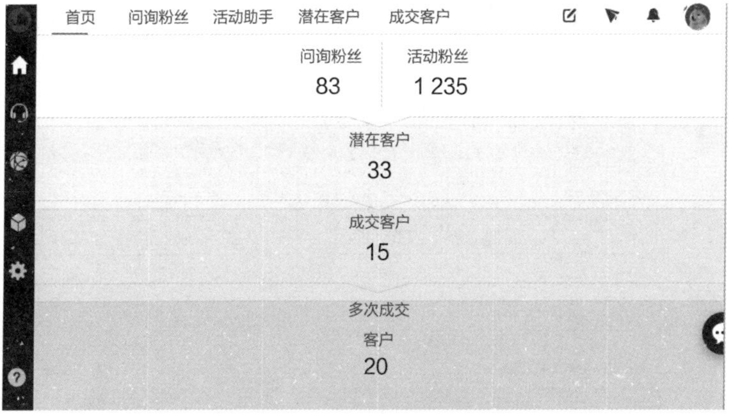

图 3-41　平安集团客户分层

在 SCRM 系统的数据中心，含有针对企业中不同身份的用户（包含操作人员、主管、投资决策人等不同角色）设计的效果反馈表（见图 3-42），为企业用户进行数据分析和策略优化提供了重要参考。对于操作人员来说，清楚地了解每一条广告的投放效果，包括转发、评论、点赞等指标的完成情况是非常重要的。通过这些指标的横向比较，不断明确优质的广告人群与推送内容，持续进行分析，增强对用户的洞察。

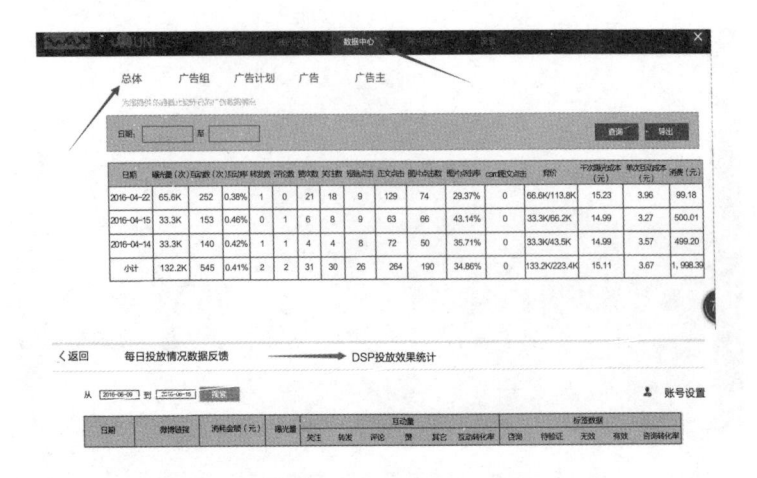

图 3-42 各广告投放情况数据反馈

对于企业管理人员而言，要关注的不是某一条微博的执行，而是从企业管理的角度，设定环节与节点，进行任务的分配，通过数据的反馈辅助决策，设定更合理的业绩目标（见图 3-43）。微联播 COO 李立谈到与其合作的很多企业在进行投放时"会涉及大概多少的曝光量，需要花费多少，下一个季度的时候可以先参考过去一个月的平均值再进行设定。然后再想要不要对销售施加点压力，或者对广告投放人员施加点压力，想办法优化投放策略，互动的时候更仔细一点、曝光更好一点等。所以这个层面对我们来说还是很重要的，尤其是企业管理这一块。一家公司的总经理或者批预算的人是不需要执行的，但是他很清楚每一个操作环节在哪里，只要设定好节点，然后让投放、客服、销售按这个表完成就可以了”。[①]

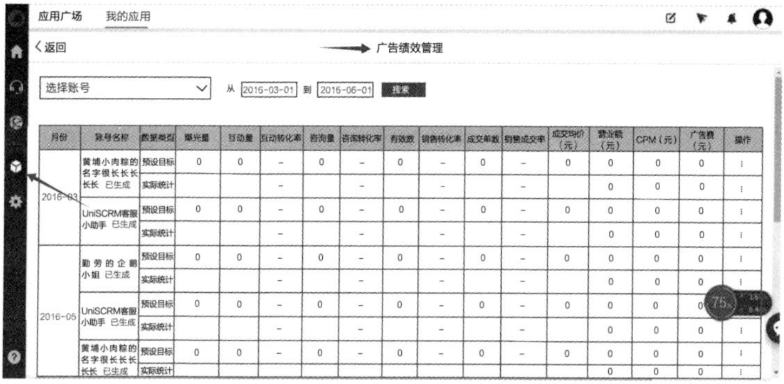

月份	账号名称	数据类型	曝光量	互动量	互动转化率	咨询量	咨询转化率	有效数	销售转化率	成交单数	销售成交率	成交均价（元）	营业额（元）	CPM（元）	广告费（元）	操作
2016-03	黄埔小肉粽的名字很长长长长长 已生成	预设目标	0	0	–	0	–	0	–	0	–	0	0	0	0	⋮
		实际统计			–		–		–		–		0	0	0	⋮
	UniSCRM客服小助手 已生成	预设目标	0	0	–	0	–	0	–	0	–	0	0	0	0	⋮
		实际统计			–		–		–		–		0	0	0	⋮
2016-05	勤劳的企鹅小姐 已生成	预设目标	0	0	–	0	–	0	–	0	–	0	0	0	0	⋮
		实际统计			–		–		–		–		0	0	0	⋮
	UniSCRM客服小助手 已生成	预设目标	0	0	–	0	–	0	–	0	–	0	0	0	0	
		实际统计			–		–		–		–		0	0	0	⋮
	黄埔小肉粽的名字很长长长长长 已生成	预设目标	0	0	–	0	–	0	–	0	–	0	0	0	0	⋮
		实际统计											0	0	0	⋮

图 3–43　广告绩效管理表格

SCRM系统里的数据会随着微博的投放情况实时更新，反映最新进展。当有数据异常时，也能在第一时间反馈给相应人员，以便快速调整。黎文祥谈及WIS护肤的广告投放时表示：“我们每天都对数据做分析，每一天的投放结构和投放策略，都会根据前一天用户发生的变化来适时调整，会随着市场的变化而变化。我觉得我们形成竞争力的很大可能是因为这样的策略和办法。”[②]

韩国艺匠通过微联播系统对推广投放进行了三方面的优化：第一，用SCRM系统沉淀的数据优化其人群定向维度。第二，通

① 资料来源：项目组于2016年4月12日对微联播COO李立的访谈记录。
② 资料来源：项目组于2016年4月9日对WIS护肤总经理黎文祥的访谈记录。

过与微博WAX打通数据进行程序化购买,利用"WAX胜出率、图片点击率"优化投放素材,挑选最优效果的博文图片(见图3-44)。第三,使用"DMP人群数据包"定向投放。通过这三方面的优化,SCRM系统成功帮助韩国艺匠的客户资料获得成本从300元降低至150—200元。

图3-44　韩国艺匠微博推广博文与评论

目前,应用SCRM系统的企业首先集中在O2O(线上到线下)、银行金融、旅游等客单价较高的企业,这部分企业有精力也有资本投入大量客服人员;其次,围绕网红经济发展出来的网红公司或借由网红影响力做电商的公司使用SCRM的也比较多;最后,还有一些发行APP的互联网公司使用SCRM系统进行销售和数据分析。这些企业中的大企业一般原本就配备坐席，中小企业意识到数据导出与粉丝沉淀的好处后，也在逐渐转向运用SCRM系统。一些年轻品牌，如WIS护肤，其诞生的那一刻就是基于微博这样的社交平台，遵循的就是互联网逻辑，他们已经率先建立了企业自有的SCRM系统（见图3-45）。但整体而言，较多的企业还停留在要求立竿见影的"销售"阶段。根据目前对多个企业用户访谈得到的结果看，微博的引流效果占企业整体销售量的比例高达1/3。代理公司和企业主自身都表示，已经有越来越多的企业开始意识到SCRM的价值。

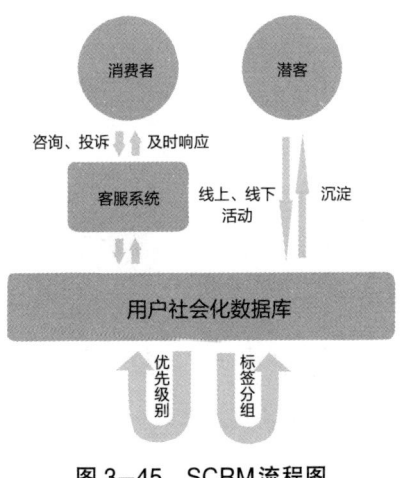

图3-45　SCRM流程图

自建程序化广告交易平台：微博WAX系统

程序化购买（programmatic buying）是指通过广告技术平台，自动地执行广告资源购买的流程，将广告购买的流程通过技术自动化，并利用数据改善其结果。程序化购买的实现通常依赖于DSP和Ad Exchange（广告交易平台）[①]，并通过RTB（real-time bidding，实时竞价模式）和非RTB两种交易方式完成购买。

区别于传统的广告投放模式，程序化购买的实现是以数据的追踪和分析为基础的。简单而言，程序化购买首先要识别数字生活空间中的个体，如"这是一个男性，19岁，学生，喜爱运动"。在程序化购买中，一般通过DMP进行跨平台的数据支持，对用户进行识别。企业根据自身需要决定是否要对这个生活者进行推广，再通过DSP平台对用户进行出价，告知广告交易平台愿意为给这个19岁的男学生展现一次广告所付出的金额，然后在Ad Exchange中进行实时竞价，竞得者获得这一次展现机会。这一系列动作的完成时间是非常短暂的，在谷歌以100毫秒为标准，广点通则只用50毫秒，做到"在最短的时间之内，把最合适的广告，用最合适的媒体，在最合适的环境，传最合适的内

[①] 艾瑞咨询.2014年中国移动程序化购买行业报告[J].声屏世界·广告人，2014.

容,给最合适的受众"。①

与程序化购买相对的是传统的人力购买方式,即广告主根据自身的营销诉求及目标受众,采购相应属性的媒体资源,从而实现对受众的覆盖,本质上是对媒体的购买。而程序化购买是在分析用户数据的基础上,找到符合营销诉求的目标受众,通过采购这些受众浏览的广告位曝光,实现受众的购买②。"以前我们要做广告,比如到中央电视台买一个15秒的广告位,叫作'媒体购买'。但是现在更像是'买一个人',我的广告只被这些人看到,是人群定位的。"③因此程序化购买更加精准有效。另外,程序化购买是自动化的,广告主通过数字平台直接进行资源购买和广告投放,自行设置投放的时间、人群、出价等定向条件,节约了购买资源、对接、排期等工作的人力成本。最后,程序化购买具备实时优化的属性,可以根据方案执行的情况及时调整投放策略,不断完善优化方案。

在我国,程序化购买广告的市场规模近年来逐步攀升,2015年中国程序化广告营收115.1亿,预计2016年将达到217.8亿

---

① 资料来源:项目组对谷歌DoubleClick大中华区程序化买方事务总经理郭志明于2015年7月18日在北大暑期课上的分享做的记录。
② 艾瑞咨询.2014年中国移动程序化购买行业报告[J].声屏世界·广告人,2014.
③ 资料来源:项目组对谷歌DoubleClick大中华区程序化买方事务总经理郭志明于2015年7月18日在北大暑期课上的分享做的记录。

(见图 3-46)。中国移动端程序化购买被广告主迅速接受,整个产业链处在高速发展期,市场规模迅速扩张,移动端程序化购买投放比例逐步加大。2015 年,中国程序化展示广告市场中,通过 RTB 方式投放的广告规模占比 65.2%,通过非 RTB 方式投放的广告规模则占到 34.8%,预计非 RTB 购买方式所占的比例还会进一步提升。

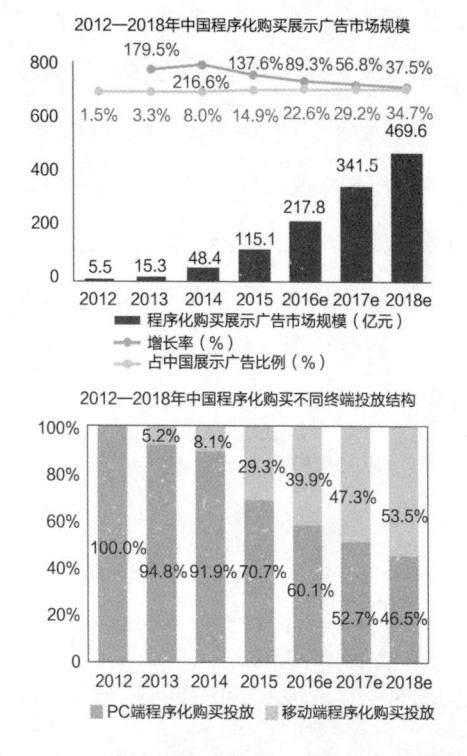

图 3-46 2012—2018 年中国程序化购买展示广告市场规模与不同终端投放结构

微博于2016年推出的WAX（Weibo Ads eXchange）系统，就是微博平台自主开发的程序化交易平台。微博通过和第三方DSP服务商的合作，加速社交广告投放自助化的进程，打通产业链，实现大数据的开放共享，与第三方合作推广微博SCRM系统，打通企业内部与微博营销数据，帮助广告主实现更精准的营销。

目前微博已经与部分拥有SCRM系统的第三方公司进行接入和打通，在WAX系统内直接同步，使得广告主的操作更为便捷高效。由此，企业中负责投放广告、客服运营、客户关怀等环节的操作者便可以通过对比不同的数据市场投放的数据反馈，了解每一个数据包的效果优劣。

由图3-47分析，微博除了平台上的海量数据，还会把第三方提供的数据积累到微博DMP（数据管理平台）中，通过广告投放和用户洞察两个功能，帮助客户实现跨平台精准投放。

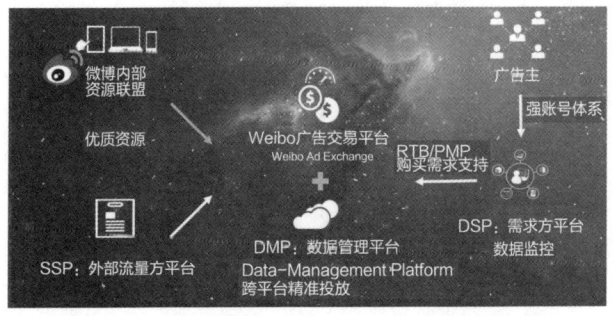

图3-47 微博广告交易平台+DMP：数据管理平台

DMP流量定向维度包括设备型号、运营商、操作系统等基础数据，以及IDFA与IMEI设备号的深度数据；也涵盖基于年龄、性别、地域、兴趣、LBS、人生状态等DMP权限定向；同时，还能够基于微博做UID、手机号、针对某话题词进行用户指定等定制化定向。

目前WAX基本覆盖全国的优质DSP，并联手4家SCRM公司支持整个WAX系统的运作。与其他Ad Exchange相比，微博WAX系统的特色是只对接优质资源与优质DSP，拒绝一些DSP的劣质"尾部流量"，保证WAX在媒体资源、DSP都属于良好的状态。微博自身正在规划接入系统的品牌速递视频、移动端顶部公告、信息流品牌大Card、信息流普通博文等多种形式的广告资源也均为优质广告位置资源。

图3-48 WAX广告资源位（从左至右、从上至下分别为品牌速递视移动端顶部公告、信息流品牌大Card、信息流普通博文）

图 3-48　WAX 广告资源位（从左至右、从上至下分别为品牌速递视移动端顶部公告、信息流品牌大 Card、信息流普通博文）（续）

包括微博在内的媒体将空闲的优质广告位在 WAX 系统中登记售卖，而广告主通过 DSP 平台竞价获得 WAX 系统中的广告位。简单而言，微博 WAX 与各方 DSP 之间的运作方式是这样的：第一类客户、DSP 平台等会对微博提出相关的投放需求，告诉微博需要投哪一类人。微博拥有用户的数据，形成相应的用户画像，当符合对方的要求时候，便告诉对方符合要求。"像多盟那样投广告，在各个平台都投。接入之后，我只是告诉广告主现在接入的人是 A，问他要不要在我这儿投。他会有一个用户画像，告诉我年龄等情况，然后我告诉他这个人符合他的画像。他决定投还是不投、要出多高的价钱，和我们自有平台的内容竞价。如果他决定不投或者因出价便宜没有竞得，这个广告位就不会展示他的广告。相当于把主动权交给了DSP，也就变相地交给了客户。"[1]此外，还有另一类DSP平台自身拥有一定的用户画像，会告知客户应该投放什么样的人群，通过设备码等方式与微博进行匹配。微博根据匹配后的信息针对这一部分人直接进行广告投放，这样一来，实现了从PC端到移动端，由媒体资源购买到"人"的购买的转变。

WAX采用RTB（见图3-49）与Preferred Deal（优先交易）两种交易模式。RTB的交易方式是，当用户打开APP后，WAX会通过DMP数据管理平台对用户进行判断，并向各DSP发出竞价请求。各DSP平台根据竞价请求信息决定定价，价格高者成功投放广告给该用户。RTB是背对背的拍卖，而且在电光火石的100毫秒左右的时间内，客户只有一次出价机会，也就存在"两个不确定和一个可干预"的特点，即广告位置与广告价格不确定，但广告效果可以实时干预。RTB模式实现了在合适的时间、合适的地点、给合适的人以合适的价格投放合适的创意。

---

[1] 资料来源：项目组于2016年3月22日对微博商业运营部产品营销副总监靳贝贝的访谈记录。

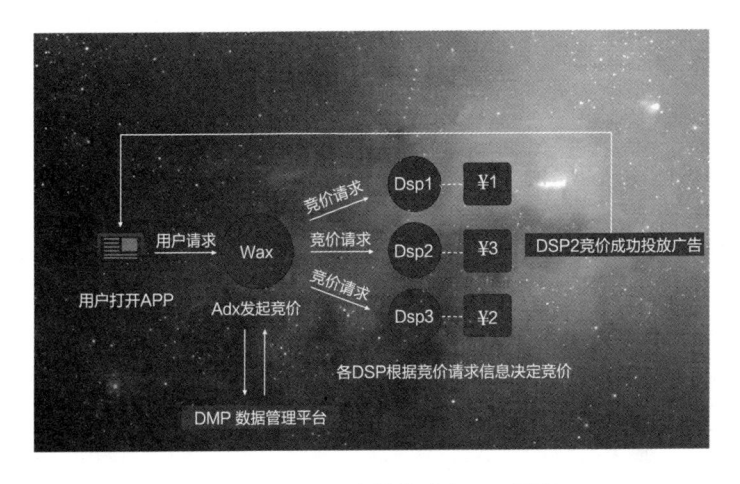

图 3-49 WAX交易模式之一：RTB

Preferred Deal的交易模式与RTB的不同点在于，Preferred Deal支持用固定的价格购买，可以提前协商好要售卖的流量资源和意向价格。在系统中，当客户的报价不低于设置的意向价格时进行交易，按照固定价格结算。如果客户的报价和广告内容满足要求，则优先购买流量，流量也不再进入公开竞价市场RTB出售，因此带有Deal（交易）的请求会被系统优先考虑。在图3-50中，尽管DSP2的3元出价高于带Deal的DSP3的2元出价，但仍然由DSP3获得优先选择流量并投放广告的机会。因此，这种优先选择流量的模式，能够实现品牌广告主按定价投放的需求。

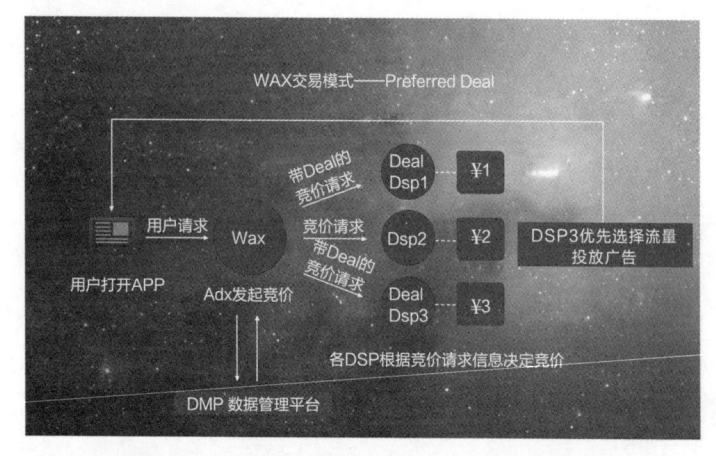

图 3-50　WAX交易模式之二：Preferred Deal

建立企业自有的数据管理平台

对企业而言，要利用好微博这个数字生活空间，必须树立数据管理意识，建立数据管理平台。在本章，我们主要强调了用户数据库的建设和目前企业对数据的使用情况，正如我们在本章开头所讲的，这些是企业数字化的一部分。我们希望通过介绍微博平台上目前正在发生的变化，梳理一个大概的理解思路，帮助企业和平台理解变化的趋势。

何为数据管理平台？数据管理平台如何上升为传播管理系统，进而作为企业整体发展的神经中枢系统而存在？目前的行业实践确实略显粗浅和初级，好在技术层面已经具备雏形。从传播管理的整体价值来判断，目前互联网平台方（如微博）的实践、企业的数字化实践（主要在数字营销层面）、第三方公司的应时而动（搭建DSP平台、DMP系统、SCRM系统、SAAS[①]系统等）都已经或多或少地沉淀了一些案例。在发展思路层面似乎也在逐渐明朗化。但是，最为核心的数据层面还存在诸多问题，比如数据质量差、数量少，无法形成有效的用户画像，无法充分挖掘数据的价值，尚未跳脱数字营销的格局等。

在这样一个进行式中，如何对企业DMP发展的整个图景进行清晰的勾勒，通过梳理有价值的实践，在可能范围内想象未来的商业方向，进而勾勒出一个明确的商业逻辑是本章尝试的工作。综合本章内容，我们稍作总结如下。

第一，触达。通过粉丝通帮助企业在微博平台上触达目标人群。在某种程度上讲，微博粉丝通可以理解为微博自有的DSP平台。通过这一平台，企业从数字营销传播的层面触达用户，积累数据。

第二，连接。搭建SCRM系统，把用户沉淀到企业数据库，争取与企业用户进行个性化的沟通，形成稳固的互动关系。也就是说，除了精准投放的传播效果外，还应该注重用户（粉丝）关系的维护，并通过维护取得更为直接和持久的销售效果。同时，通过这

---

① SAAS，软件即服务。

种沟通平台，不断延展用户的长期价值，提供增值服务，不断迭代优化产品。

第三，沉淀。在持续的沟通和传播触达的基础上，企业的用户会逐渐沉淀。这种沉淀不能仅仅停留在心智上，必须在SCRM系统的基础上，把用户沉淀到企业自有的数据管理平台中。这里需要特别说明的是，我们强调的数据管理平台并非目前数字营销领域里讲的DMP，而是从企业整体发展的角度强调的传播管理平台的底层数据基础。也就是说，在传播管理中，必须让用户数据"动"起来，收集数据，挖掘数据，利用数据循环持续创造价值。比如，如前文所讲的，在SCRM系统中过滤和沉淀下的用户数据可以再次成为进入粉丝通或WAX投放的数据包，进行持续的再触达。

其中，目前微博开发的主要针对大品牌客户的AdExchange系统，即WAX系统，把自身的广告资源进行集中展示，通过营造一个类似广告市场的平台，对接各家DSP系统，把广告资源（人）售卖给各个DSP或广告主，进一步扩大企业进行用户沉淀和数据积累的途径。

我们认为，一个理想的企业数据管理平台应该能够不断积累第一方数据（企业自有数据）、第二方数据（机构数据）和第三方数据（互联网大数据平台的数据），然后把三者数据进行实时存储、挖掘、分析、打通、利用，并支持企业整体发展。基于

第三章　数据价值：走向用户时代的传播管理

这一数据管理平台，企业从传播管理的角度考虑建立传播管理部门，协调企业在数字化过程中的整体发展，整合企业内外部资源，支撑企业发展。可以说，以数据管理平台为基础的传播管理，既是企业应对互联网时代的必要机构设置，也是企业发展的方法论。

如图 3-51 所示，顶部涉及"传播触达、用户沉淀、SCRM系统"的部分属于在微博平台上完成的主要工作，最终把用户数据和用户关系沉淀到企业的传播管理系统内。除此之外，企业自有数据（包括其他来源数据，比如政府开放数据等）和大数据平台数据（比如BAT[①]数据、第三方DMP平台数据等）同样是企业传播管理系统内数据管理部分的基本构成内容。

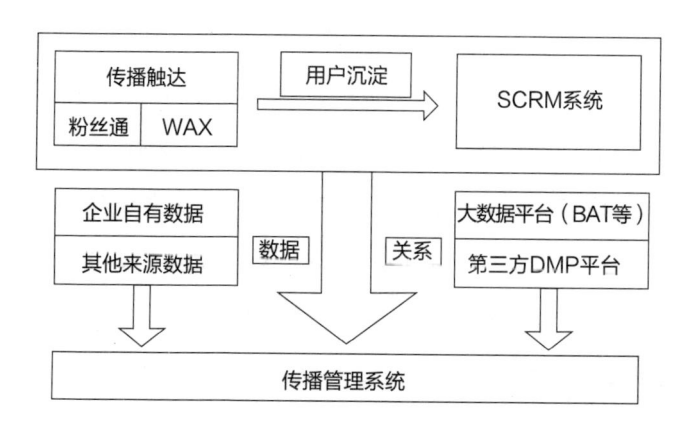

图 3-51　作为社会化企业核心的传播管理系统

---

① 百度、阿里巴巴、腾讯首字母缩写。

谷歌DoubleClick大中华区程序化买方事务总经理郭志明认为:"DMP其实有两类:第一类是帮助客户,也就是广告主来管理数据。比如海尔,现在就是请安客诚来帮它管理数据。海尔的数据,一方面来自自己的媒体,如官网、官微,这方面比较少。还有一方面是很多CRM数据,比如你买了海尔手机,它会掌握你的地址之类的信息,比如各地经销商的数据,有些是线上的,有些是线下的。如果这些数据管理不好,是不方便做广告投放的。要是把数据整理后,就会非常有用。比如三年前你买了一台海尔冰箱,现在到了产品更换周期,那么企业应该主动提醒你,和你维护这种关系。除了通过手机、电子邮件这种烦人的方式以外,企业可能精准地针对你投放一些广告。DMP系统就会管理这种"第一方数据",一对一地进行整理,不单是做广告,还做营销,做客户关系管理。腾讯、阿里各自的DMP平台,是不一样的。它们有很多数据,可以有偿地分享给广告主。比如腾讯,可能有微信、QQ号,可能了解中国95%的网民,知道某部手机跟某台电脑属于同一个人,知道一个人的资料和喜好,这样的数据是可以用于营销的。"[1]郭志明所讲的第一类DMP系统在某种程度上没有局限于数字营销领域的DMP概念,是接近我们所讲的传播管理的理念的。

---

[1] 资料来源:项目组对谷歌DoubleClick大中华区程序化买方事务总经理郭志明于2015年7月18日在北大暑期课上的分享做的记录。

目前阶段，除了第三方服务公司的DMP平台之外，企业也开始有意识地建立自有的DMP平台。如果单纯从数字营销的角度看，企业自建DMP平台确实是成本很高的尝试，但应该看到的是，这只是企业数字化建设和传播管理系统建设的切入点和起步，基于这一系统向传播管理系统的后续升级才是更重要的。阳狮锐奇中国总经理宋星在谈到企业自建DMP时，认为"很多企业在做DMP，但做得比较好的还真不好说情况如何。现在还处在初级阶段，是建设阶段……2015年大家都在谈DMP，2016上半年都在建，下半年就应该有案例出来了"。[①]我们也看到，一些对目前基于DMP概念的市场进行突破的公司也在寻求突破，"我们现在不想叫它DMP，因为很容易混淆，但是现在没有想好叫什么。第一，如果也叫DMP，我们其实是一个跨源数据平台。第二，通常来讲，大家感觉DMP只是一个存储器，它没有太多的计算以及自我迭代功能，所以有真的DMP，也有假的DMP。我们认为，如果叫大数据的DMP，那么它一定有大量的自动算法，并且可以不断优化和迭代。就是说，当这个数据库不能直接跟内容库形成互动机制，进而形成一个闭环，不断地去优化算法时，这个数据库就是一个死的数据库。叫它DMP也好，叫它数字仓库也罢，它就是个死数据库。所以，我们现在还没有想好这个解决方案叫

[①] 资料来源：项目组于2016年6月22日对阳狮锐奇中国总经理宋星的访谈记录。

什么，因为我们现在调研下来发现，它跟真正的DMP的差距还是很大的"。①

最根本的是在企业数字化之后，形成作为企业神经中枢系统性的传播管理部门。而基于微博项目，我们看到的相关实践就是一个不很完美甚至很粗糙的初级蓝图，是企业数据管理平台的一个方面。所以，企业的数据管理平台始终要以一个主动的、以传播管理为方法论的整体思路进行建设，而不能仅仅局限于数字营销层面的DMP。

企业利用这个数据管理平台能够干什么？根据一些"蛛丝马迹"式的企业数字化实践分析，我们认为企业可以挖掘沟通元，传播创意，管理危机公关（侧重于舆情监测、传播链分析等），挖掘资源（比如把企业难题进行众包），生产产品（利用群体智慧协同生产），预售产品，辅助企业做决策（比如为避免市场决策失误，在微博上先行试水观察用户反应）等。

如何利用大数据的价值并不高深，必须经过像粉丝通等这样一些"傻瓜式"的程序、界面，直接让企业营销人员使用。但是，这背后一定要有足够有价值的数据、技术能力足够的算法、到位的数据服务等作为支撑。比如目前崛起的网红类小微企业也需要对海量用户进行管理，但也许这类企业并不需要过于复杂的

---

① 资料来源：项目组于2016年7月15日对时趣互动COO吴璇的访谈记录。

大数据技术，只需要通过一个类似粉丝通的平台直接面对微博用户进行推广，外加一个简单的SCRM系统进行跨平台的粉丝沟通与管理即可。

综上，在新的传播环境和市场环境中，企业必须成为以传播管理为核心的社会化企业，打造自身的社会化竞争力，真正把企业的发展与生活者、社会各个层面融为一体，而不是像以前一样各个环节互相割裂、无法协同发展。如图3-52所示，就微博对社会化企业的价值而言，从社会化传播到社会化关系管理的双向作用和不断积累，是社会化企业发展的重要平台和基础，规模化的用户和大公共传播平台是微博可以输送给社会化企业的重要价值。

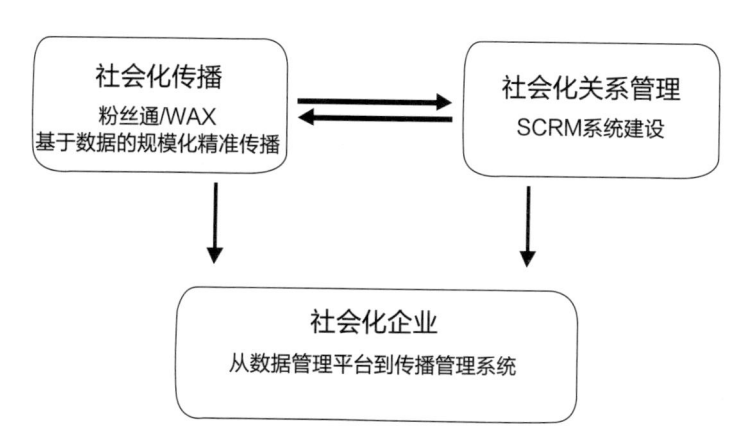

图3-52 打造具有社会化竞争力的社会化企业

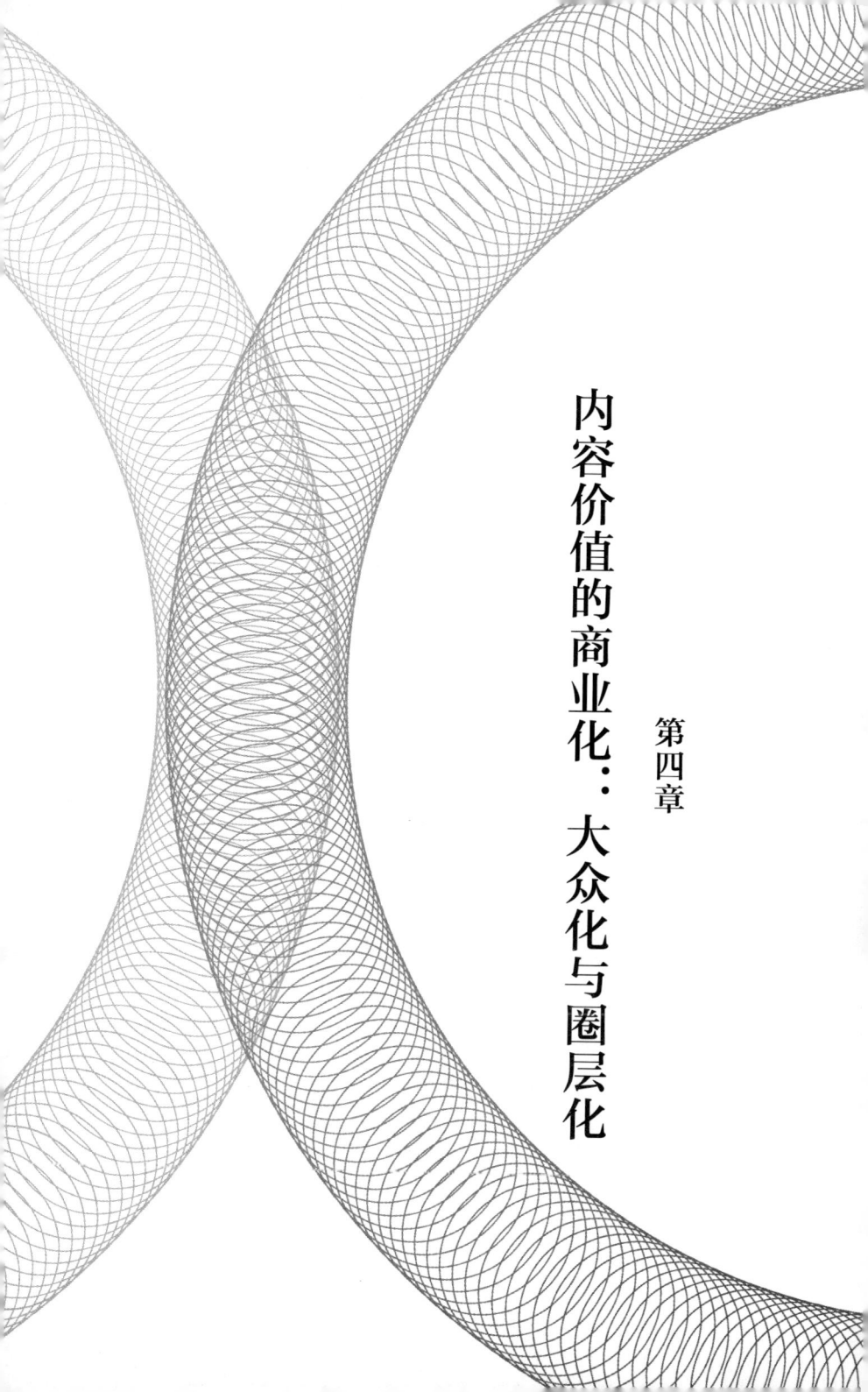

第四章
内容价值的商业化：大众化与圈层化

对于企业而言，如何把握数字生活者是一个巨大的挑战。总体而言，接触生活者和服务生活者需要两条线：一条线是数据，另一条线是内容。对于数据的价值与运用，我们已经在前面的章节进行了阐述。本章的目的是对内容价值进行解析。

不同于现实生活空间，生活者在数字生活空间中呈现生活的方式目前还停留在账号内容上。同样，企业对于用户的聚合也主要通过内容。那么，针对微博平台而言，应该如何看待和运用这些由生活者和企业创造的内容的价值呢？

微博是一个基于开放关系的大公共传播平台，极容易形成社会性的大众话题，在社会事件和营销事件的引爆上具有天然优势。因此，极容易形成基于某个话题、事件等的爆点传播，再由此形成一个内容库。由于内容背后的人与观点，无形中便形成了一个虚拟的社会公共空间。在这种讨论机制下，一个数字化的广场便形成了，在这种基于热点内容的大众化场域中，内容的价值首先体现为传播价值。如何利用传播价值多半表现为传播内容中企业品牌的伴随性，也就是说，根据企业或品牌的传播调性，把品牌传播活动搭载或植入公共讨论中，由此形成大众传播的效果。

更为重要的是，在微博这一庞大的数字生活空间内，基于兴趣的圈层越来越多，越来越成熟。在一个人数庞大的社区内，朋党效应是一种天然的生态效应。对于微博运营方而言，如何挖掘出各个圈层的群体，并服务好各个圈层的发展，是微博平台增加用户黏性、提高用户使用时间和招揽新用户的新方向。由于微博平台本身具有开放性的特点，所以在微博上形成的各个圈层具有一定的流动性，圈层的流动性增加了微博整个生态的活性。对于各个兴趣圈层而言，最重要的是圈层内优质内容的生产和传播。如何认识和利用各个圈层内的内容价值，则是一个更令人兴奋，也更具挑战性的问题。

不同于大众化内容具有显著的传播价值，圈层化的价值其实更多地体现在内容本身的价值以及背后生产和消费内容的人的价值。内容本身的价值首先体现为商品的价值，也就是说内容本身成为商品，拥有交换价值，形成相应的市场价格。其次，兴趣圈层更为深远的意义在于它对应于微博平台上的一个个垂直领域，在某种程度上这些垂直领域已经具备了市场的特征。从这个角度看，内容的价值表现为更具整体性的市场价值，成为切入垂直

第四章 内容价值的商业化：大众化与圈层化

市场的入口，具备了入口型的商业价值。因此，对于圈层化内容价值的探索需要根据各个垂直领域的不同特点进行商业价值的探索。这种探索之所以在商业逻辑上能够成立，是因为内容背后是人和基于兴趣的强需求。

微博平台的内容具有非常明显的圈层特性，而每个圈层又具有很强的垂直市场的特点。图4—1是微博数据中心根据微博的内容进行的圈层性分类，在某种程度上体现了微博的圈层化生态特点。

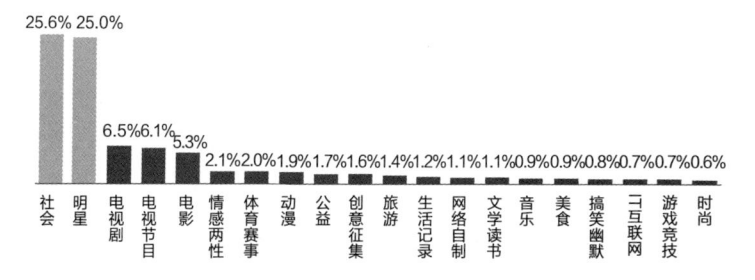

社会 25.6%　明星 25.0%　电视剧 6.5%　电视节目 6.1%　电影 5.3%　情感两性 2.1%　体育赛事 2.0%　动漫 1.9%　公益 1.7%　创意征集 1.6%　旅游 1.4%　生活记录 1.2%　网络自制 1.1%　文学读书 0.9%　音乐 0.9%　美食 0.8%　搞笑幽默 0.7%　IT互联网 0.7%　游戏竞技 0.7%　时尚 0.6%

图4—1　微博用户经常参与关注的话题内容板块TOP20

资料来源：新浪微博数据中心

2016年第一季度，微博月活跃用户净增2 600万，达到2.61亿，同比增长32%，日活跃用户达到1.2亿，同比增长35%。2016年4月8日，CNNIC发布《2015年中国社交应用用户行为研究报告》，报告指出，微博作为兴趣信息获取和分享的平台的地位凸显。从"热点触达"到"兴趣沉淀"，微博的内容能够横向贯穿用户的社会生活与个人生活，同时也能纵向影响到用户使用时间。CNNIC指出，23.4%的用户每天使用微博的时长达1小时以上，日均使用时长在半小时以上的用户占**45.1%**。

如今，微博运营方的思路越来越清晰，就是扮演好服务者的角色。通过各种手段不断刺激用户内容生产量并提高用户活跃度。在这个庞大的生态体系建立起来之后，不断探索和寻找合适的商业模式。就像微博CEO王高飞的一个比喻："微博不开赌场，微博要做的就是在赌场门前卖卖冰棍、香烟。"

那么，应该如何就微博的内容进行商业价值的衡量？

我们把微博的内容价值概括为两个方面来阐述：一方面是基于热点的大众化，指的是微博作为大公共传播平台，极容易形成话题的讨论，并带来巨大的商业传播价值；另一方面，则是基于兴趣的圈层化，就是说，在微博这样一个开放性的公共平台上，在兴趣的驱动下，各个领域的同好会在优质内容的指引下逐渐形成一个圈层，用户之间形成较强的关注关系和话题，既可以在微博上进行沟通交流，也可以跨平台、线上线下联动起来。这将不断强化圈层文化的活力和凝聚力，奠定商业化的基础。

基于热点的大众化内容

根据CNNIC《2015年中国社交应用用户行为研究报告》显示，从对微博功能的使用情况来看，72.4%的用户通过微博关注新闻或热点话题（见图4-2），微博已经成为一个大众舆论平台，成为人们了解时下热点信息的主要渠道之一，61.6%的微博用户主要看热门微博。用户之所以选择微博来关注新闻热点，主要因为微博对于新闻和热点事件的响应速度快，受访者对这一因素的认同率为62.8%（见图4-3）。

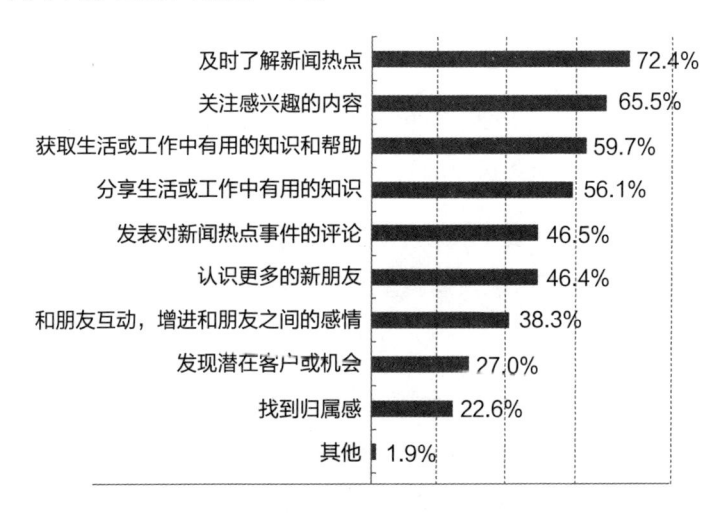

使用目的	比例
及时了解新闻热点	72.4%
关注感兴趣的内容	65.5%
获取生活或工作中有用的知识和帮助	59.7%
分享生活或工作中有用的知识	56.1%
发表对新闻热点事件的评论	46.5%
认识更多的新朋友	46.4%
和朋友互动，增进和朋友之间的感情	38.3%
发现潜在客户或机会	27.0%
找到归属感	22.6%
其他	1.9%

图4-2 微博的主要使用目的

资料来源：CNNIC社交应用用户调研，2015年11月

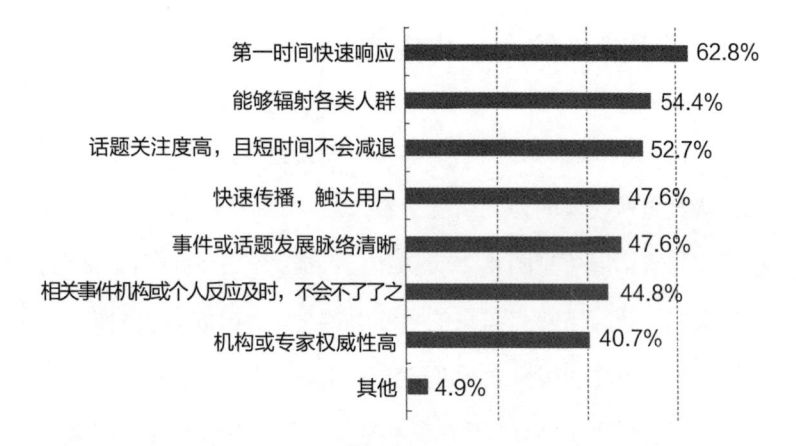

原因	百分比
第一时间快速响应	62.8%
能够辐射各类人群	54.4%
话题关注度高,且短时间不会减退	52.7%
快速传播,触达用户	47.6%
事件或话题发展脉络清晰	47.6%
相关事件机构或个人反应及时,不会不了了之	44.8%
机构或专家权威性高	40.7%
其他	4.9%

图 4-3 从微博上获取新闻或热点话题的原因

资料来源：CNNIC 社交应用用户调研，2015 年 11 月

微博强调用户兴趣、单向关注、开放关系，如同一个中心广场或集市，将无数个体连接起来，从而构建起一个庞大的分布式网络。微博将自身核心竞争力第一条总结为"热点聚合强传播"，"这无可替代，所有的热点、爆点除了微博之外没有第二个平台有这个传播强度，微博可以在几个小时之内，让上亿人知道"。[①]

"参与"和"讨论"是开放的微博极容易形成爆炸性话题和拥有强传播力的原因所在。很多新闻事件的最初消息源和热门讨论地便生发于微博平台。比如，在 2014 年世界杯足球赛期间，微博上的世界杯话题互动达 19.6 亿条，总阅读量超过 297.5 亿。

---

① 资料来源：微博营销副总裁王雅娟参加论坛时的发言。

人们的一个明显的感受是,大量社会热点事件都会在微博上形成讨论,甚至会反过来影响现实生活。

在互联网上,即使一些内容或事件并非从微博平台起源,也会在微博上形成全民性、社会性的讨论。由B站起源的成龙代言霸王洗发水广告的"Duang"事件就是一个例子。"B站现在越来越主流化了,2015年的'Duang'事件使B站以最快的速度进入主流。'Duang'是一个在B站鬼畜①里面出现的词,在微博里面24小时就引爆。之前,虽然B站也可以进入主流文化,但至少需要一个季度才能通过论坛或微博进入主流文化。随着年轻上网人群规模化增长,以及微博的加速普及,B站上的流行热点越来越快地通过微博进入主流文化。'Duang'事件是最快的一次,是年轻网民占据互联网话语权的里程碑。"②

同时,在微博平台上,意见领袖创造的内容产品及其粉丝创造的经济效应,为各类品牌活动、明星代言打下了坚实的基础。

微博平台上产生或发酵的热点内容,容易形成裂变式的传播价值。这不是二次传播的机制,而是一种由裂变不断形成的扩散效应,就像一个越滚越大的雪球。这种内在的传播机制的根本在于内容是否足够有传播力,是否足够优质。对于如何生产出能够

---

① 鬼畜,一种搞怪视频类型。
② 资料来源:项目组于2016年6月1日对微博运营副总经理董文俊的访谈记录。

形成传播价值的内容,其实微博平台的众多玩家也慢慢摸索出了一些传播规律。这种价值在商业上被发现和运用,则需要追溯到6年前的"杜蕾斯雨夜鞋套"事件。

2010年6月,杜蕾斯在微博上着实火了一把。23日,正值北京傍晚临近下班时,大雨猛然间落下,微博上网友开始讨论如何回家。此时微博上有一个"@地空捣蛋"的账号发出一条微博:"北京今日暴雨,幸亏包里还有两只杜蕾斯。"并在配图中详细介绍了自己怎样把杜蕾斯作为鞋套使用。此微博一发出,便被网友疯狂转发,在1小时之内便被转发了1万多条。截至深夜零点,这条微博的转发量已经超过5.8万条,牢牢占据了6月23日新浪微博转发排行第一名。3天内,此条微博的转发量超过了9万条。如果用传统媒体的传播来做对比,这次没花费一分钱广告费用的事件传播效果可以与CCTV黄金时间段的3次30秒广告的效果相媲美。一周后,《中国日报》英文版将此次事件评为2010年最有代表性的社交网络营销案例之一。在之后的很长一段时间内,杜蕾斯的这一案例都被认为是数字营销领域最具标志性的案例,它启示广告人如何在互联网环境下挖掘沟通元进行创意传播。如今,这种玩法已经深入人心。

但是,在数字生活空间足够大的情况下,单凭创意实现爆点传播越来越困难。因为创意本身是不稳定的,所以如果想实现稳定的、相对可预测的传播效果,就需要更多推广资源的介入。正因为如此,目前微博平台方也越来越重视对话题、热搜等产品的商业化运用,以便为企业提升品牌传播效果提供工具。

在微博所有的热点内容运营资源中,热门话题具有传播高效,以及原生内容倾向强烈等特点。"微博最具特点的地方就是热门话题。热门话题从产品角度上来说是移动互联网下社会化媒体独有的一种形式,能够产生不同类型的玩法,可以产生令人震惊的营销效果或品牌提升效果。"①微博商业运营总经理洪力舟介绍,热点内容运营这块业务"比较有微博特色。这是一个非标准产品,它不是一个广告位,而是一些资源和玩法的组合"。②

大众性的内容具有强烈的公共传播价值,传播价值的商业化首先表现为营销价值。从大众性热点内容的价值变现角度看,企业如何利用内容进行商业传播是近年来微博一直在探索的问题。一般情况下,企业有两种做法。第一种是借势传播。相关话题在微博上已经形成了较大规模的讨论,企业再根据自身特点进行切入,由此达到借势传播的目的。这种类型的传播多表现为企业官微通过把热点内容融合进广告创意中进行传播,比如一众企业官

---

① 资料来源:微博营销副总裁王雅娟参加论坛时的发言。
② 资料来源:项目组于 2016 年 3 月 14 日对微博商业运营总经理洪力舟的访谈记录。

微对"#我们#"这一话题的跟进。第二种是造势传播。企业根据自己的诉求,在微博平台上进行话题打造,再通过购买各种商业推广资源对企业的博文或话题进行推广。此类传播案例在第二章中已多有提及,此处不再赘述。

此处需要说明的是,微博平台本身虽然不生产内容,但是微博会通过各种品牌活动调动用户的积极性,让用户参与进内容生产中。这一方面增加了用户黏性,提高了用户对平台的依赖性,另一方面也可以把企业的商业传播搭载进这些品牌活动中,实现商业目的。现在这种模式越来越多地被企业运用在社会化营销之中,这类传播模式可以归纳为,微博平台造势,企业传播借势。

微博在2015年推出"微公益""带着微博去旅行"等品牌活动,在2016年推出"随手拍""让红包飞""超级红人节""微博电影之夜"品牌活动。这些品牌活动能够广泛激起用户互动参与的兴趣,并创造出大量的有趣内容。据微博运营副总经理董文俊介绍,"其实品牌活动也是一种热点营销模式,这种热点营销更像是平台通过活动主题进行策划来制造出一些大的热点事件。平台搭台,用户参与,客户唱戏"。[①]

微博平台花大力气、投大资源做原生的品牌活动,首先是面

---

① 资料来源:项目组于2016年6月1日对微博运营副总经理董文俊的访谈记录。

向C端的普通用户，通过普通用户的参与将活动在平台上做热。比如"随手拍"就是针对微博上喜欢拍照并分享的一群用户，"让红包飞"主要是针对春节抢红包这种大众娱乐需求，"带着微博去旅行"针对旅行爱好者，"微博电影之夜"针对电影爱好者……这使得微博平台上设置的主题能够刺激用户参与，产生内容。在这之后，微博会提取和推广其中相对来说比较优质的内容，再通过这些比较优质的内容来拉动更多用户参与，最终使这些微博的品牌活动和自有话题产生大众化的规模效应。

至此，微博搭台、企业唱戏的基础就形成了，之后微博平台会在第二步考虑在这些品牌活动和自有话题中搭载商业信息的问题。微博和企业联合挖掘信息，寻找符合活动特点的沟通元。企业通过综合运用微博的商业化产品，选择合适的传播资源，发布创意并提供创意框，激起粉丝和普通用户的关注，并在传播中不断地刺激粉丝参与到创意传播的过程，保持话题的热度，由此达成传播目的。

董文俊介绍："根据用户的诉求特点，当我们可以明确知道某些内容分类和属性会成为一种新的消费方式，用户会大量参与进来后，我们再去倾听客户的诉求，看怎么去结合……我们让客户'爽'要建立在让用户'爽'的基础之上。实际上，这也是个相辅相成的过程。"[1]他表示，要让用户在内容创造、体验、消费的

---

[1] 资料来源：项目组于2016年6月1日对微博运营副总经理董文俊的访谈记录。

过程中觉得舒服,商业的植入和伴随才更易于接受,"因为所有的客户来微博的目的,在达到品牌曝光和认知度的触达之前都有一个很重要的点叫好感度"。[①]

引导实时内容生产:随手拍

微博"#随手拍#"活动是基于其庞大的社交用户群体展开的。从活动之初的"拍摄身边的新鲜事",到对社会现象的关注,再到短视频崛起之后的短视频爆发,"#随手拍#"已成为微博用户的多媒体内容社交盛宴。作为微博重要的品牌活动,"#随手拍#"在用户互动、生成优质内容、挖掘和连接热点等方面的品牌价值潜力日益凸显。

"#随手拍#"作为微博最大的图片、视频征集活动,在为用户提供展示、分享渠道的同时,也在深化对优质内容的挖掘,激发用户发现并分享如图片、短视频这些多媒体内容的欲望。

自 2014 年开始,"#随手拍#"活动不仅有图片,还加入了视频。2015 年,微博"#随手拍#"活动共吸引近 5 000 万网友参与,原创图片量超过 2 200 万张,原创视频总发布量 280 万,话题阅读量超过 32.3 亿,互动量超过 2 844 万。随手拍满足了不

---

① 资料来源:项目组于 2016 年 6 月 1 日对微博运营副总经理董文俊的访谈记录。

同用户对于图片、视频玩法的个性需求。

微博在图片、视频等多媒体领域的布局不仅是顺势而为,从某种程度上来说,图片、视频这些多媒体内容也是微博未来内容价值呈现的有效载体。随着智能手机的换代更迭,数据流量费用的下降和速度的提升,微博用户消费多媒体信息的行为日益频繁。目前,微博上的图片已经远远多于文字。微博2015年第三季度财报显示,微博图片发布量已占到微博每天发布量的65%,甚至在一定程度上成为中国的Instagram。同时,微博短视频也在2015年飞速发展,其广泛的参与性和十足的趣味性在用户中激发了极高的热度。据微博2015年第四季度财报数据显示,视频日均播放量达到了2.9亿,较前一季度增长了53%,年对年增长了10倍。这一两年微博也涌现出如"@papi酱""@艾克里里"等这样的短视频达人,微博的"#随手拍#"活动也配合推出了对这些达人的扶持计划,以提升短视频内容在微博信息流中的曝光。

"#随手拍#"活动是微博内容布局的一个缩影。微博CEO王高飞表示,微博将继续通过产品升级和投资,扩大在UGC(用户原创内容)方面的优势。由此不难推断,随着微博对图片、视频等多媒体产品的升级和投资,加上4G网络的普及和流量费用的降低,都会激发微博用户活跃度的进一步提升,而微博活跃用户的规模也有望再攀新高。2016年上半年,微博联合天下秀推出了直播平台——"一直播",为微博用户提供平台内的直播服务,再一次踏准了互联网发展的节拍。

激发用户创意,形成自然扩散效果

2016年4月7日,以"人人都是摄影师"为主题的"#随手拍#"活动正式上线,整个活动为期47天。活动期间,微博充分整合了微博相机、秒拍等相关资源,协同专业摄影协会、论坛、社区等垂直领域用户,以及众多的明星和广大用户,共同引爆了这场全民社交热潮。活动推出了"#随手拍旅途#""#随手拍萌宠#""#随手拍秀恩爱#"等精选话题的"随手拍摄影大赛"图片征集活动,以及"#一万块钱买个乐#""#花式翻白眼大赛#""#快手妆容大赛#""#黑室友大赛#"等话题的"视频悬赏大赛"。除了上述官方推荐的话题以外,同时还向所有微博用户开放话题征集。

此外,活动也有参与奖励机制。"视频悬赏大赛"活动每个话题中都将评选出视频播放量TOP10的用户进行现金打赏。"随手拍摄影大赛"活动每周推出两个图片话题,转、评、赞TOP10的作品原创用户有机会获得打赏,活动全程互动量最高的TOP10的用户将获得"微博手机摄影师"称号,作品还有机会参加线下展览、颁奖。

2016年，"#随手拍#"活动参与人次达6 500万，话题累计阅读量达174亿次，平均每个作品被阅读580次。在"视频悬赏大赛"中，"#随手拍#"活动中总的视频播放量超过16.3亿次，最受欢迎的话题TOP3为："#吃货秀#"（"@鲜城"，阅读量13.6亿次）；"#内涵段子大赛#"（"@我的大几把岁了"，阅读量5.4亿次）；"#萌宠的日常#"（"@随手拍"，阅读量2.9亿次）。其中，"@回忆专用小马甲"的"#随手拍#"视频的播放量达到632万次，"@林珊珊_Sunny"的播放量达到251万次。在"#随手拍#"图片活动中，原创图片量超过3 000万张，使用量最多的手机品牌依次为苹果、小米、OPPO。最受欢迎活动TOP3分别为"#随手拍微笑#"（阅读量10.8亿次）、"#随手拍旅途#"（阅读量9.1亿次）、"#随手拍美食#"（阅读量8.3亿次）。"#随手拍#"活动也吸引了上百位明星参与，如"@许魏洲ZZ"晒妈妈微笑的照片得到128 234次赞、"@杨紫"的旅途照片得到109 935次赞、"@吴昕"的美食图片得到196 058次赞。

2013年，赞助参与"#随手拍#"活动的企业大多为新兴的网络科技公司，特别是与图片相关的科技公司，如美图、图钉、HTC自拍神器等，和拍照分享的活动相契合，品牌产品也得到了深度曝光，如图4-4所示。

图 4–4 "#随手拍#"活动的合作伙伴

2016年的"#随手拍#"活动中,被称为"自拍神器"的拍照手机OPPO R9与微博进行了深度合作。"#随手拍#"活动甫一启动,OPPO便结合活动规则,发起"#充电5分钟元气2小时"(见图4–6)和"#OPPO鲜气自拍#"(见图4–5)的微博话题,借此推广OPPO R9手机的自拍功能。

图 4–5 网友发自拍参与话题"#OPPO鲜气自拍#"

图 4-6 "#充电 5 分钟元气 2 小时#"的话题详情页

同时，OPPO还拉来了TFBOYS助阵，结合定制版手机大奖的福利互动活动，"#充电 5 分钟元气 2 小时#"的话题总阅读量近 11 亿。通过将产品与活动深度结合，大大提升了产品用户的互动与参与。借助平台优势，结合产品特性，挖掘目标用户的核心诉求，加深与用户的互动，是微博内容对于品牌曝光和推广的独特价值。

捕捉热门话题内容，打造即时创意传播

借势热点事件或热门活动，是品牌营销最直接的思路，而借助明星粉丝资源，往往也是保证营销效果的一大利器。天猫魔盒联手微博"#随手拍#"在"六一"儿童节发起话题"#我的童年这魔样#"共同关注山区留守儿童,引发了不少网友的关注和对童年时光的追忆。"#随手拍#"官微更是扒出了一组当红明星的童年旧照,引发网友积极参与,将话题推向一个新的高潮。两天时间,话题阅读总量突破2.2亿次。伴随此次公益活动,通过线上主题活动的推动,天猫魔盒的品牌曝光度和知名度的提升远远超过了单纯的营销活动所能带来的效果。

2016年,因为与当红人气明星鹿晗有了一次亲密接触(见图4–7),位于上海外滩中山东一路的一个邮筒成了"鹿饭"们的新宠。在鹿晗发完微博后一小时,大批粉丝前来与这个"网红邮筒"合影(见图4–8)。

图4–7 "@上海邮政官微"转发鹿晗与邮筒合照的微博

图 4-8 微博网友晒与"外滩网红邮筒"合照集锦

在这个"网红邮筒"走红后,中国邮政敏锐地捕捉到这一热点,找到微博运营方联合"#随手拍#"发起"#随手拍邮筒#"这一话题,将这个"网红邮筒"推到更多微博用户的面前(见图4-9)。"#随手拍邮筒#"这一话题推广一周后突破1.4亿次的阅读量,日均增长2 000万。最终,该话题创造了2亿次的阅读量和119.6万次的讨论量(见图4-10)。

图 4-9 "@上海邮政官微"发表由官方设计的"外滩网红邮筒"的卡通形象

图 4-10 "#随手拍邮筒#"的话题详情页

　　传统品牌借助微博品牌活动连接热门话题与明星效应，在短时间内迅速聚集了话题讨论度，达成品牌的集中曝光，使得品牌的知名度和用户好感度都得到了提升。中国邮政的邮筒将自身品牌与"#随手拍#"活动有机结合，不仅实现了品牌的高频曝光，还通过微博塑造了品牌在大众心中的新形象。在此过程中，为了配合这次品牌传播活动，邮政会从微博购买相应的商业推广资源来助推活动效果。这样一方面微博赚到了"收入"，另一方面"中国邮政就在这个过程当中，触达年轻的人群，并做了两次传播：一个是最开始鹿晗发微博之后，中国邮政针对鹿晗粉丝的触达和传播；另一个是中国邮政及时抓住了这一机会，联合微博'#随手拍#'活动迅速触达鹿晗粉丝以外的另一部分年轻人群。

这是微博有意思的地方,这种社会化营销在其他任何一个平台都是做不到的,只有微博能做到"。①

盘活公共传播资源:让红包飞

在 2016 年的"#让红包飞#"活动中,网友抢红包总次数超过 9 亿,抢到红包的小伙伴达 1.2 亿。超过 3 万个明星大咖和企业蓝 V 在微博上发红包,TOP3 分别为"@范冰冰"101 万,"@雷军"64 万,"@angelababy"63 万。同时,众多忠实粉丝也会给明星塞钱,比如"@王思聪"被塞钱 117 661 次,"@范冰冰"被塞钱 226 129 次。而企业发红包的 TOP3 分别为"@我的头好重啊啊啊"②(发出 427 万个红包)、"@投哪网"(发出 270 万个红包)、"@婕珞芙 GF"(发出 270 万个红包)。在 2015 年的"#让红包飞#"中,"任性哥""@钱峰雷"除夕当天共发出了 1 234 567 元的红包,成为 2015 年发红包最多的人,不到 7 分钟,他的红包就被一抢而空。

"#让红包飞#"活动的火热使得微博能够用红包助力企业带来裂变传播,并进一步实现转化和沉淀。首先,企业借助节日热

---

① 资料来源:项目组于 2016 年 6 月 1 日对微博运营副总经理董文俊的访谈记录。

② "@我的头好重啊啊啊"为天猫吉祥物天猫在微博上的官方账号。

点及明星造势,通过信息流广告、主活动页面、专属活动页、企业主页等展示类资源,集中用户关注,完成从路人到粉丝的转变。其次,企业与用户进行深度沟通,通过红包活动机制及相关的企业专属活动,引导用户与企业互动并达成有效沟通,完成从粉丝到潜客的转变。最后,进行销售转化,企业了解用户需求后,通过卡券核销平台、线上线下联动、老客户答谢、新粉丝优惠等促销活动,完成从潜客到最终客户的转变。例如,高洁丝天猫旗舰店情人节当日交易额就因为微博红包活动同比大涨 16 倍。

针对不同行业的企业,"#让红包飞#"的企业红包直接性地解决不同的诉求(见图 4-11)。如快消品行业主要解决品牌曝光、核销转化、新品促销以及粉丝的积累互动;电子商务行业主要解决品牌知名度扩散、平台引流及新用户注册;IT 行业则解决的是品牌曝光、用户互动与粉丝沉淀。

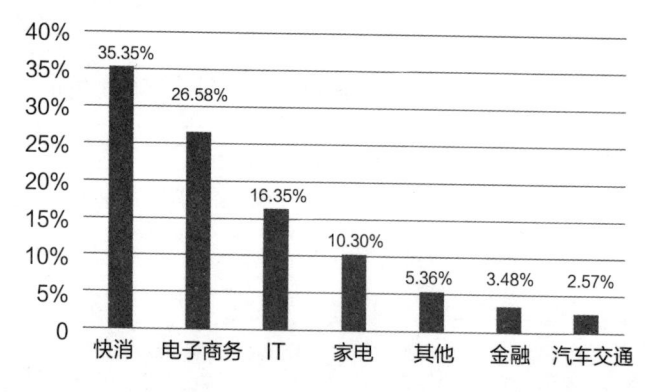

图 4-11　2016 年微博"#让红包飞#"企业红包所属行业占比分布图

2015年，1 000多家企业和机构在微博上给粉丝送出3.2亿个红包，总共收获了4 000万的粉丝增长。其中"@支付宝钱包"发出3 000万个红包，"@快的打车"发出2 900万个红包，四季沐歌、高洁丝和加多宝也进入企业红包榜的前五位。

向明星的红包里"塞钱"的玩法使企业借助明星效应实现了更好的曝光效果，"@支付宝钱包"通过赞助明星的方式收获1 000万新粉丝，品牌曝光达到42亿次。"@四季沐歌"首次参与"#让红包飞#"就取得了显著效果，不仅话题阅读量达到3亿次，官微粉丝增长260万，还大幅带动了线上商城的人气和成交量——2月13日，四季沐歌京东店铺关注量同比增长70倍。此外，"@高洁丝"官微粉丝增长了390万，该企业在情人节当天推出红包专场，其天猫店铺当天访问人数增长14倍，交易额同步大涨16倍。

送出现金红包的同时，2015年"#让红包飞#"活动还送出2.7亿张卡券。实用的卡券不仅给用户带去实惠，也大幅带动了商家销量，仅"@快的打车"发出的红包中就有500万网友最终兑换了卡券。

此外，"#让红包飞#"活动还带来了微博支付用户数量的大幅度升级。微博2014年第四季度和全年财报显示，截至2014年第四季度末，微博使用过支付功能的用户约为1 100万，而仅通过春节期间的"#让红包飞#"活动及部分游戏参与，绑定了微博和支付宝的用户提升至3 500万。

如果说微信和支付宝更多采用的是基于移动场景的"一对多"红包模式，即由一个人发给其他人或者通过摇一摇获得来自企业或商家的红包，以此阶梯递进，那么微博红包则是"多对多"的多方互推、跨层多赢的模式。例如，自媒体、明星、企业家、粉丝之间可以互相充红包，并共享红包带来的粉丝增长红利，粉丝则可以获得更多元的红包来源。这种模式让微博的各个兴趣节点都发挥出了影响力，并且由于明星、名人、大V以及垂直行业中大V的大量参与，微博红包突破了单纯的朋友圈模式，更具有延展性和持续的发酵价值。

在2015年"#让红包飞#"活动中，最成功的案例莫过于高洁丝借助鹿晗的人气在微博上开展的品牌传播活动。由于地域范围的限制和昂贵的媒介购买费用等因素，使得高洁丝无法在国内卫生巾市场的激烈竞争环境中打造一场只属于自己的强大覆盖、传播和互动的线下品牌专场。但是在微博平台上，高洁丝通过借助微博的品牌活动"#让红包飞#"以及其他资源却能够实现。在2015年的情人节，微博为高洁丝打造了一场大曝光、高参与度、高转化率的"#让红包飞#"的品牌活动。借微博男神鹿晗不断增长的高人气，结合微博极具话题性与品牌性的市场活动"#让红包飞#"，在情人节期间引爆一场别具一格的微博红包战，引爆粉丝能量，带动高洁丝品牌声量，打造真正的粉丝经济（见图 4-12 和图 4-13）。

图 4-12　高洁丝借鹿晗人气参加"#让红包飞#"活动

图 4-13　高洁丝"#让红包飞#"营销策略

2015 年情人节当日早上 8 时，"@高洁丝"官微首先放出"#让红包飞#"的官方预告。接着，10 时，"@高洁丝"发布表白信，配合使用覆盖所有活跃用户的互动版开机报头、微博页面的顶部公告等商业推广资源，还使用了来自热门话题和热搜这样的热点运营资源，话题"#微博 King 被告白#"和字段"微博 King 被告白"同时出现在热门话题榜和热搜榜上。12 时，高洁丝邀请 KOL 配合转发扩散传播。下午 1 时，通过微博精准触达鹿晗粉丝与高洁丝目标用户的品牌速递与微博精选信息流广告投放。下午3时,高洁丝主题的"抢红包"等微博下拉刷新页出现。晚上8时,"@高洁丝"发声力挺鹿晗。整场Big Day成功达到了规模化曝光,提升红包专场的关注度,同时,多维度触达粉丝人群,不断放大红包声量。

得益于鹿晗粉丝和微博用户的高度参与,热门话题"#情人节,微博King被告白#"情人节单日阅读量突破7 800万次,互动讨论达到95 593条,使得该话题成功登上微博自然排名的热门话题榜,单日话题相关微博热议高达10万条,超高的话题热度引发当日上头条的刷屏现象。

在这次"#让红包飞#"的活动中,高洁丝采用了互动版的开机报头,在强大曝光量的基础之上,增加可以点击互动的按钮,并跳转至品牌专属的落地页,引导鹿晗粉丝和微博用户的点击行为,提高用户转化。此次互动开机报头点击次数高达1 690 868次。

图4-14 高洁丝在"#让红包飞#"活动中使用的微博商业资源

卫生巾品牌找男星代言拍广告早就不是什么新鲜事了，但是新《广告法》的颁布使得这类广告必须下架。"@高洁丝"的这次活动与以往请男明星代言的思路不同，"@高洁丝"并没有邀请鹿晗为品牌代言，而是化身为鹿晗的资深粉丝，高调向鹿晗告白，为鹿晗充红包，充分借鹿晗的微博影响力，并且综合使用开机报头、话题和热门搜索等多种微博商业化产品来点燃粉丝的热情，同时发放大量优惠券红包，提高电商转化率。

"#让红包飞#"使品牌企业借助重要节点的自然流量和高价值明星的合作资源，完成从红包吸引到明星号召再到场景转化的闭环。粉丝红包不只在春节期间才能存在，在品牌的周年店庆、企业开业、新品发布、婚庆婚礼甚至想要有钱任性一下的时候都可以包红包。"#让红包飞#"活动支持现金、卡券和实物三种红包，并为红包搭配多种微博商业化资源。高级版的红包还可以定制红包领取页面，并设定红包的发放机制，限定时间、地区、金额、限额、性别和内容。在高洁丝"#让红包飞#"活动中共有685万独立用户参与，用户参与红包互动的次数达到736万，为"@高洁丝"官微带来了397万新粉丝。同时，"@高洁丝"的礼品红包转化率也非常可观，730万份优惠券红包被领取（见图4–15），168万用户到达电商页面，28万张优惠券被使用。天猫店当日销售转化率是品牌日常电商转化率的三倍，单日通过微博红包达成的销售额高达150万元。

图 4-15 高洁丝"#让红包飞#"卡券领取页

活动期间,配合红包信息的品牌速递互动率高达 5.48%,远高于快消品 0.2% 的平均水平。在当日的红包排行榜中,鹿晗登顶红包王,高洁丝紧紧跟随位于当日红包榜的第二位(见图 4-16)。

图 4-16 鹿晗和高洁丝分列当日红包榜第一位和第二位

基于兴趣的圈层化内容

按王高飞的说法，微博实际上是在"从实时信息网络向社交兴趣网络转型"。早期微博用户关注时政话题和社会事务，如今微博开始加强旅游、电影、汽车、电视、美食等基于用户兴趣的垂直细分领域的运营与拓展。热点内容转瞬即逝，而持续生产的垂直兴趣内容可以沉淀粉丝关系，锁定用户的注意力和时间。

微博上圈层的特点具有明显的意见领袖性质，也就是说，微博的单向关注关系基本上是粉丝对生产优质、可信、高质量内容用户的关注，这些用户便是微博运营方着重关注和培养的C1、C2、C3类用户，是垂直方和业务方特别关注的群体。理论上，每个用户及其粉丝就形成了一个圈层。进而，类属于同一个领域的加V用户不止一个，粉丝也不会只关注某一个加V用户。于是，以多个意见领袖型账户为中心，通过相同的兴趣聚合起大量的活跃粉丝，互相关注、互动、讨论的多中心、分布式的社交关系网络便形成了，形成一个具有生态性的圈层。

微博运营方目前根据内容特点进行了如图4-17所示的分类，为用户进入感兴趣的领域提供了导航。但是，鉴于每个领域的复杂性，微博针对有限的领域进行了与关联垂直业务方共同维护和开拓的尝试，比如财经、电影、音乐、旅游、数码、时尚、育儿、美妆、美食、游戏、动漫、教育等。

▶ 视频		◉ 北京		⊕ 社会		● 国际		⚛ 科技		⊙ 科普	
▯ 数码		⚯ 财经		⚯ 股市		★ 明星		◈ 综艺		▣ 电视剧	
▶ 电影		♪ 音乐		⊖ 汽车		⊛ 体育		⚑ 运动健身		♥ 健康	
▨ 瘦身		♧ 养生		▬ 军事		⊞ 历史		⚘ 美女模特		▤ 美图	
♡ 情感		☺ 搞笑		⊘ 辟谣		☀ 正能量		⚙ 政务		◉ 游戏	
✈ 旅游		⊛ 育儿		⌘ 教育		⚌ 美食		⌂ 房产		⌂ 家居	
⚹ 星座		⎇ 读书		⊕ 三农		✖ 设计		◢ 艺术		⌇ 时尚	
◢ 美妆		⚯ 动漫		✡ 宗教		⚘ 萌宠					

图4—17 微博平台根据特点对内容的分类

当前，微博的内容生态已经渐成规模，有12个垂直行业的月均阅读量超过100亿[①]。可以说，如何帮助这些垂直行业更好地成长，关乎微博的未来。微博也强调，未来将与更多专业机构在内容生产、账号成长、收入变现等多个方面展开合作，在不同垂直领域构建行业生态，和行业内有影响力的个人或团体互利共赢。在构建各垂直领域内容并勾连线下行业的同时，微博也实现了在各行业实体中的角色塑造，成为一些行业中不可或缺的要素。微博的社会价值和商业价值均已得到提升。

---

① 12个行业月均阅读超100亿，看Spark如何助力微博Feed算法提升活跃度. http://www.tuicool.com/articles/UNfMRjj. 2016-05-12.

内容建设的背后其实是人的聚合，这是数字生活空间多元化成长的应有之义。微博坚持"不做内容，只做连接"的平台定位。这是一种类似于物业公司和街道办的角色定位，不仅要在各方面服务好平台上的用户，还要通过各种管理措施来维持平台秩序、维护用户权益，也要通过各项福利政策提高用户活跃度。

财经：知识个体的社交变现

截至2015年年底，微博已覆盖财经兴趣用户超过3 000万人，其中核心用户2 100万，潜在用户750万。财经类相关博文条数近2亿，每月阅读量超过100万次的股评师超过了1 000人，每天微博上产生的个股原创股评达30万条，微博已经成为股民消费内容资讯、指导投资的重要平台。同时，财经相关的企业、行业工作人员以及相关产品可以通过微博不断提升自身的影响力。相关运营平台（如证交所）、监管机构（如证监会）以及财经媒体的加入，则使微博在财经领域逐渐形成一条较为完善的产业链。

在财经领域之中，股票市场受到了积极关注。微博从很大程度上来说成为网民了解股市行情、市场政策等信息的主要渠道之一。股市相关微博在时间分布上相对规律，微博提及度的增减与股市开盘交易周期密切相关:每逢大涨大跌,单日微博提及度波动幅度较大。在股市"暴跌"的时候,微博提及度多有"暴涨"之势。而在股市"暴跌"之时,通常微博平台也成为网民情绪发泄的主要渠道。2015年上半年上证指数与股票类微博提及度相关系数达到0.56,上半年的牛市也带动了用户舆论及用户对证券市场的持续关注(见图4-18)。

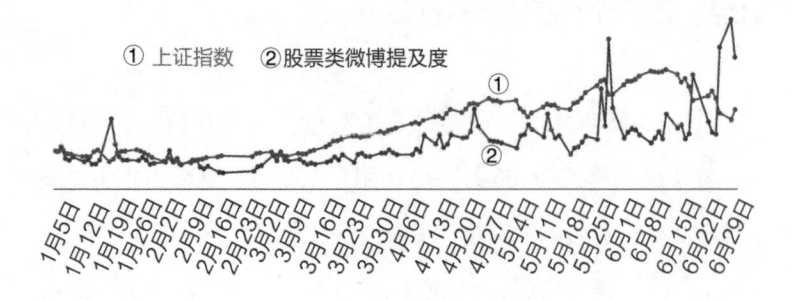

图4-18 上证指数与股票类微博提及度(2015年上半年)

资料来源:新浪微博数据中心

近年来,财经类微博账号数量保持持续增长态势,截至2015年上半年,财经微博个人或组织官方认证账号达到12.4万个。1—6月,相关账号共推送微博13 850 680条,微博被阅读累计高达803.2亿次,其中,蓝V账号发布的微博颇受用户关注及期待。据统计,个人身份的分析师、交易师等财经领域内的专业技术人员及投资顾问在财经类账号中队伍最大,微博订阅用户占比高。这些群体依靠其在财经领域的专业知识和分析见解,成为知识个体,并聚拢了一批愿意为其内容买单的粉丝。

短视频类网红"@papi酱"获得1 200万元融资的消息,无疑让网红经济的关注热度再创新高。同样,财经类网红们也引起了资本的关注和挖掘。投资圈评价一个网红的价值,第一是粉丝情况,第二是曝光率,第三是内容。据不少资本人士测算,若按照粉丝量和曝光率来变现,"@李大霄"可能带来10亿元的估值,"@杨德龙"和"@叶檀"大概在5亿元。而且基于财经圈粉丝忠实度高这一点,财经圈红人的价值可能会远超其他行业。以此来看,各财经网红们显然"钱途无量",那么他们的知识和社交资产价值在现阶段应如何体现?

专业内容打赏

根据《2015年微博财经白皮书》的数据显示,2015年财经微博参与用户"微博支付"数量及交易额度均在千万级以上,这表明不少用户愿意为理财师计划及相关财经内容付费,特别是具有一定购买力的中青年群体。在涉及财经相关内容的交易中,博文打赏成交数量最多。其中,微博文章是不少行业专家分享思想和观点的重要形式与渠道，网民也乐于通过打赏对作者予以认同和鼓励。2015年上半年，财经类相关博文达1.19亿条，总阅读数达到1 070.8亿次；微博文章超过220万篇，微博文章累计阅读数高达57.6亿次。另外，财经领域聚集了2 752.5万微博用户、12.6万个财经类官方账号，微博上的财经账号共有2.02亿人次的订阅用户。

在微博平台上，打赏是在自愿原则上，由用户向微博文章作者支付不等金额以对作者表示鼓励和支持的形式。通过对认证账号的行业属性进行分析，我们发现无论是打赏交易的成交量，还是打赏交易的成交额，财经、传媒等行业均是被打赏的重要对象（见图4–19）。因为对财经类文章进行打赏的人次远远高于其他领域，在微博官方的"@微博打赏"账号中，周打赏排行榜的发布往往分为财经作者榜和打赏人气榜（非财经作者）两种，财经领域打赏排行榜周冠军的打赏人数一般在千人以上，而其他领域作者周最高打赏在百人次级别。根据《2015年微博财经白皮书》的数据显示，在财经类账号的微博文章中，被打赏的文章平均每篇金额在649.67元。多次荣登榜单前列的博主"@宇辉战舰"，其微博置顶头条文章《宇辉战舰简介——协力制胜，合作共赢》，共被打赏63 120次，该篇文章中的《炒股四季歌》更是成为红极一时的热点。

2015年，不同行业认证账号被打赏成交量（TOP10）

- 财经 27.9%
- 传媒 10.2%
- 文学出版 7.9%
- 娱乐 7.2%
- 教育 4.4%
- 健康医疗 4.0%
- 人文艺术 3.9%
- 游戏/动漫 3.0%
- 体育 2.3%
- IT/互联网/电子产品 2.0%

2015年，不同行业认证账号被打赏成交额（TOP10）

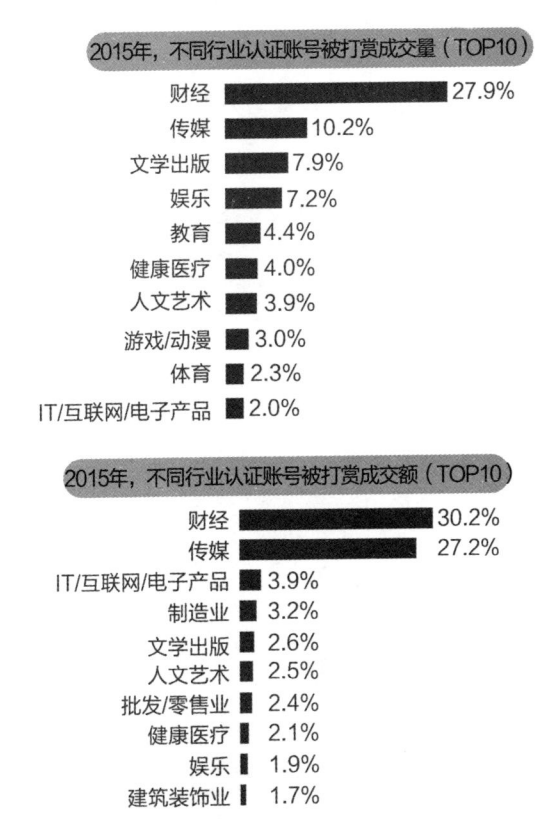

- 财经 30.2%
- 传媒 27.2%
- IT/互联网/电子产品 3.9%
- 制造业 3.2%
- 文学出版 2.6%
- 人文艺术 2.5%
- 批发/零售业 2.4%
- 健康医疗 2.1%
- 娱乐 1.9%
- 建筑装饰业 1.7%

图 4—19 微博不同行业认证账号被打赏成交量和成交额（TOP10）

除了微博文章打赏之外，在视频打赏之中，财经类博主凭借着股市直播、股评视频等原创视频，也屡次登上并问鼎微博视频打赏周排行榜。例如，在 2016 年 5 月 30 日至 6 月 5 日一周中，财经博主"@pigxxb""@宇辉战舰""@念龙"占领前三，超过人气明星"@TFBOYS-王俊凯""@华晨宇yu"以及短视频第一网红"@papi酱",同时财经类博主中还有"@狼人"一同上榜,也就是说财经类博主在这一周打赏视频榜中一共占据了四席(见图 4-20)。

图 4-20 2016 年 5 月 30 日至 6 月 5 日微博打赏视频榜

财经类作者获得收入的另一大渠道则是付费阅读。付费阅读是指作者通过收取一定的费用,向用户和粉丝推送行业资讯、市场分析等内容。2015 年,微博付费阅读逐渐成为微博用户获取重要信息的一种必备渠道。数据显示，2015年1—11月，微博付费阅读成交金额高达2 930.7万，高质量的推送信息为每位作者带来近13万元的平均收益。

粉丝导流线下成客户

对于专业领域的作者来讲，拥有一批乐于为其分享的专业内容买单的忠实粉丝，是其社交资产的重要基础。微博作为平台方，一方面通过自有资源和商业化产品将这些作者打造为垂直领域的"偶像明星"，帮他们在线上赢得声量和收入；另一方面，也在尝试帮助从垂直领域发展而来的这些"偶像"真正触及行业实体，将其影响力延伸至线下以完成深度变现。

微博将财经领域作为其他垂直领域开发的先遣军，在财经领域，微博不局限于线上的内容布局和扶植，而是试图打通线下，深入财经行业内部。目前，微博和一些传统券商机构进行战略合作，探索出了一些新的商业模式。例如"大V营业部"模式，就是让证券公司与财经领域的微博红人签约，帮他们成立线下的个人营业部，从而把他们的粉丝导流至线下营业部，向他们的粉丝推广财富管理产品等，引导粉丝进行开户和交易。在从线上到线下的过程之中，微博作为内容生产、推广、中介的平台价值得以实现。"粉丝可能在大V营业部里有交易行为，这样就会产生佣金,假如证券公司总共收取2万元佣金,有一部分是微博平台和证券公司分享的,这种收益就不是纯广告收益,而是分成收益……所以将来这种玩法会更多地复制到各个行业。在某些行业并不是通过产品来用,而是让知识经济工作者去用,这些行业非常适合使用这些玩法。"①

2015年,在微博上知名度较高的赵欢("@后知后觉股市直播")就有了"大V营业部"的实践。赵欢从2008年走出校园后,鲜有正规的证券从业经历,更多的是通过写博客、微博、微信发表自己对股票的各类看法或为投资者把脉。现在微博上追随他的粉丝已经超过158万,而他本人微博日均发稿量在5篇以上,在20多个财经博客平台上发文上万篇,累计直播2 500余天,同时他还接受了几十家媒体约稿……已然是一个"财经网红"。

2015年3月,赵欢加入财富证券,成立营业部。营业部开发客户、客户服务均通过互联网完成,所开展业务范围无任何区域限制,互联网所及之地,均可涉猎。营业部只有2人:总经理赵欢主外,运用其在互联网中的资深影响力进行营销,拓展客户;另一人重心主内,负责营业部的基础工作。行业政策、实际操作等问题都由证券公司提供团队帮助解决,赵欢最重要的工作仍

---

① 资料来源:项目组于2016年3月31日对微博营销副总裁王雅娟的访谈记录。

然是服务他的粉丝。赵欢加盟证券公司之后，还是经常去见粉丝。比如按城市计算，他会到落地粉丝多的城市开粉丝见面会，讲一些投资报告、投资理念，再通过证券公司总后台集中服务。赵欢成立营业部后仅一个月时间，其营业部开户人数便接近2 000户。

这些是基于凭借专业而优质的内容成长起来的知识个体，对微博平台而言，他们的账号及其内容所聚拢的粉丝就是价值呈现的基石。知识个体和粉丝之间的人际沟通产生的商业价值超越了传统的媒介宣传和广告营销活动带来的商业价值。"比如，我买了100万元的开机报头，也许不如我两个特别牛的资深基金经理说几句话给我带来的开户数量和转化率高，我们在很多垂直行业都会陆续发现这些现象。所以对于很多垂直行业，我们会基于拥有优质客户的账号跟其开展内部商业合作，不是让他们单纯地买几个开机报头，在媒介上买一个资源，或者赞助一个台网活动，而是基于他本身。因为在微博中，他一定要拥有真正核心的东西，也就是内容。生产内容的一定是账号，只有账号才能生产内容，所以这一切都是建立在账号的基础之上的。"[1]而微博作为放大知识个体价值的平台方，将给各行各业带来新的变化，甚至在某种程度上成为各行业重塑格局的

---

[1] 资料来源：项目组于2016年4月6日对微博垂直商业化运营部陈振华的访谈记录。

角色。由此，微博平台自身在各个专业领域也在扮演越来越重要的角色。

电影：娱乐商品的热议热卖

由于微博平台的年轻化和娱乐化，电影是微博较早发展的垂直领域之一，可以说微博已成为电影全行业之中不可或缺的重要角色。其中一个重要表现是，大多数即将上映的电影都在微博上开通官方账号，主动创造和分享内容，利用官微进行宣传、互动、售票等。据《2015年微博电影营销白皮书》数据显示，影片官方账号的开通数量呈现出逐年稳步增长的态势，2015年共有268部电影开通官方微博，占比达到同期院线上映电影的80%。

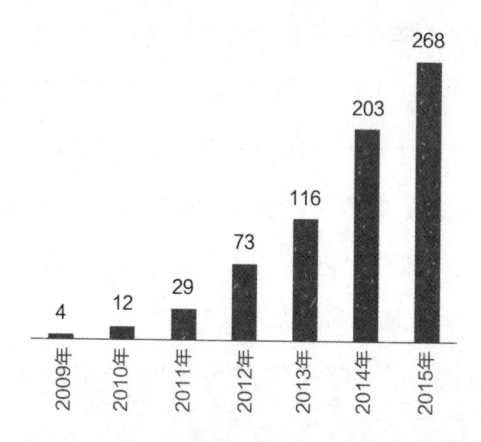

年份	数量
2009年	4
2010年	12
2011年	29
2012年	73
2013年	116
2014年	203
2015年	268

图4-21　近7年上映电影开通官方微博账号数量变化

第四章 内容价值的商业化：大众化与圈层化

社交场景中的预售

电影《分手大师》在微博上进行社会化营销的成绩突出。《分手大师》第一轮在微博上推广售票时采用低价抢票的方式，以18.99元的较低单价，在18小时内售出12 000张票；第二轮，上映两周后破6亿，为回馈影迷，在微博上推出7.17元低价票，"@邓超""@杨幂"也在微博上鼓励大家抢购（见图4-22），直接引发《分手大师》在微博上的又一轮高潮，直面《小时代3》《变形金刚》等暑期档的激烈竞争，8小时抢下6 000张预售影票，火热的微博二次销售场面显示该片票房后劲十足。

图4-22 "@杨幂"在微博上呼吁粉丝购票

从2014年起，微博和淘宝电影展开预售合作。2015年6月，《小时代4》通过微博联合淘宝电影的平台做过一轮超前预售，第一分钟即售1.1万张电影票，伴随着这样火热的开场，《小时代4》最终在微博平台上创造了两天45万张影票的预售纪录。

电影票在网络上的超前预售情况反映了观众对影片的期待值，对于电影院线来说，这是影响首周排片量的重要依据之一。"对于片方来说，很在乎两件事情：第一，预售好不好。因为预售会影响第一周的排片。第二，首周票房。因为关于首周票房他们能做很多文章，同样，首周票房也会对第二周、第三周及以后的排片产生非常大的影响。"[①] 对国内电影市场来说，电影的排片量将直接与票房的收益挂钩，所以当下各大网络在线售票平台与片方和院线相配合，推出影票超前预售活动。

在微博上，所有影片都可以发挥自己的营销创意，以便进入"认知培养—口碑引导—票房转化"三位一体的电影营销生态圈。微博平台上的在线选座购票打通了信息流、话题、明星主页、电影频道等多个入口，从多个层面融合了品牌传播、产品销售、生活方式等，其产生的价值和影响已经超越了营销的范畴。

在微博电影的购票机制下，不用打开其他APP，就可以直

[①] 资料来源：项目组于2016年4月6日对微博垂直商业化运营部陈振华的访谈记录。

接在微博上选座买票。微博在多个社交场景下设置了电影票入口：第一，用户可以通过微博APP的发现页，进入电影频道，选购所有在映影片的电影票（见图4–23a）。第二，微博首屏的主信息流，会根据博文内容智能生成售票卡片（见图4–23b）。用户在了解电影资讯的同时，可以直接购票。第三，话题是电影营销的主场，微博电影利用平台热点聚合的强大资源，在微博话题的互动讨论页上，用户在参与讨论的过程中可以进行购票（见图4–24a）。第四，明星是微博的另一大资源优势，在与热映电影相关的明星个人主页上，也可以方便地找到购票入口（见图4–24b）。

a　　　　　　　　b

图4–23　发现页电影频道与主信息流售票卡片

a　　　　　　　　　　　　b

图 4-24　话题讨论页与明星个人主页

　　在微博这一数字生活空间中，微博和淘宝电影的结盟几乎覆盖了用户对电影娱乐需求的整个闭环，这再一次印证了我们关于微博的日常生活化拥有巨大价值的判断。在微博上，电影片方通常会开通官方微博，在微博上发布映前信息，发展"潜客"，孵化热点话题，培养映后口碑。而微博推出的选座购票服务则可以将这些营销行为直接转化为销售行为。不同于其他单纯的电影兴趣社区或在线售票平台，微博同时兼具电影社区和在线售票平台两种角色，且两者对接紧密。

　　过亿的活跃用户和强大的明星阵容，是微博最突出的优势。明星们会进一步助推电影相关内容的传播，并在粉丝群体中快速实现票房的转化。总体来说，微博缩短了电影推广路径，让粉丝

第四章　内容价值的商业化：大众化与圈层化

的能量更直接有效地转化为票房力量。

社交表现影响票房

根据多份微博电影月报统计数据显示，电影微博热议度（影片上映前30天与上映档期中影片在微博的提及量）、热搜度（影片上映前30天与上映档期中影片在微博的搜索量）和票房关联度较高（见图4-25、图4-26和图4-27）。这显示出微博作为电影营销平台强大而独特的社交优势，影片在微博上的社交表现是票房收益高低的重要风向标。因此，不少院线将影片在微博上的热门程度作为电影档期安排的依据之一，进而形成档期"倒挂"微博热门程度并进一步引发票房"倒挂"微博热门程度的现象。

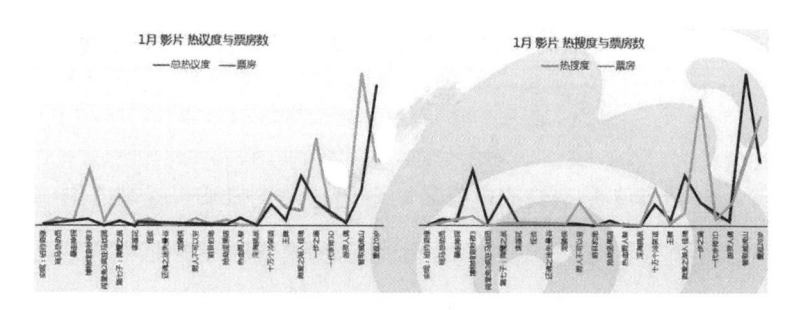

图4-25　2015年1月微博热议度、热搜度与影片票房对应关系

资料来源：微博数据中心

图 4-26 2015 年 3 月微博热议度、热搜度与影片票房对应关系

资料来源：微博数据中心

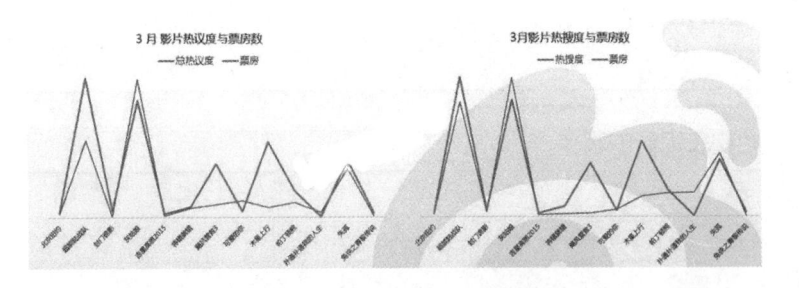

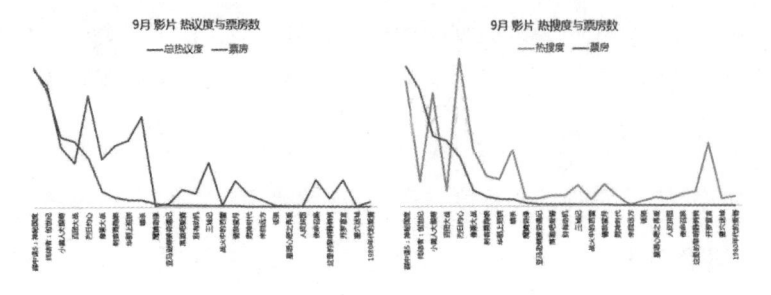

图 4-27 2015 年 9 月微博热议度、热搜度与影片票房对应关系

资料来源：微博数据中心

2015年7月上映的电影《西游记之大圣归来》就是"用口碑倒逼排片"的一个例子。该影片在竞争激烈的暑期档中"先天不足"——缺乏明星和话题宣传噱头，严重导致首日排片不足10%。然而由于影片质量上乘，微博等社交平台涌现出大批"自来水"（意为"自发为电影宣传的水军"），普通用户、影评达人和电影意见领袖纷纷发声支持，呼吁影院增加该电影的排片量和排片占比。随后便出现了该片排片率持续上涨的现象，至2015年7月15日，该片的排片达到了24.2%，在当天的票房更是占了当日所有电影票房的51.8%，电影市场难得出现了以口碑"倒逼"排片甚至票房的现象。

《西游记之大圣归来》的出品人路伟介绍："从网络营销到网络发行的联动给我们带来了二次口碑传播，电影上映一周内口碑传到了微博，同时也传到了QQ空间和百度贴吧。然后在不到一周的时间，微信朋友圈也开始刷屏，这时候就逐渐呈现出一种'全民路人粉'的局面。这种'粉丝'效应直接助推了排片比率和票房的上升。虽然同期有其他粉丝强片，但三天之后，我们的各项数据就慢慢超过了它们。也就是说，一部好片子在互联网下是能被发现的。这是一个好时代，如果没有移动互联网，在传统环境下，这部片子绝对不可能有今天这个成绩。"[①]

在众多社交网络平台之中，微博在《西游记之大圣归来》的宣传营销中作用突出。《西游记之大圣归来》从一部名不见经传的影片到微博热门话题，与微博上明星、大V以及意见领袖的支持密不可分，他们在观影后对影片给出了非常高的评价（见图4-28），从而形成舆论场。随后大量普通用户不断地被卷入，自然

---

① 《大圣归来》成功源于我的3个关键决策（出品人谈秘诀），http:// fanyanzhijian.baijia.baidu.com/article/132973 05-14。

而然地形成了热门话题,常居于微博热门话题榜首(见图4–29)。

图4–28 微博KOL对电影《西游记之大圣归来》的推荐

图4–29 "#西游记之大圣归来#"登顶微博热门话题榜首

《西游记之大圣归来》的官方微博账号"@西游记之大圣归来"在7月10日影片上映后,大量转发来自其他账号关于本片的评价，其转发的内容被再次转发和评论的数量可观。这些被官方微博转发的账号虽然也包括认证用户，但更多的是普通用户。官方微博对普通用户创作内容的转发，使得微博上普通用户的传播积极性更加高涨，引发了更多普通用户参与电影的讨论和周边内容的生产，形成了良性循环。通过这种方式，官方微博在一定程度上为分散的"自来水"之间搭建了传播桥梁，形成了更加广泛的多级交叉传播和舆论声势（见图4–30）。同时，这部电影的"自来水"还自建了许多微博账号来帮助电影进行传播，如微博上"@水帘洞大圣自来水公司"这个账号，该账号聚拢影片粉丝，成立民间粉丝团平台，分享同人作品、脑洞创意、手绘作品等，组织转赠票或地方粉丝包场行动。至2016年3月12日，虽然距电影上映时间已经一年有余，当初为了推广《西游记之大圣归来》这部电影的自来水账号依旧活跃（见图4–31）。

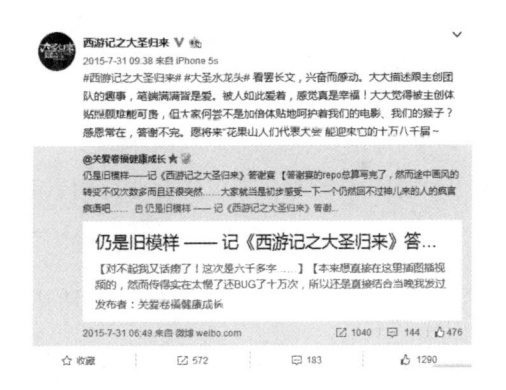

图4–30 "@西游记之大圣归来"官方微博转发"自来水"的相关文章

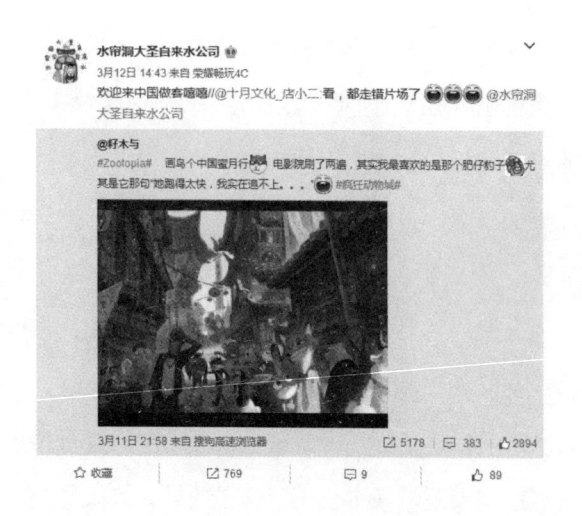

图 4-31 "@水帘洞大圣自来水公司"一直坚持更新微博，活跃在微博上

《西游记之大圣归来》于 2015 年 9 月 9 日正式下档，上映 62 天劲收 9.56 亿元票房，成为内地影史上票房最高的动画电影。这部电影最后取得这样的成功与其在微博上的传播是分不开的。

社交属性联合媒体属性

微博依托庞大的用户规模，在电影行业机构、电影从业者与普通观众之间，构建起相互连通的社交生态，成为电影行业的重要角色。微博联合新浪娱乐资源，将具传统优势的门户频道的媒体属性融入自身的社交属性，从电影产业链的各个环节进行渗透（见图 4-32）。比如，在投资期，以投资方身份与片方联合出品，参与影片票房分成。

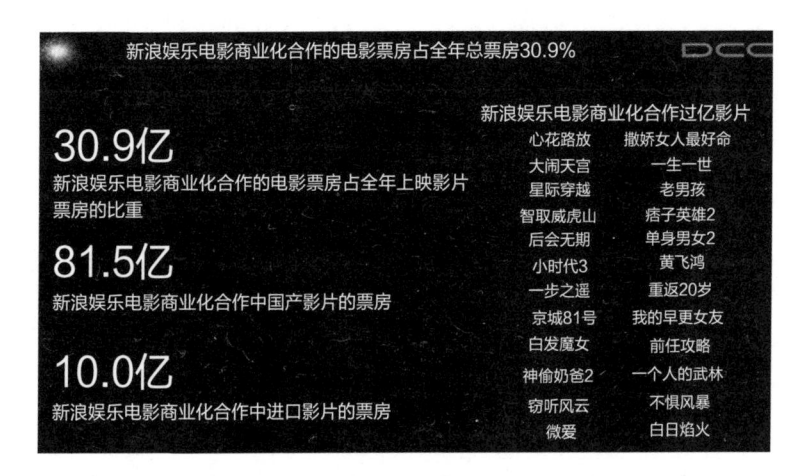

```
新浪娱乐电影商业化合作的电影票房占全年总票房30.9%

30.9亿                         新浪娱乐电影商业化合作过亿影片
新浪娱乐电影商业化合作的电影票房占全年上映影片
票房的比重               心花路放      撒娇女人最好命
                         大闹天宫      一生一世
81.5亿                   星际穿越      老男孩
                         智取威虎山    痞子英雄2
新浪娱乐电影商业化合作中国产影片的票房     后会无期      单身男女2
                         小时代3       黄飞鸿
                         一步之遥      重返20岁
10.0亿                   京城81号      我的早更女友
新浪娱乐电影商业化合作中进口影片的票房     白发魔女      前任攻略
                         神偷奶爸2     一个人的武林
                         窃听风云      不惧风暴
                         微爱          白日焰火
```

图 4-32　新浪娱乐与电影的商业化合作

在电影拍摄期间，微博会以媒体身份，或以直播、话题等社交手段，做关于电影的探班、路透（快讯）等。在上映前期，微博会全方面展开发布会直播和报道、明星微访谈等互动、宣传内容策划和执行等环节。其中，片方和微博除了商业合作之外，也会进行"资源置换"——用购票优惠、明星权益等换取微博的商业化产品或广告位置。例如，影片主创进行微访谈，即电影片方与新浪娱乐和微博建立合作，邀请嘉宾进行访谈（见图 4-33）。微访谈的问题来自微博用户，并且由访谈嘉宾直接利用个人微博账号进行回答。微访谈放大了明星主创的粉丝效应，便于进行全网互动。访谈过程中的所有提问和回答都会带电影的主话题，用户在参与微访谈的过程中会对电影进行自主传播,给电影带来二度曝光。微博集中的明星资源、庞大的用户数量和通过传统门户建立起的媒体属性,使得它与其他电影相关兴趣平台相比具有独特优势。

图 4–33 电影《分手大师》微访谈页面

在完成上述购票过程之后,微博通过点评和打榜等手段继续扩大影片的传播效果。微博在业界形成了较为完善的电影评论生态,电影业内人士、影评专家和普通用户都能够发表见解,甚至形成对话,如影评人"@鹦鹉史航"经常转发微博上普通网友的电影评论,或表示赞同,或与其争论。《恶棍天使》的导演"@邓超"也在影片遭遇如潮恶评之后,在短时间内疯狂转发78条普通用户的好评并写出统一的"碗得服",以示民意,在微博上又一次引起关于影片的热议。"@毒舌电影""@桃桃淘电影""@影评老大爷暗夜骑士""@暴走看啥片"等电影大 V 拥有数十万甚至上百万粉丝,他们的评论对于大众的观影意向有着很大影响,也引领着影片在微博上的整体舆论风向。

微博电影点评团则更多地鼓励普通用户对影片进行打分和点评。《2015 年微博电影营销白皮书》显示,2015 年微博电影全年打分及点评数量达到 31 071 607 次。"每天用微博电影点评产品的大概有 50 万人次。微博点评团的成员有三四万人。"① 相比于其他专注于电影的垂直兴趣社区,微博平台的公共性更强:一方面,不仅有电影爱好者的影评,也有普通用户的偶发性影评,包罗了不同人群的观影感受;另一方面,微博上对电影的点评不仅限于电影本身,更将电影中的话题延伸至社会各方面,让所有人都能从各自的角度参与电影讨论,将在映影片上升为社会性、全民性的事件和话题,甚至打造出诸如《小时代》《后会无期》这样的"现象级电影"。

音乐:红海行业的社交突围

出于通过互联网获取音乐内容的难度和成本的直线降低以及

---

① 资料来源:项目组于 2016 年 4 月 6 日对微博垂直商业化运营部陈振华的访谈记录。

版权保护不足等原因,国内音乐公司和独立音乐人的收益越来越低。"客观点说,整个音乐市场很少有哪家公司是赚钱的,包括腾讯QQ音乐也不赚钱,甚至包括现在那些APP,基本上都不赚钱。"[1]国内各音乐平台在版权方市场激烈竞争,投入大量的资金购置音乐版权,然而国内听众的付费习惯仍有较大的培养空间,C端收入十分有限。传统上,音乐人获得回报的方式通常有两种:第一,扩大知名度,通过商演或广告代言获利;第二,直接对粉丝销售唱片和周边商品。总的来看,可供营销的空间并不大,但在微博平台上,各种超越营销的玩法正在不断被尝试和应用推广。对于音乐领域的尝试,微博沿袭的依然是自己在垂直运营领域的总体思路。

粉丝自由付费

微博推出的付费下载模式,借助独有的社交关系,让歌迷能够直接通过微博对音乐人付费。随着微博营销闭环的逐步完成,付费下载音乐等在线交易已可以在微博上便捷地进行。点击进入微博付费下载页面,除了原本下载所需支付的底价外,购买者还可根据自己的意愿加价购买。这种自由出价机制,能够让有

---

[1] 资料来源:项目组于2016年4月6日对微博垂直商业化运营部陈振华的访谈记录。

经济实力的粉丝，通过加价来表达对自己喜欢的音乐人的作品的肯定。

据微博提供的数据显示，虽然大部分歌曲的底价设定为2元，但用户平均出价已经达到7.5元。如张杰的单曲《很奇怪我爱你》已有5.1万人下载，其中，有一位用户通过自由加价，为这首歌支付了2万元天价费用。据业内人士测算，像张杰、吴亦凡、华晨宇这些人气偶像，通过微博销售数字单曲获得的收益，已经不亚于一张完整的实体唱片所带来的收益。

2014年8月27日，张杰在微博上进行了预售，放出一段26秒的精华片段。预售仅200分钟，就有1.3万人对新歌进行了预订，交易总额突破10万元。这是8月以来，继华晨宇、张阳阳之后又一位在微博上实行新歌付费下载的歌手。据了解，此前华晨宇在微博上首发新单曲Why Nobody Fights，5小时内就产生了2.3万笔交易，交易总额达到10.5万元，创下了当时在微博上发售的歌曲销量的最高纪录。8月19日，另一位快男选手张阳阳也在微博上首发了最新单曲《回家路上》，24小时的收入超过15万元。

目前共有6 000多名音乐人开通了微博音乐服务。除了张杰、华晨宇和张阳阳外，王力宏、孙子涵、阿鲲、杨炅翰等歌手也都使用了该功能。明星通过微博发歌，将传说中的"粉丝经济"变成了看得见、摸得着的真金白银，同时利用微博为自己的新歌打造热门话题以提升知名度，更在很大程度上推广了版权意识。这种做法在如今音乐市场不景气的大背景下，不失为一个妙招。

除了这些大众熟知的明星之外，还有一些独立音乐人尝试在微博上发布自己创作的音乐，也获得了粉丝的付费打榜支持。

音乐跨界营销

近年来，电影片方越来越重视主题曲与电影的联动。韩寒通过自己的微博发布了朴树主唱的《后会无期》主题曲《平凡之路》，使80后集体刷屏。《匆匆那年》的导演张一白在微博首发了王菲演唱的主题曲，经过王菲转发之后，第二天在微博的电影预售销量就突破了10万张，刷新了国内社交平台预售纪录。

吴亦凡、鹿晗2015年年初在微博首发的新歌《有一个地方》《我们的明天》，也分别是两部贺岁档影片的主题曲。这两首歌的试听量都在一小时内突破了100万次，从而引发了两派粉丝的激烈讨论，从歌曲本身的比较，延伸到了对影片上映的期待。通过微博首发主题曲，已经逐渐成为电影微博营销的"规定动作"。

同时，微博音乐致力于覆盖音乐传播的后续环节。微博把线上的玩法带进线下的演唱会和音乐节，并且通过其他合作媒体持续输出影响力，从而帮更多的音乐人获得知名度和现金回报。

作为伊利优酸乳的品牌代言人，周杰伦在岁末年初的两大事件"发新歌与结婚"受到无数粉丝关注，伊利希望借势进行微博活动，利用微音乐营销，全面转化明星的粉丝资产。"这个点不是微博帮他们创造的，而是因为周杰伦写了一首叫作《手写的从前》的歌，而这首歌是优酸乳的一首代言歌曲，微博平台做的其实是发酵，更多的是把这个事件放大。"①这一活动的过程已经在第二章做了介绍，此处不再赘述。

周杰伦这首《手写的从前》的首发播放量为120万，微博转发分享达到34万，用户参与活动超过44万人次，活动网站访问量超过500万，更在新歌排行榜上连续三天占据榜首位置。

小众创作者大众化

近年来，独立音乐正在成为主流乐坛的新潮流。2013年，微博发布全新音乐产品"微博音乐人"，致力于挖掘、推广微博中的优秀原创音乐人和音乐作品。"微博音乐人"将自己的目标定位在两个方面：一是提高微博的传播效率；二是促进音乐爱好者之间的趣缘，做音乐社交。

引入"微博音乐人"的用户均会通过认证，成为认证用户，

---

① 资料来源：项目组于2016年4月6日对微博垂直商业化运营部陈振华的访谈记录。

他们可以在微博中展示作品、上传个人作品进入微博音乐库。目前，在近2 000多个音乐人中，拥有千万级粉丝的有16个，百万级粉丝的有100多个。微博音乐人打通了歌曲在微博内的传播、分发、付费下载等环节，让音乐人直接触达粉丝，形成了一个"完整的生意"。

2014年，独立音乐界的现象级歌曲，当属庞麦郎的《我的滑板鞋》。从微博的数据可以看到，这首歌是全年讨论量最高的新人新作，其中仅"摩擦摩擦"四字，提及量就已经达到了3 700多万，是全年被引用次数最多的歌词。

《我的滑板鞋》这首歌最初由独立音乐人庞麦郎自行上传到虾米音乐人平台，当时并未引起大众关注，只是被网友通过视频恶搞的方式，在动漫社区小范围流传。虾米敏锐地捕捉到这一趋势，在2014年6月底，通过独家专访正式将庞麦郎推到前台，同时在微博上进行推广。歌曲蕴含的独特趣味引起了网友的疯狂转发，其中不乏曲婉婷、任泉等名人的推波助澜。10月底，TFBOYS的一段即兴翻唱视频在微博流传，引发了传统媒体的追随，《奔跑吧兄弟》《天天向上》等热播综艺节目纷纷用自己的方式展现了"魔鬼的步伐"。

之后，虾米音乐人通过"寻光计划"为《我的滑板鞋》拍摄了MV，草根的歌词与高大上的视觉效果构成了强烈反差，在微博掀起了第二波转发热潮，也让庞麦郎的形象更加深入人心。与此同时，数家国际知名运动品牌在微博上也通过软性植入的方式，让自己的产品与庞麦郎和《我的滑板鞋》挂钩关联。

独立音乐人和其他优秀的内容原创者面临的最大问题，不是内容创作本身，而是怎样跳出小圈子，让大众通过专业内容肯定其价值，进而实现自身的社会价值和商业价值。虾米音乐人与微博音乐人双平台的联合营销，为解决新人新作从小众走向大众的"冷启动"提供了机会：音乐人先在虾米的专业音乐社区里孵化，待时机成熟，再通过微博制造热点事件，引发全网追随，最终达到线上线下全面覆盖。专业领域进入公共视野的路径与前文所述的B站热点进入主流文化其实是一个思路。

医疗：社会价值与经济价值的释放

早在2014年，微博就开始着手扶植医疗健康行业中的中小V账号，通过实名认证和推荐的形式助力医疗账号的发展，构建医疗账号生态圈。与其他垂直领域不同的是，由于医疗事关老百姓的生命健康，因此相关内容及其生产者的专业性和可信度变得非常重要。在微博平台没有对这方面的内容进行规范管理之前，健康保健、疾病诊治等信息就已经在微博上广泛传播，但是彼时的医疗信息往往鱼龙混杂、良莠不齐。之后微博平台对医疗账号这一块进行了规范管理，对正规的医疗账号进行认证的同时，还对非正规的医疗账号进行无证标记，这种做法确保了医疗账号的真实性。对于通过实名或者机构认证的微博账号，微博平台方还为它们提供了成长扶持的服务，通过账号推荐、内容推荐等形式，帮助医疗领域的专业信息获得广泛传播和曝光。这些优质的内容通过用户转发、微博推荐等形式，会在短时间内得到极大的传播和曝光，这不仅帮助用户解决了医疗健康方面的疑问，也为医疗账号积攒了口碑和粉丝。通过平台方在2014—2015年的扶持，一大批医疗中小V账号已经在微博上崛起。

除了微博方面提供的扶持计划，和其他垂直类账号类似，专业性内容的输出是医疗健康类账号的核心竞争力。无论是普及医疗知识，还是解答医疗求助，抑或针对医患事件发表专业性的评析，都有可能使生产这些内容的医疗工作者成为医疗界的"网红"。优质的内容可以积累用户对这些医疗领域账号的信任，成为他们的粉丝，转发他们生产出来的内容，让他们被更多的人了解和知道。

微博医疗的社会价值：医患沟通的平台

医疗健康信息是微博信息中重要的一类，医疗咨询、医患沟通、医疗知识普及是网上医疗信息的主题。在微博上，与医疗服务有关的认证账号超过3万个，其中如图4–34所示，个人认证账号占 62.1%，其中不乏像"@急诊科女超人于莺""@和睦家药师冀连梅"等医生大 V 账号；企业机构账号占 37.9%，包括"@健康时报""@中国中医药报""@康泰克先生"等知名医疗媒体和企业大号。个人认证账号和企业机构账号，覆盖人群超过 1.5 亿人次。①

个人认证账号覆盖粉丝
9 178.2万

企业机构账号覆盖粉丝
6 760.2万

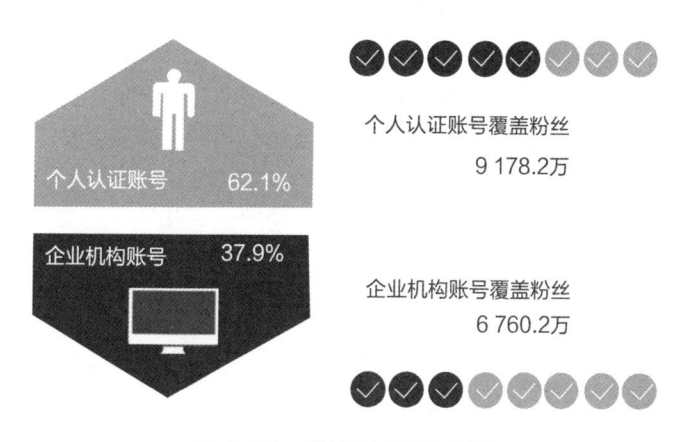

图 4-34 微博医疗账号数据

微博已经成为医患沟通和医生群体自我表达的重要平台。在微博上，认证医疗领域用户每日平均发博高达 10 万条，医疗相关博文日均阅读量约为 6 亿次，包括转、评、赞在内的日均互动数达 236 万。医疗类的微访谈活动也是医生与患者、普通用户之间的重要沟通形式，微访谈邀请医生为用户解答与疾病、健康相关的问题。截至 2015 年 9 月，微博上已经举办了医疗相关

---

① 资料来源：《2015 年微博消费者白皮书》。

微访谈约350场。①

在以往的医患事件中，医生群体苦于没有可以发声的渠道，而微博"解决了医患对话、医生和媒体对话的问题。以前医患问题永远是一个痛，而且一面倒，医生永远没有话语权，只有媒体有话语权。但是在这两年发生的很多恶劣的医疗事故当中，医生开始用专业理性的声音出来说话，在微博上他们找到了一个可以和媒体平等对话、理性对话的平台。在这个过程当中，我们会发现媒体和医生之间开始彼此包容并理性对话。然后这种方式，又让更多的医生相信自己在这个平台上说话是有分量的，从而带动更多的医生来这个平台发声"。②

2014年的湖南湘潭产妇死亡事件是一则典型的医患矛盾事件。不良媒体耸人听闻的报道、缺乏理性的产妇家属、沉默的院方、妥协的地方政府和医患之间的不信任，成为助推这次医患事件进入大众视野的因素。笔者梳理了这则事件从2014年8月11日到8月20日的舆情表现，具体如下。

2014年8月11日10时26分，微博网友"@小懒虫太阳晒屁股啦"首先发表微博（见图4–35）曝光湘潭产妇死亡事件，但是这条微博并没有引发网友的大量围观和舆论热议。8月12日

---

① 资料来源：微博运营部运营副总经理陈福云的演讲PPT。

② 资料来源：项目组于2016年6月1日项目组对微博运营副总经理董文俊的访谈记录。

第四章 内容价值的商业化：大众化与圈层化

下午 4 时 15 分，《华声在线》首先报道了该事件，报道题为《产妇惨死手术台，医生护士跑路，医院称已尽全力》。当天晚上，《新京报》就此事件发出微博（见图 4-36），更换标题为《产妇死在手术台，医生护士全失踪》，微博内容是："湖南一产妇在湘潭县妇幼保健院做完剖腹产手术后，被院方数次通知家属情况危急。丈夫等待至无人回应后冲入手术室。却看到妻子赤裸躺在手术台，满口鲜血，眼含泪水没了呼吸，而本应该在抢救的医生护士，却全体失踪了。"这篇微博极具感染力和暗示性，在微博上立刻引起关注，经过"@环球时报""@21 世纪网""@财经网"，"@新快报"等多家媒体的转载，一时间舆论的关注点集中于对医院的声讨和对产妇家属的同情。

图 4-35　曝光该事件的首条微博

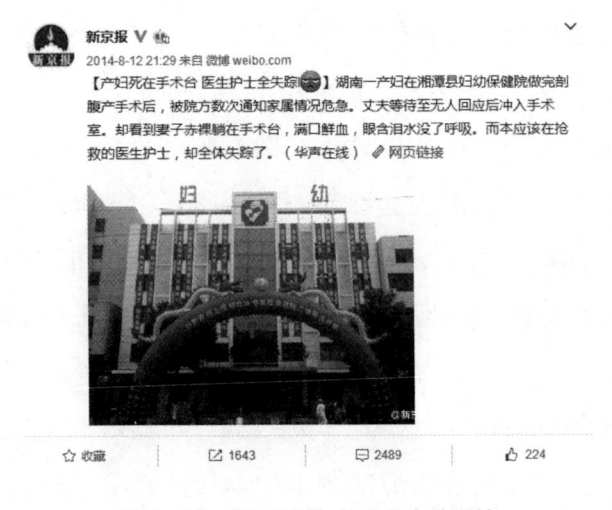

图 4-36 《新京报》关于此事的微博

8月13日14时左右,中国湘潭县官方微博通报产妇死亡事件。15时40分,人民网《求真》栏目首发对湖南湘潭有关部门的求证采访,确认"医生、护士全体失踪非实情",成为事件重要拐点。16时许,湘潭县卫生局副局长齐先强就媒体报道做出回应,否认医护人员全体失踪,称"抢救已完成,只是在休息室"。

8月14日,舆论转向,在铺天盖地地指责医院"草菅人命"之后,媒体回归理性,对之前的新闻报道进行反思。15时左右,新浪开通认证名为"张宇父亲"的微博,表示将会把整件事情的经过罗列出来,"求一个真相"。23时41分,该微博发布了一篇长文,从家属的立场讲述事情的来龙去脉,并再次对院方的诸多做法提出质疑。

8月15日上午11时19分,微博账号"@张宇父亲"再次贴出自称"死者张宇的堂兄张铁强"的一篇文章(见图4-37),口气大变,除澄清产妇并非"赤身裸体躺在手术台上"外,还承认"由于情绪的波动,我们确实存在冲击医院、打砸玻璃等过激行为",对于冲入手术室没有看到医生、护士,"现在回想起来也能够理解他们"。17时18分,湘潭县卫生局官方微博发布最新进展:8月14日20时左右,经医疗纠纷技术鉴定组与死者家属沟通协商,死者家属同意进行尸体解剖,并履行了法定手续。

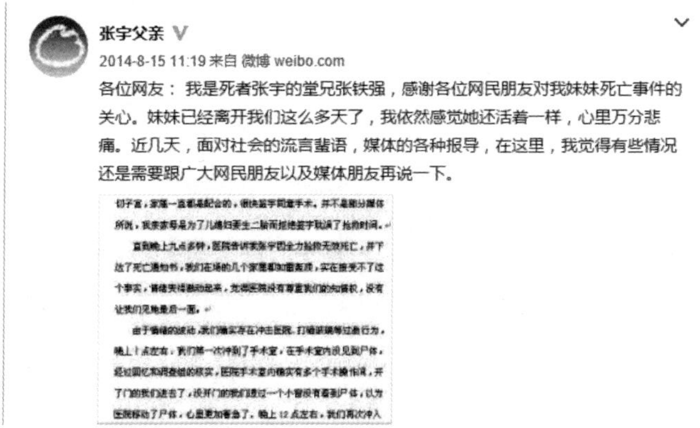

图4-37 "@张宇父亲"8月15日微博

8月16日,湘潭县卫生局负责人表态称,从整个医疗程序来讲,院方应该尽到了责任。

8月20日,针对网友质疑湘潭产妇死亡的尸检结果未能如期公布，湘潭县妇幼保健院副院长杨剑回应称，公布尸检结果仍需10天左右时间。政府部门会依法依规来处理此事，一切都要依据尸检结果来定，在结果出来前，不会同死者家属谈判赔偿问题。①

在整个湖南湘潭产妇死亡事件中，微博扮演的角色是一个公共的讨论平台。在这个平台上，多方观点得以表达和讨论，事件的真相最终得以还原：事件首先在微博上经网友曝出；多家媒体持续报道，引发关注，不断还原事实真相；产妇家属开通微博，说明事件经过；当地卫生局持续发博通报事件进展；"@王志安""@评论员李铁""@烧伤超人阿宝"等微博大V关注、转发并评论该事件；微博网友关注并讨论该事件，微博话题"#产妇丧命医护失踪#"达到9 857.6万次阅读量，有26.2万讨论量。

微博是医患事件公开讨论的平台，在微博上，不仅媒体账号可以发声，医疗工作者、病人家属、相关部门都可以参与到医患话题的讨论中。以往人们对医患事件的了解通常受限于传统媒体和新闻网站的报道——医生群体通常被刻画成不负责任、态度强硬的形象，而患者家属总是受害无处申诉的一方。但是，由于微博等平台的出现，我们更多地看到这些医患事件在获得社会关注

---

① 事件梳理自：湖南湘潭产妇死亡事件舆情分析，湖南湘潭产妇死亡事件舆情动态解析：谁在说真话，湖南湘潭产妇死亡事件舆情发展脉络，羊水栓塞引发的舆情风波。

之后的剧情反转。在医患事件的传播和讨论中，医生、护士、患者家属、司法人员、行政人员、媒体人员等事件相关人员不断提供更为专业的信息。在通过这些专业人士的互相讨论和理性考据之后，事件的真相越辩越明。与此同时，在多起"骇人听闻"的医疗事件报道得到澄清、相关医疗知识得到普及之后，微博用户的媒介素养也在不断提升，他们会辨别事实、寻求专业解读和权威观点等。经过几次具有社会影响力的医患事件教育之后，社会各界对于医患事件的认识和处理更为理智。微博平台的社会价值也得到了体现。在此过程中，微博对于谣言和不实报道的自我净化机制得以显现。

微博医疗的经济价值：助力知识个体的变现

微博上的医疗账号主要有两种变现方式：一是通过社交网络积累社交资产，构建个人品牌；二是利用专业知识生产优质内容，通过内容货币化进行变现。"医生在微博平台上有两种变现方式：一种方式是当他的社交资产积累到一定程度的时候，他就会变成一个所谓的互联网名医，而名医则会带来线下的导医，尤其是很多私立医院的医生特别热衷在微博上做这样的工作，因为这样有利于他们将微博上的粉丝直接转化为线下实实在在的消费者。另一种方式就是医生本身所具有的专业知识的变现——通过用户对其生产的付费内容的订阅、对微博文章的打赏,以及线下媒体的有偿约稿。"①

"互联网名医"也就是微博上的医疗加V账号,拥有足够的粉丝数量、较高的粉丝信任度和较强的微博影响力。"@崔玉涛"是中国著名的儿科专家,在微博上拥有520多万粉丝(见图4-38)。早在2000年,他就开始了儿童健康宣教,他撰写的科普文章、翻译和出版的育儿书籍、举办的讲座受到已身为父母的读者的广泛欢迎。2009年微博刚上线,他就开始在微博平台上进行儿童健康宣教。在微博上,"#崔玉涛谈护理#""#崔玉涛谈喂养#"等热门话题的阅读量均上亿(见图4-39)。与写书、办讲座相比,微博庞大的用户群体和公开性,为崔玉涛提供了更为广泛的传播,同时在一次次的微博互动之后,更加巩固了他专业可信的医生形象。

图4-38 "@崔玉涛"微博主页

---

① 资料来源:项目组于2016年6月1日对微博运营副总经理董文俊的访谈记录。

图4-39 "#崔玉涛谈护理#"话题详情页

微博既是崔玉涛为父母们解答儿童病症的渠道,也是他塑造专业可信的个人品牌形象的重要平台。2014年,他作为合伙人参与创立了"崔玉涛儿童健康管理中心有限公司",随后获得弘晖资本500万美元投资。2015年5月推出育学园APP,2016年获得双湖投资和弘晖资本共同出资的1 000万美元的投资。崔玉涛于2016年7月26日发微博称,他将于2016年9月从和睦家医院离职,专心筹备"崔玉涛育学园儿科诊所"(见图4-40和图4-41)。

图4-40 崔玉涛2016年7月26日的微博

图4-41 "@崔玉涛"微博首页上对"育学园"的推荐

微博上的垂直大V往往是垂直行业内的意见领袖，高效高质的内容产出是成为大V的基本条件之一。内容变现是知识个体社交变现的一种思路，沿用这种思路，微博开发了付费阅读（见图4-42和图4-43）和文章打赏，并且已经全面对认证账号开放，基于微博用户对微博大V的信任和赏识，通过付费、自愿打赏的方式阅读内容。据统计，2015年1月到11月，微博实现长微博打赏总计4 454.1万，参与打赏的用户超过50万，被打赏用户达到20万。健康医疗行业认证账号被打赏成交量占全部行业成交量的4.0%，其被打赏成交额占全部行业成交额的2.1%。而撰写专业书籍依旧是知识变现的一种经典思路。与以往不同的是，微博不仅是书籍展示、推广购买的平台，还为拥有写作才华的专业医生提供了发表自己文章的平台，给予他们将自己的学识展现在大众甚至是专业出版人面前的机会。"@烧伤超人阿宝"曾经在微博上发表了几篇以现代医学观点解读历史人物的文章，这些文章深受读者欢迎。后来有出版社发现了这一点，邀约将这些文章集合成书，也就有了《八卦医学史：不生病，历史也会不一样》这本书（见图4-44）。

图4-42 "@范志红"付费阅读文章

图4-43 "@妇产科医生王玉玲"付费阅读文章

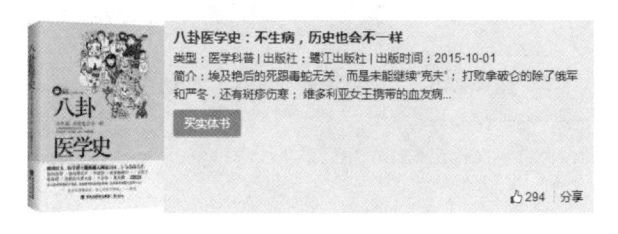

图4-44 《八卦医学史：不生病，历史也会不一样》

值得一提的是，2014年微博推出健康医疗咨询应用爱问医生（见图4-45）。这款应用在官方介绍里表明其产品诉求是"让医生的微博具备媒体账号和服务账号的双重属性，以公益或有偿回答的方式，专业、贴心、及时地解答网友的各种疾患及健康问题"。[①]微博垂直商业化运营部陈振华表示："爱问医生是一个垂直的业务方，是微博联合第三方公司基于整个医疗行业做的一些规划。"[②]微博与爱问医生扮演的是两种不同的角色，微博主要是给医生群体提供进行医疗科普和塑造影响力的平台；而爱问医生则主要针对三甲医院的认证医生进行精细化的运营，为医生提供个人的营销平台、服务平台和医患关系管理平台，着力提升医生个人的品牌价值。

图4-45 "@新浪爱问医生"微博主页

---

① 新浪微博悄然推出爱问医生，被泼冷水. http://www.vccoo.com/v/39cff8. 06-25.

② 资料来源：项目组于2016年4月6日对微博垂直商业化运营部陈振华的访谈记录。

从目前的运营来看，微博上认证医生大多都开通了爱问医生服务，"@妇产科医生王玉玲"等医疗大号的微博小尾巴明显标注了爱问医生（见图4-46和图4-47）。2015年年初，阿里健康与爱问医生联姻发展，爱问医生向阿里健康导入医生资源，尝试通过增加补贴优惠和推广资源等手段打通线下和线上的医疗服务。随着"多点执业"的医生工作方式逐渐被政府承认，爱问医生为微博上活跃的医生群体提供了灵活便捷的"多点执业"的方式。

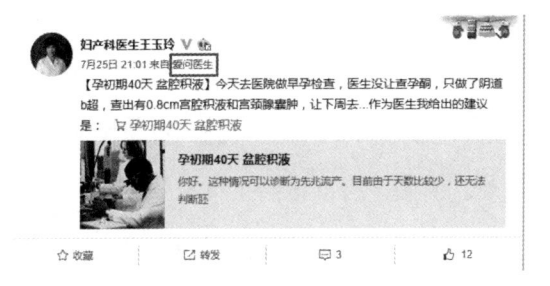

图 4-46 爱问医生小尾巴（1）

图 4-47 爱问医生小尾巴（2）

重新认识明星代言的价值

根据微博数据中心《2015年度微博用户发展报告》，在超过2亿的活跃用户中，普通用户占微博活跃用户的96%，而认证用户约占1%，可以推算，认证用户中的大V或意见领袖所占比例甚微。然而，"一般来讲，有个性、有才华的信息实体在这个空间更有可能跨越空间界限和社会阶层来表达自己，最终将影响延伸到现实生活中"。①虽然居于金字塔塔尖的大V或意见领袖数量较少，却拥有关键的影响力。

明星是微博平台上极为重要的一类传播资源。在很大程度上，明星就是一种兴趣，围绕明星的大批粉丝形成了一个庞大的圈层。此外，我们之所以把明星单独拿出来进行阐释，是想通过对比传统的明星代言的商业逻辑和微博平台上明星代言的数字商业逻辑，来进一步说明微博的数字商业逻辑是如何超越营销的。

在大众媒体时代，明星代言是一种重要的营销方式。叶茂中认为，"因为中国的消费者普遍不是很自信，需要意见领袖的引导，而明星在某种程度上扮演了意见领袖的角色。用明星做广告不仅能体现品牌实力，如果创意制作得当，还会特别吸引眼球，

---

① 陈刚. 创意传播管理[M]. 北京：机械工业出版社，2012.

大量节省播放费用"。①也就是说，明星代言是产品同质化市场竞争下一种重要的营销策略。相对于其他营销传播方式而言，明星代言是一种性价比更高的方式，"请明星代言，动辄上百万元，但精明的企业家只要低头算一算，目前市场竞争如此激烈，产品差异性也越来越小，推广新产品并迅速占领市场谈何容易。投入几十万元，都很难出响。得出一个结论就是，请明星拍广告，投入产出比太可观了"。②但是，明星代言的性价比很难通过对数据的衡量得出明确的答案，更多的是依靠市场绩效的估算和一线操盘者的经验判断。

企业运用明星的传播价值产生商业价值，基本上就是通过请明星代言产品来做广告。这种逻辑非常简单，通过明星代言产品的广告，等于直接将明星的传播价值转换为营销价值。这种营销价值首先体现为品牌传播价值，其次体现为销售价值。但是，在如何来计算品牌传播价值和销售价值的问题上，一直是一个黑箱。

此外，明星传播价值的转换方式，基本上是通过拍摄广告片或海报的形式，也就是通过大众媒体影响消费者。大众媒体成为企业借助明星与消费者"沟通"的中介。

而在微博数字生活空间中，企业借助明星与生活者沟通的方

---

① 叶茂中.广告人手记[M].北京：北京联合出版社，2016.
② 叶茂中.明星广告最便宜[J].广告大观，2000.

式发生了根本的转型,即从中介化的大众传播转化为直接的人际传播。在微博上,明星与粉丝是关注关系,可以直接产生互动。"在微博上,明星的社交资产效益是很大的,他的商业价值是极高的。高在哪呢?就是他能够直接触达用户。比如明星在门户之类的平台上面代言就是投一个广告,你看到的只是明星和广告的捆绑,但是并没有真正影响到受众,包括他自己的忠实粉丝人群。但在微博上,品牌首先可以伴随明星的影响力达到第一层,也就是对这个人和他的铁杆粉的影响,并且由于明星铁杆粉丝强烈的感情介入,明星及品牌的影响力会随铁杆粉丝的影响力而产生扩撒,进而影响到铁杆粉丝能影响的人,触达更多的人群。最后,由于参与人群过多,就变成一个事件,变成事件之后就变成一个更大规模的围观效应。"[1]在人际传播中,不仅有明星与粉丝之间的互动,还包括粉丝与粉丝之间的互动。在互动中,传播的价值不再是单向的,而是双向的、多层次的,人际传播的效果显然远远大于大众传播的效果。

两种不同的传播方式还表现在时间性上,在传统媒体时代,明星广告需要遵循媒体排期,广告播放结束后,明星的影响也就结束了,这种明星广告具有非常强的时间性。因此,为了达到影响的最大化,需要媒体排期进行整合传播,并且要求

---

[1] 资料来源:项目组于2016年6月1日对微博运营副总经理董文俊的访谈记录。

在一周内至少三次影响到消费者，这样才能够保证被消费者记住。至于一周内三次曝光，几乎成为广告圈的"潜规则"，这种偏心理学研究的结果也鲜有人提出质疑，因为质疑也没有任何意义，并没有更好的答案。但是，在数字生活空间中，人际传播方式在某种程度上将明星代言广告变成了明星与用户的"对话"，用户具有非常强的参与感和卷入感。对话的效果显然比多次单向传播的效果好。"传统广告遇到的一个问题，就是它受制于播出的平台和和时间，无法做到大面积覆盖。而微博能够在把时间影响拉长的同时覆盖更广泛的用户。所以现在你会发现，综艺节目的赞助商基本上会投微博，因为微博能解决两个问题：第一，电视上的广告有个制约，每周的播出时间就一个小时，即使重播一次，一共也就两个小时，所以赞助商在电视上的广告触达用户的时间也就是两个小时。第二，赞助商并不知道自己触达的用户是谁，因为收视率只是一个样本采集，无法告诉你用户是谁。微博可以解决这两个问题，因为在微博上，综艺节目本身就有一个时间上的讨论周期，基本上是'四三三'的模式。也就是说，一个周播节目，它在微博上的讨论分成播前40%、播中30%和播后30%。而一档周播的综艺节目，在微博上的讨论可以延续一周。所以，对于以周为单位的季播节目，等于一整个季度每天都有人在讨论它。而且由于微博平台的特殊性，品牌可以直接看到参与节目讨论的人是谁。"[1]

那么在数字生活空间中,如何看待明星的价值?如果明星在大众传播时代仅仅具有传播价值,那么明星在数字生活空间的价值可以简单地概括为以下三个方面,即传播价值、销售价值和数据价值。在数字生活空间,明星的传播价值不仅包括大众传播时代的传播价值,还包括由其产生的营销价值,但新的营销价值又远远超越了传统的营销价值。在传统媒体上,明星的传播价值源于粉丝,但基于粉丝的价值只能简单地转换为营销价值,其中销售价值无法得到保证和准确的衡量。在数字生活空间中,明星与企业的联合首先能够带来强烈的品牌传播价值,并且这种价值可以通过数据清楚地衡量。这在本书相关明星案例的叙述中,都有清晰的体现,此处不再赘述。其次,由于数字生活空间的人际性,基于明星的销售可以轻松实现,这与互联网的整体发展有关,销售平台、支付体系加上微博社交平台,已然形成一个传播与销售的闭环。此外,我们更为看重的是明星的数据价值:一方面,通过明星代言,企业可以把明星的粉丝转化为自己的用户,这大大减少了生活者向企业消费者转化的成本;另一方面,在企业与明星合作的过程中,粉丝针对企业或产品的各种行为数据、销售数据和基础数据沉淀为企业的数据资产,企业利用这些数据

---

[1] 资料来源:项目组于 2016 年 6 月 1 日对微博运营副总经理董文俊的访谈记录。

进行挖掘、分析，为产品、服务、决策和下一步的传播活动提供重要的基础资源。

这种认识的角度，源于我们把基于明星的圈层化粉丝看作一个数字市场。用户就是需求，需求就是市场。对于市场而言，我们的理解自然是整体性的商业视角，而不仅仅是营销。比如，"对于海外产品来说，当一些品牌对中国市场有诉求，并且诉求越来越强烈时，它们便会寻找一种快速进入中国市场的方式，以达到认知度的快速提升。这时你会发现，微博是目前能够让海外品牌进入中国市场最高效的一个平台。所以，它们就会一门心思想怎么落地进来，要么直接投广告，要么就是伴随合适的明星代言人进入中国市场。所以它们会和微博、明星进行沟通。根据我的了解，现在很多海外品牌，都有中国的代理商帮它们做产品的用户画像分析，然后会基于用户画像来看用什么样的人代言、用什么方式做传播"。[①]

举一个不是很恰当的例子，2016年5月24日霍金在微博上开通了账号，迅速引起了国内网民的关注，而其发送的第二条微博就贡献给了英国豪华汽车品牌捷豹（见图4-48）。从评论来看，用户不但不反感，这个广告还产生了非常好的效果：不仅产生了单纯的传播效果，而且给"@捷豹中国"的账号导流了大量新粉

[①] 资料来源：项目组于2016年6月1日对微博运营副总经理董文俊的访谈记录。

丝，这一点也具有非常重要的价值，尤其给对后续用户价值的开发带来了一个良好的开端。

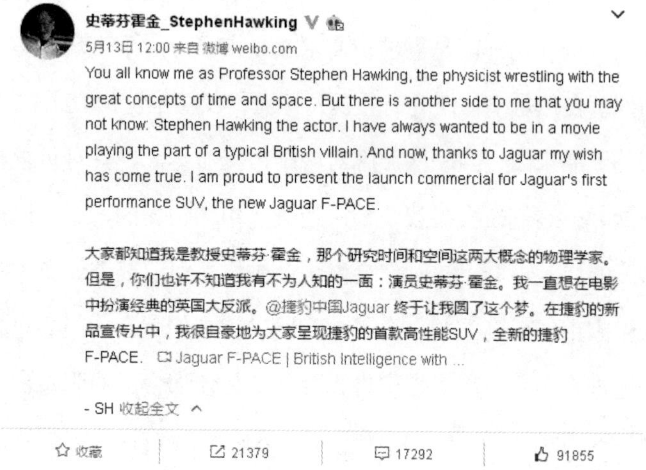

> **史蒂芬霍金_StephenHawking** V
> 5月13日 12:00 来自 微博 weibo.com
>
> You all know me as Professor Stephen Hawking, the physicist wrestling with the great concepts of time and space. But there is another side to me that you may not know: Stephen Hawking the actor. I have always wanted to be in a movie playing the part of a typical British villain. And now, thanks to Jaguar my wish has come true. I am proud to present the launch commercial for Jaguar's first performance SUV, the new Jaguar F-PACE.
>
> 大家都知道我是教授史蒂芬·霍金，那个研究时间和空间这两大概念的物理学家。但是，你们也许还不知道我有不为人知的一面：演员史蒂芬·霍金。我一直想在电影中扮演经典的英国大反派。@捷豹中国Jaguar 终于让我圆了这个梦。在捷豹的新品宣传片中，我很自豪地为大家呈现捷豹的首款高性能SUV，全新的捷豹F-PACE。Jaguar F-PACE | British intelligence with ...
>
> - SH 收起全文 ∧
>
> ☆ 收藏   ✓ 21379   ☐ 17592   👍 91755

图 4—48 霍金在微博上给"@捷豹中国Jaguar"打广告

为了进一步说明我们对于明星价值的分析，下面我们通过一则奔驰汽车与当红明星吴亦凡的合作案例进行阐释。

2016年4月11日，奔驰smart发表博文宣布，吴亦凡正式代言奔驰smart，成为首位华人品牌大使，并与其联名打造全球限量188台吴亦凡特别版smart，同时在天猫发起特别版预售活动。4月26日下午4点开放购买，仅用时25秒，188台吴亦凡特别版smart就被抢购一空（见图4—49）！

图 4—49　吴亦凡特别版限量 smart 仅用 25 秒便销售一空

这次吴亦凡特别版 smart 活动是 smart 新款 forfour 的预热活动，以吴亦凡特别版 smart 活动吸引粉丝注意力，同时扩大新款车型的传播。活动分为三个阶段：第一阶段，4 月 11 日至 4 月 26 日 8 时预付 1 888 元秒杀资格订金，只有拍下此订金的客户才能参加吴亦凡特别版 smart 的 1 元秒杀活动；第二阶段，4 月 26 日 16 时准时在奔驰天猫店进行秒杀；第三阶段，举办吴亦凡出席的 2016 smart times 大会，邀请秒杀成功并核销的客户参加大会。

吴亦凡在微博上拥有强大的影响力：将近 2 000 万的粉丝数量，微博明星势力榜中超过 150 多万的爱慕值，粉丝送花数量超过 79 万朵。毫无疑问，吴亦凡是万人瞩目的当红明星。吴亦凡强大的粉丝基础和微博提供的从展示到跳转购买的营销闭环，是此次活动取得成功的关键。

吴亦凡具备的传播价值不容小视，单是4月11日奔驰smart发出的吴亦凡代言smart的这一条微博，就取得了超过21万次的转发量，1.5多条评论和1.6万多个收藏量。与此同时，"@奔驰smart"账号不断开发吴亦凡的传播价值，持续放出吴亦凡特别版smart的细节图、购车优惠和吴亦凡小视频等，不断刺激粉丝的购买热情，并且在微博中多次"@吴亦凡Kris全球后援会"和"@Mr吴亦凡工作室"以提高微博传播和互动量，打造"#吴亦凡趣非凡#"话题，不断更新话题内容，吸引粉丝进行点赞、转发、评论，发动粉丝的微博活力，使这次吴亦凡特别版smart活动始终活跃在微博的热点内容之中（见图4-50）。值得一提的是，"#吴亦凡趣非凡#"话题阅读量高达1.1亿次，话题讨论量超过44万次，smart TVC上线28分钟播放量就突破100万次。

图4-50　"@奔驰smart"官方微博宣布吴亦凡特别版smart预售活动开始

吴亦凡在微博上的传播价值得到很好的开发，这也极大地推动了吴亦凡特别版 smart 的销售（见图 4-51）。在 16 天内，奔驰天猫店铺中的吴亦凡特别版 smart 活动页面访问量高达 115 万次，767 人预付了 1 888 元的秒杀资格订金。26 日秒杀当天，开放抢购 25 秒内 188 台价值 17 万多元的吴亦凡特别版 smart 全部售罄，最终实际售价总额达到 3 300 多万元。

图 4-51　吴亦凡粉丝微博晒车，表示买车只为杭州粉丝见面会的门票

整个活动过程中，smart 不仅为吴亦凡特别版 smart 做足了传播，也为全新 smart forfour 积攒了声量，更为重要的是，通过预定、购买 smart 的形式收集吴亦凡的粉丝数据并将其进一步转化为 smart 的粉丝和客户。5 月举办的 2016 smart times 大会更拉近了 smart 和这些粉丝之间的距离，邀请吴亦凡出席大会，举办各

类有创意又好玩的活动，积极与用户交流，将这些用户转化为smart的忠实粉丝和口碑传播者（见图4-52）。

图4-52 "@奔驰smart"官方微博图文直播杭州粉丝见面会

相比其他社交平台，微博比任何平台都更加适合触达粉丝，微博是"粉丝+明星"这种关系链最丰富、最完善的地方。微博媒体兼社交平台的双重属性天然适合明星向粉丝的一对多传播，非常适合粉丝经济的培育和企业做大型推广，微博的粉丝沉淀能力使其成为粉丝经济的最佳平台。

在微博这一数字生活空间中，生活者和企业每天持续不断地生产大量内容，包括有着特定商业目的的PGC（专业生产内容）、基于个人兴趣的UGC和大量普通用户产生的内容等。这样一个内容

第四章 内容价值的商业化：大众化与圈层化

的矿藏逐渐在微博上形成。如何从微博的内容矿藏中挖掘商业价值，或者说如何把内容的价值货币化，是所有企业和内容创业者正在探索的。

碎片化甚至是个人化的传播环境，对企业来说是一个灾难。企业的营销传播变得前所未有的困难。因此，企业必须利用新技术把握数据价值，达到超越营销的层面，把握数字商业逻辑的趋势，这是我们在第三章着重强调的。同时，对于企业品牌建设而言，要想形成大众知名度，打造企业品牌，必须寻找大公共传播平台，掌握"头部内容"，否则难以在复杂的传播环境中达到品牌传播的目标。根据目前的商业实践，我们认为微博平台同时具备这两大商业价值。

在大公共传播平台上，企业运用微博进行公共性的商业传播，其基础是内容，主要体现为微博的"话题"。因此，我们在本章首先强调了基于热点的大众传播。现在企业的营销传播活动中，已经很难复现 20 世纪 80 年代在央视"一则广告救活一个企业"的神话。因此，对于数字传播时代而言，真正的大公共传播平台成为稀缺资源。企业运用微博的公共传播价值，除了本章前半部分提到的企业搭载微博各类品牌活动，第二章的台网联动和 Big Day 活动也属于此类。无论何种形式，企业在微博上的营销传播活动都是为了在微博上形成声量，而声量的基础是话题，话题就是微博上内容的一种聚合形式。这是内容的价值，也就是说，在微博上，此类企业商业活动都是基于内容的。如上所述，内容如何产生商业价值并不仅仅局限于营销范畴。内容的价值已经超越了营销，需要从一个新的视角看待。但是，目前来看，"内容营销"的概念更多停留在商业炒作的层面，并没有准确地概括出新的变化和新的价值。所以，我们把内容之于企业的价值称为"营销化"，即企业营销活动搭载进大众化热点内容的传播过程中。

内容创业是互联网领域出现的新现象。对内容生产者而言，内容的增值和变现是最重要的。由于进入门槛较低，内容创业甚至出现了全民性的特点，也正是由于人人可参与，内容生产又具有较强的个体性。但是，内容价值的变现取决于其能否成为"头部内容"，无论是大众化的，还是圈层化的，因此，内容创业的门槛又是高的。但是，内容创业确实为每一个人提供了机会。这个机会的出现是由于整个互联网化平台的成熟，其中微博是无可置疑的核心平台，也是个人价值得到放大的基础。因此，这种内容创业就是一种发挥个体创造力的机制，这个机制其实使个体从大众或集体这种传统的经济社会机制中解放出来，凭借自身的才华、创意、创造力来创造经济价值。因此，从产业层面看，这个问题属于文化创意产业的范畴。

当生活者对内容进行付费消费时，内容本身作为商品具备了基本的商品属性，根据一定的价格形成了内容付费的经济现象，这是对内容创作者价值的肯定，在变现逻辑上不同于传统的知识工作者，中间省去了各个环节。我们称这种趋势为内容价值实现的"产品化"。

为什么知识个体在微博平台上能够凭借自己的创造力获取经济价值？首先，由于数字生活空间扁平化、去中介、多中心、圈层化等特点，使得个体具备媒体属性，成为传播主体，从而能够低成本地向其他生活者展示自身的能力或作品。其次，内容本身具有很强的价值取向，往往能够通过它传递出的价值，吸引用户，形成强力的虚拟社群。创立一条的徐沪生说："要把这个阶层的人摘出来、留住，只有靠内容，靠优质的生活方式内容。我们就是只做这些'高冷'内容的，如果不爱看，我们每天日访问人数有100多万，这100多万人天天访问我做什么呢？如果他们爱看，那么当我把那些设计师、独立品牌的产品分享给他们时，他们当然会纷纷下单。"[1]因此，这种变化趋势和微博无可取代的价值，都促使微博运营方在近两年不断发力打造垂直生态，包括网红节、电影节等品牌活动都引起了业内的广泛关注。微博不断为平台上的知识个体提供政策、产品、数据和资源支持，不断培育微博内容生态。

继而，以内容为基础的圈层化对应的各个垂直领域成为内容创业者进入的商业化领域。以创作者为中心的内容成为进入一个垂直领域的入口，被我们称为"产业化"，即圈层化的内容和KOL成为

---

[1] 徐沪生，内容创业的未来在哪里？"一条"打算这么干（独家）.http://mt.sohu.com/20160529/n451978717.shtml.

相对应垂直领域商业化的入口。基于内容,微博平台上的各种消费场景和消费行为越来越活跃和成熟,特别是粉丝经济、网红电商等商业现象的出现,对于内容价值的产业化奠定了可靠的基础(见图4-53)。

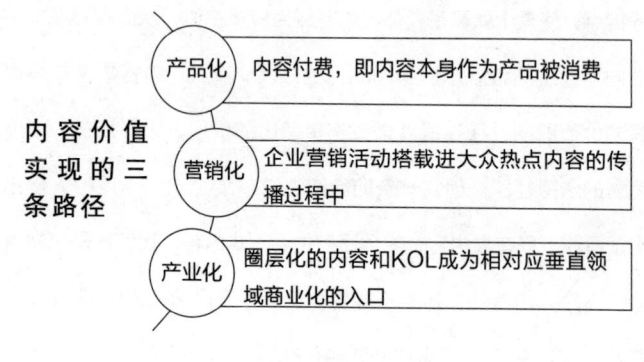

内容价值实现的三条路径

- **产品化**:内容付费,即内容本身作为产品被消费
- **营销化**:企业营销活动搭载进大众热点内容的传播过程中
- **产业化**:圈层化的内容和KOL成为相对应垂直领域商业化的入口

图4-53 内容价值实现的三条路径

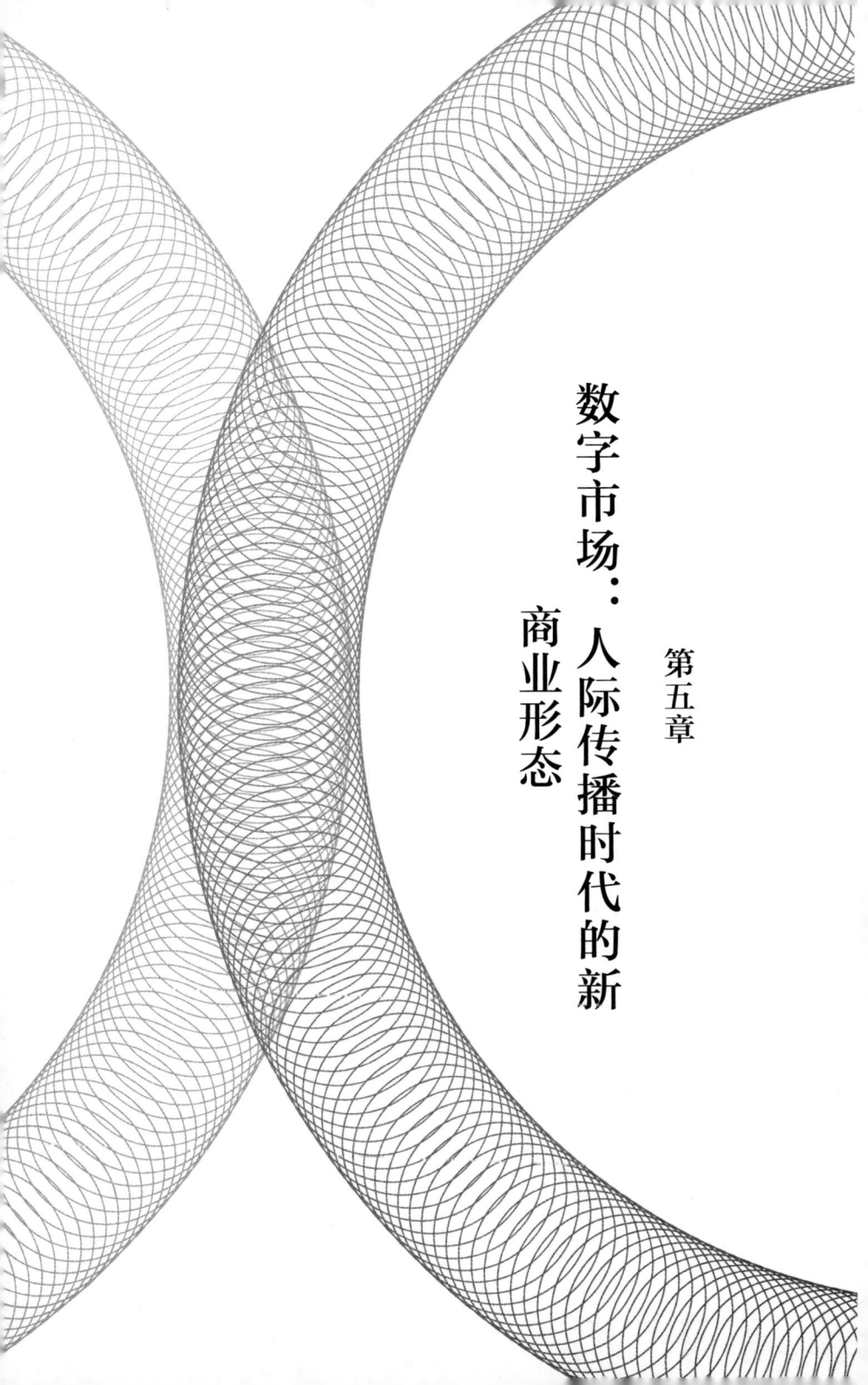

第五章

数字市场：人际传播时代的新商业形态

从传统市场到数字市场

对于微博的理解，必须把它放在一个更为广阔的视野内考察，而且这个视野必须是全新的，要能够强有力地解释目前的变化和未来趋势。我们认为，这个视野的根本立足点在于对互联网的理解。因此，从第一章开始，我们便明确表示，理解微博首先需要理解互联网。从技术发展的角度来讲，互联网技术的发展是一次堪比蒸汽机技术的变化，它根本上在重构一个新的社会形态和社会结构。历史地看，所有开创性的技术革新对经济社会的影响必然是从对个人的日常生活的影响开始的。因此，我们反复强调，对于互联网的理解一定是从日常生活的角度切入。于是，我们提出了数字生活空间的概念。这一概念是从根本上对人类社会生活经验——时间感和空间感——的重新表述。

基于微博的产品形态和商业实践，在反复思考和讨论后，我们从数字生活空间这一全新视角重新审视了微博的三大价值：大公共传播平台、基于兴趣的圈层文化和数字市场。在前面的章节中，本书从数据价值和内容价值两个角度对微博的商业实践进行了总结和分析，并基于创意传播管理理论的框架进行了批判和展望。

从数字市场的角度来概括微博的价值，在某种程度上是一种拔高。首先，随着数字化步伐的推进，数字生活空间将会越来越成熟和健全，因而在商业上也越来越像一个数字市场。在数字化的市场中，当然需要一套新的理论体系。其次，我们在前面也提到，微博好像互联网的一个缩影，在日常生活性的基础上，其延展的路径也进入了社会和市场的层面。从商业的角度看，我们把它概括为数字市场，这对于未来互联网的发展更具现实性。在前文分析的基础上，微博这一数字市场具备大众化和圈层化的特点。所以，数字市场的概念具有更强的整体性，会引导我们从一个更为高远的角度审视微博的价值，看到未来的无限可能。同时，如果从数字市场的角度考虑，微博确实是不成熟的。对于刚刚摸索出商业路径的微博来讲，这个概念显得有些超前。但我们可以看到微博作为数字市场的形态已经有了雏形。反思微博商业化进程，微博运营方确实没有从数字市场的角度进行有针对性的探索，反而是各种各样的商业主体在微博上进行探索的案例支撑了我们关于数字市场的这一判断。

数字市场的概念是从数字生活空间的概念演化而来的，它描述的是整个数字互联网的发展，不仅仅是微博。本书以微博为案例提出这一概念并试图进行初步的解释。数字市场指的是基于数字生活空间，生活者与生活服务者能够进行规模化的个性化商业交易的数字化场所和数字化手段的总称。在数字市场形成的过程中，规模化的数字交易逐渐成为经济社会的主流，传统交易手段成为数字经济社会的辅助部分。

最近，一个值得关注的数据是互联网拉动的新增消费占总体消费的39%。麦肯锡与阿里巴巴合作，在全国200多个城市进行线上线下消费研究，针对替代消费与新增消费的关系研究有了这个重要发现。也就是说，互联网对经济的贡献应该怎么理解，到底是单纯的线下经济迁移到了线上的替代消费，还是互联网拉动了新增消费？它们的答案是新增消费占39%[1]。麦肯锡公司全球董事陈有钢认为："要是没有网络，这部分新增消费可能被抑制。而新增消费的比例在三线及以下城市更高，达到57%，这与中国实

---

[1] 陈有钢.中国数字化转型的幕后[EB/OL].http://www.aliresearch.com/blog/article/detail/id/20174.html?spm=a2z07.1708887.0.0.BFcU28.2016-05-01.

体零售在不同区域发展不均衡密切相关。"①这是数字市场形成对于经济社会发展的重要意义。

如何理解微博作为数字市场的价值？第一，微博是数字生活空间，是用户聚集的场所，有着强烈的日常生活性，因此，用户的需求才在这里体现，满足用户需求的商业主体也在此驻扎。于是，既有交易场所又有交易行为的微博平台具备了数字市场的基本要件。第二，当我们把解释的视阈扩展为市场的整体价值时，对于商业形态而言，它必然是一种混融了现实空间和数字生活空间的形态。比如，一件产品的线上售卖通常经历如下三个阶段：卖家在微博平台上做广告，卖家在微博橱窗中进行售卖，消费者通过支付宝体系进行支付。但是实体的产品依然需要通过线下的物流到达消费者手中，最后一环的消费体验也可能是线下的。除此之外，实体产品的生产和一些类型的服务也必然发生在线下。也就是说，对于未来社会和商业的考虑，需要我们更多地从数字市场出发进行考虑，而线下对于线上的作用应该定位为辅助和支持。第三，微博平台是一个生活空间与交易场所共存的地方，它就像一个非常原始的部落村庄，在这里既有日常交流，也有商品交易。虽然数字市场是一种跨过工业时代对初级市场形态的"回归"，但是数字市场更为重要的意义是，它突破了地域的限制，

---

① 王子约.“双十一”引爆在即，网络消费成经济新增动力[EB/OL].http://www.yicai.com/news/4709657.html.2016-05-01.

在理论上开始真正实现全球化,地球村的预言开始逐渐变为现实。同时,基于数字市场的新的商业形态对个性化的需求可以规模化地满足。

用户中心时代的真正到来

新的市场概念,伴随的是新的商业形态。这种新商业形态的根本逻辑在于人际传播性,即在数字生活空间中,作为生活服务者的企业与转换为生活者的消费者的沟通和交易是人际传播性质的。对于新的商业形态的理解,首先是去中介,原先帮助企业与消费者进行规模化沟通的大众媒体被取代,在数字生活空间中,生活服务者与生活者可以实现规模化的人际沟通。同时,辅助企业进行规模化的商品传递的中间商消失,物流和支付数字化之后,规模化的商业传递不是横亘在生活者与生活服务者的阻拦,而是外围的支持系统。

我们把这种变化称为用户中心时代的真正到来。在商业研究中,对于以消费者中心的强调、对于顾客的研究始终存在,但在实际操作过程中,消费者从未成为真正的中心。原因不在于企业没有意愿这样做,而是没有能力这样做,一是成本过高,二是技术上不允许。但如今大为不同,数字技术的飞速发展,带动了数字生活空间的形成,数字化的发展从根本上为用户成为中心奠定了基础。在工业社会时代,企业一直处于中心位置,是经济社会运行最重要的机构。但是,在数字社会,用户开始在真正意义上成为中心。这种根本的转变,正在瓦解原有的商业形态,一种新的形态正在形成。

怎么看待这种变化?潘洪亮把企业与消费者的这种关系的变化,用一种假想的市场模型进行了简要的概括。他认为:"第一阶段是早期商品经济时期的服务(见图5-1)。这个时期的服务特征是比较明显的,简单市场中时间和空间相对狭小,人与人通过商品直接提供服务。不过,此时的服务是建立在有限选择的基础上的。第二阶段是中介社会的服务(见图5-2)。这个时期是大众营销和大众传播主导的时代,企业和消费者之间有一系列强大的中介。这个阶段服务隐藏在营销与商业利益背后。第三阶段是数字服务化时代(见图5-3)。生活空间逐渐数字化,在数字环境中,企业可以直接面对消费者,中介环节淡化甚至消失,其他的环节成为辅助服务的过程。"[①]

[①] 潘洪亮. 数字时代的企业服务化转型初探[J]. 广告大观(理论版), 2014.

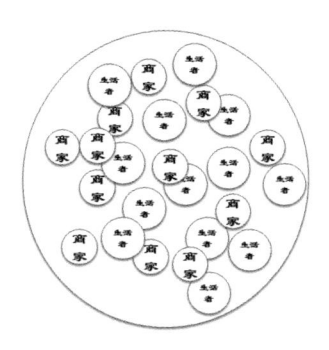

第五章 数字市场：人际传播时代的新商业形态

图 5-1 局限于地域的商业形态

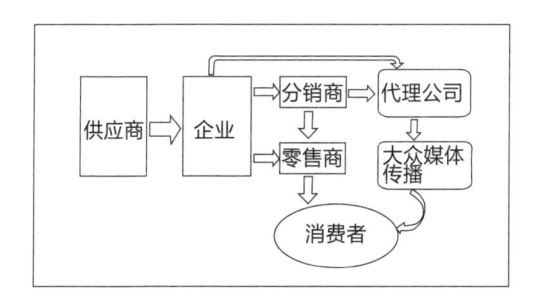

图 5-2 工业时代的商业形态

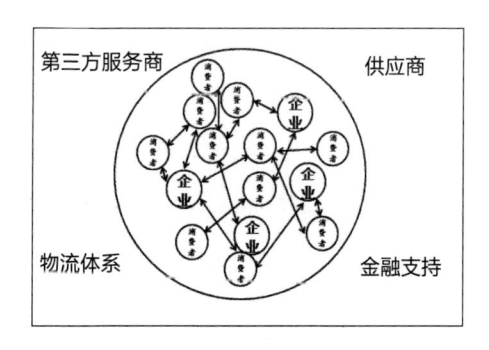

图 5-3 数字时代的商业形态

从三种类型的递推看，营销在企业的经营中起到的作用是中介性的。理论上讲，当数字生活空间的形成使得企业与用户可以零距离接触时，原先作为中介的经销商、分销商和媒体及广告代理公司便会消失，或者退到外围提供支持性服务。此时，原有的中介组织必须进行深刻的调整，才能适应新时期的需求。因此，生活者和生活服务者的关系发生了根本性的变化，服务化革命悄然开始。这是数字市场的第一要义。

在这种理解下，我们可以看到的是营销的逐渐消亡。"营销是在企业规模化生产和批量销售的背景下产生的，是企业面对与消费者沟通的层层障碍建立的一套系统……营销是连接企业与消费者的一种机制，但是营销一直是被日常生活排斥的。在企业直接给消费者提供服务的数字生活空间中，中介的价值不断下降，营销会逐渐被淡化，最后被服务取代。"[1]当然，目前还处在变化之中，在理论推演上，我们可以看到营销的解释力正在弱化，已经逐渐无法解释正在发生的变化和新的现象。正如我们在微博的商业实践和思路中反复解释的一样，对于营销的淡化甚至消亡，我们必须提前做好准备。

那么，我们必须继续追问的是，如果营销理论的解释力衰退，新的变化、问题和现象如何解释？就此我们提出了数字服务

---

[1] 潘洪亮. 数字时代的企业服务化转型初探[J]. 广告大观（理论版），2014（3）: 91.

化的概念。就是说，当企业与消费者的关系以生活服务者与生活者的关系在数字生活空间中呈现时，其实是人际传播主导的商业关系，而两者的服务关系就是人际传播性质的。新的商业逻辑和模式必须从这个最基本的逻辑起点计算。这种关系面对的新的商业环境其实就是建立在数字生活空间上的数字市场。

规模化的人际传播：数字商业形态的核心

根据服务化理论，在数字生活空间中，作为生活服务者的企业表现为信息实体和人格化的沟通对象。所有的商业关系首先发端于人际关系，人际传播成为主导的数字商业逻辑。

在数字市场中，可以把商业主体粗略分为两种：一种是传统企业的数字化，即建立微博账号，并在微博平台上进行商业传播、沟通与销售等的企业；另一种是在互联网上土生土长的商业主体，此类商业主体一般表现为中小微企业，甚至是商业个体，比如电商网红。相比于传统企业的数字化，我们更为关注在数字市场中发育成长的新创企业，它们更加符合互联网的发展逻辑，也更加符合未来的商业形态趋势。但是，无论哪一种企业，在数字市场中必须具有数字商业形态的特性才能发展，这一特性的核心在于人际传播性，也就是我们反复强调的，企业必须把自己定位为数字生活空间中的生活服务者，与生活者保持面对面的沟通与服务。

截至2016年,有100万以上的认证企业入驻微博,其中包括61%的中国500强企业(见图5-4)。品牌客户和中小客户的入驻增长率也非常快。根据微博平台的特点,如果企业没有官方账号,或者没有对官方账号进行长期运营和维护,那么企业在微博上的商业传播则很难沉淀粉丝,更谈不上将官微粉丝转化为用户。而传播只是接触用户的开始,后续的服务才是更为关键的商业价值所在。因此,对于企业账号的建立和维护是必需动作。

图5-4 企业在微博上开通账号的情况

针对数字市场的特点,企业首先需要通过内容吸引用户并加以维护和沉淀,继而挖掘用户的长期价值。这个过程类似于上文所述的在初级市场阶段,商家与生活者之间的关系,是一种人际传播性质的商业关系。

数字市场中的商业逻辑其实是从人与商品的关系转换为人与人的关系,这种关系是更为全面、整合和真实的。商业关系是这种关系的一种，更为重要的关系是日常生活中的关系，比如对价值观的认同、对人的认同、对于兴趣和圈层的认同等。从这个角度看，每一个具有传播价值的个体在互联网平台上都具有天然的商业化潜力，可以成为新的商业主体。因为在数字市场中，具有传播价值的个体在面对用户时只要方法得当，就很容易产生商业价值。如表5-1所示，微博在各个垂直领域都有数量巨大的达人，这些人都具有很强的传播价值。在数字市场中，如何将传播价值转化为商业价值，是目前最为火爆的商业尝试。

表5-1 微博内容生产人群的生态结构变化

排序	分布	达人作者数[①]	排序	分布	达人作者数
1	美女	18 379	11	明星	4 902
2	动漫	14 836	12	媒体蓝V	3 706
3	时尚	11 141	13	游戏	3 548
4	美妆	7 603	14	摄影	3 389
5	作家	6 824	15	母婴	3 354
6	股票	6 667	16	电影	3 185
7	美食	6 542	17	运动	3 043
8	政府官V	6 371	18	旅游	2 784
9	教育	6 103	19	房地产	2 025
10	体育	5 603	20	汽车	2 003

①达人作者数：微博自定义的综合指标，不单纯决定于粉丝数。
资料来源：微博公开数据

现阶段大家对网红经济的高度关注刚好可以说明这种商业尝试的火爆程度。网红就是经济化的个人，就是人格化的小微品牌。"网红经济充分体现出了整个经济形态在从项目逐渐转向到人，人将成为商业的核心，所有的生意都是针对人去做的。这种转变是每个人都需要注意的，过去很多的商业法则可能会就此失效，如何在微博这样的公开平台上获得用户的欢心，可能会成为更重要的商业逻辑。"[1]

新的市场，新的商业，成就的是新的经济形态。越来越小型的市场主体，直至小到一个人成为一个市场主体，这种变化更加接近数字商业的本质特征，更加具备人际传播的特征。但是，从商业的角度看，个体毕竟具有很强的不稳定性，若想形成稳定的商业模式，个人会逐渐向团队化运作过渡，最终成为小微企业，小微企业将会越来越多。因此，相比于大企业而言，从数字市场的角度看，小微企业更适应数字市场的规律，也更容易成长，并将对传统大型企业形成巨大的冲击。这也正好契合了互联网时代推崇的商业原则——"小的是美好的"。

数字市场的形成为大量小微企业的崛起提供了基础，它将造就一个新的商业时代。新的环境孕育新的商业主体和商业逻辑。因此，面对互联网带来的机遇，越来越多的新创企业、符合数字

---

[1] 万能的大熊. 宗宁：网红风起，感谢这个以人为本的时代[EB/OL]. http://zongning.baijia.baidu.com/article/507466.2016-05-01.

市场特点的商业主体会大规模崛起，逐渐成为商业主流。

数字时代的新创企业

在微博数字市场中，我们更多地以数字市场环境中生长的新创企业作为案例，尝试解释新的商业形态。如上文所述，数字市场就是人，作为数字商业主体的服务者在与用户的沟通中不断提炼用户的需求，提供"解决方案"，满足用户需求。这是全新的数字商业逻辑，在数字市场环境中遵循数字商业逻辑的企业必然会塑造新的商业形态。

埃里克·莱斯（Eric Ries）在《精益创业》一书中对新创企业有一个相对准确的定义："新创企业是一个由人组成的机构，在极端不确定的情况下，开发新产品或新服务。"[1]他认为："我们总是忘记新创企业并不仅仅代表一种产品、一种技术突破或一个天才的设想，新创企业的意义比以上所有的综合还要多，它实质上是一个充满人类活动的企业。"[2]

不确定性是新创企业面临的永恒问题，如何破解不确定性是贯穿新创企业生存成长的关键。数字市场的崛起为新创企业提供

---

[1] 埃里克·莱斯. 精益创业:新创企业的成长思维[M]. 吴彤，译. 北京：中信出版社，2012.

[2] 同上。

的第一个红利是近距离地接触生活者,这使得企业能够更了解市场,并促使其更加人性化,真正把人摆在首位。供给与需求的距离缩短意味着更为精准的结合,不确定性降低。

其次,互联网具有天生的容错文化,"中国互联网高速发展最关键的一点,就是基于中国人口红利的快速规模化试错。在试错的过程中,当然绝大部分先烈倒下去了,但一定有为数不多在不断试错中依然站立的人,这些人就成为英雄,而他们的经验和模式成为未来进一步发展的基础。所谓试错,就是没有现成的理论和模式,没有清晰的规则和道路,只能依托信念和机遇,向着甚至不太明确的方向试探着前行。所有的创新,一定是试错的结果"。[①]另一方面,互联网技术又大大降低了试错的成本,"试错是唯一的途径。可能做的每一件事都是错的,错了没有关系,历史上犯了很多错误……互联网的特点就是小步、迭代、试错、快跑。你不要希望一步就登天,持续地迭代、快跑、试错,这是互联网的基本特点"。[②]在传统商业逻辑中,一个产品从创意、设计到生产、投入市场、销售,需要经历一个漫长的试错过程才能确定市场是否接受一个产品。最终,市场真正接受的产品背后其实有一大批失败产品。可见,工业时代的商业逻辑其实是成本非常

[①] 陈刚.容错文化.广告研究刊首语[J].2015(3).

[②] 吴晓波.吴晓波亲述"卖酒"历程,吴酒2年后将成杨梅酒NO.1[EB/OL].http://www.jianiang.cn/zhuanfang/1102625392015.html.2016-05-01.

高的试错过程、时间漫长、不确定性强等都会带来资源的浪费。而在数字市场中,新创企业与生活者的空间距离和时间距离被大大缩短了,理论上甚至可以实现即时互动。因此,我们可以说,容错文化是互联网文化的重要部分。

WIS护肤作为中小企业的代表,是基于微博、借助微博平台诞生的品牌,目前微博粉丝数量总共为350万,它一直通过微博沉淀粉丝、为产品引流,通过微博实现的年销售额达上亿。创始人黎文祥将WIS定义为"以互联网思维进行运营与营销的公司","我们这个品牌,特别是第一年、第二年完全靠微博成长起来,按理论来说,流量应该是百分之百源于微博"。[①]

通过WIS护肤的成长历程来看中小企业,它们利用微博的方式主要有两种:(1)通过运营微博账号进行日常性传播;(2)将微博作为公共传播平台,利用微博上的明星网红、大数据工具进行大众传播。

在日常性传播方面,2012年WIS护肤成立之后,通过微博迅速拓展用户、优化用户体验、提升品牌竞争力。它的微博团队包括服务人员、策划人员、内容创作人员,共计200人左右。官方微博是其在微博营销中发力的重要阵地,包括"@WIS护肤""@WIS粉丝团"和"@小希商城",这三个微博账号形成账号矩阵,

---

[①] 资料来源:项目组于2016年4月7日对WIS护肤总经理黎文祥的访谈记录。

每天通过发布微博维系粉丝运营。

将微博作为公共平台的传播则有两种方式。第一种方式是利用媒介,像WIS护肤就拥有健全的部门媒介中心,专门负责管理与微博明星、网红、草根大号的合作。通常它会先借助李维嘉等明星发布与产品相关的博文,随后,官方微博账号对明星发布的微博进行处理,使其置顶呈现。除此之外,还会有何炅、韩庚、田亮、马苏等明星进行转发。第二种方式是利用大量的微博工具,例如粉丝通、粉丝头条、品牌精选等,触达用户。WIS护肤作为粉丝通推出后的第一批客户之一,深刻地体会了微博粉丝通的实用性:2013年,WIS护肤每天在粉丝通上投入1万—3万元,随之带来的日增粉丝数超过2 000个,平均不到15元的粉丝获取成本十分适合成长期的WIS护肤[1]。

作为基于微博平台的大学生草根创业的典范,WIS护肤是在不断地试验、探索中逐渐脱颖而出的一家新创企业,与传统化妆品品牌重度依赖渠道投入的成本结构比较而言,它具有相当大的去中介化的成本优势,利润率远高于传统化妆品品牌(见图5-5)。

---

[1] 崔文花. 85后创业家告诉你:如何通过微博实现年销售上亿[J]. 成功营销,2014.

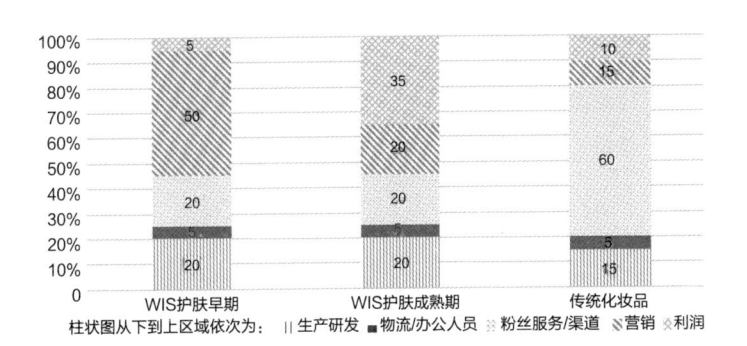

```
100%    5          10
 90%              15
 80%    35
 70%   50
 60%    20        60
 50%
 40%   20   20
 30%
 20%    5    5     5
 10%   20   20    15
  0   WIS护肤早期 WIS护肤成熟期 传统化妆品
柱状图从下到上区域依次为：  生产研发  物流/办公人员  粉丝服务/渠道  营销  利润
```

图 5-5　WIS 护肤与传统品牌成本结构对比 [①]

从图 5-5 可以分析，试错成本的降低既表现为成本结构的变化，也起因于成本结构的变化。在微博上崛起的 WIS 护肤，其利润的高企主要来自渠道成本的消失，这是数字市场去中介化的结果。所以，互联网新创企业与传统企业成本结构的不同只是表象，真正的原因在于造成成本结构改变的数字市场的形成，新创企业与生活者的近距离把渠道的成本消弭了。

其次，传统企业有固定的营销成本，而在数字市场中，企业投入的这笔钱不再是营销成本，而是寻找用户和沉淀用户的成本。WIS 护肤初创时的首要任务是投入巨大的成本触达目标用户并沉淀用户，随着用户的沉淀，用户的长期价值慢慢显现出来，因此，图 5-5 中所示的营销成本便大幅度降低（之所以

---

① 该图是对 WIS 护肤黎文祥的访谈和其他公开资料进行的估算，为了画图方便，在不影响整体情况的前提下进行了适当调整。

称为营销,一是WIS护肤的投放思路确实存在营销思维,二是为了对应传统企业的成本结构,方便对比)。其实,如图5-5所示,WIS护肤的传播成本(上文提到的营销成本)就是粉丝维护的成本,维护粉丝的过程就是传播过程。也就是说,当企业与用户在同一个数字空间的时候,所有基于人际传播的费用都不属于营销范畴,而是服务。这种传播方式和交流方式,本质上必然是超越营销的。这是数字商业逻辑的一大特征。

对于内容创业者来说,试错成本的降低并不意味着没有成本,优质内容的生产与后续的商业化背后,是创业者及创业团队的精心筹划和适当的成本投入。"上个月全网有男朋友的女生都在讨论'#男朋友觉得你的化妆品值多少钱#',据说女生之所以钟爱这个话题,一是可以炫富,二是可以虐狗。'@化妆师MK-雷韵祺'在4月13日赶着热点做了一篇《男朋友觉得你的化妆品多少钱》,文中的视频由两名摄影师负责,各耗时1小时,视频的剪辑耗时3小时,共计5小时,按照人员月薪平均7 000元计算,拍摄这个视频的人力成本为200元左右;摄影器材和剪辑设备费用支出共200元左右;成本占比最大的化妆品,此次支出共计2 500元。这篇文章以视频为主要内容,前期投入共2 900元,最终的阅读数为10万。"①

---

① 新榜——内容创业服务平台.你知道这些大号为了每一个阅读数付出多少成本吗?[EB/OL].http://xudanei.baijia.baidu.com/article/455183.2016-05-01.

目前，市面上流行内容创业的说法，这只看到了阶段性的现象。内容创业主要不是把内容当作商品进行售卖，而是以内容为引子，吸引用户、沉淀用户并引导用户进入相应的细分领域，进行商业模式的打磨。它一定会继续往前走，形成一个较为稳定的商业模式。内容创业显然只是迈出的第一步，怎么理解这种变化？还是前文反复强调的，必须要从数字市场的商业逻辑这种更为宏观的层面理解。

从内容出发的创业给个体带来了无限空间。但是，创业必然不会停留在个体层面：一者，作为商业主体的个人具有极强的不稳定性，不可能形成稳定的商业形态；二者，商业的本质之一便是资本的扩张。个体一定会不断团队化、组织化，以新创企业的形态加入新的商业逻辑的塑造过程中。

规模化的个性化：数字市场的逻辑

"基于现实身份的互联网社会网络产品，在产品机制上越接近现实社会，用户越容易理解和接受。按照同样的逻辑，在商业模式上，也是这样。"[①]对微博产品形态的理解和对微博商业逻辑

---

① 资料来源："@来去之间"（王高飞）2014 年 7 月 10 日微博长文《付费微博自媒体应该怎么赚钱》。

的理解，相对于现实社会这个思考角度，是一种突破性的认识。那么，对于微博的数字市场价值而言，则是此逻辑推演的必然。

对于微博数字市场的理解，既需要从传统市场的角度考虑，也不能简单地等同于传统市场，它有自身的独特性和自洽的数字商业逻辑。从数字市场的角度出发理解微博，必然有一个适应和发展的过程。我们从目前的商业实践出发，尝试对数字市场发展的几个方面进行阐述。

数字商业即数字传播

数字市场是大量生活者聚集的地方，大量的需求在数字生活空间释放，需要大量的供给方。作为生活服务者的企业扮演的就是供给方的角色，用户的需求就是生活服务者的商机。那么，生活服务者如何发现生活者的需求？通过大数据技术的挖掘和分析，自然是一种符合互联网思维的思路。但是，在与用户的互动和交流过程中，洞察用户需求是一种更为有力和到位的方式。技术的辅助当然是必要的，但在人与人的沟通过程中显露出来的需求往往更能够出其不意。

咕咚（coton）是海尔日本团队研发的全球最迷你的手持洗衣机（见图5-6），依靠每秒700次的挤压洗净衣服上的细小污渍。"@海尔"官微发布海尔手持洗衣机咕咚的简介后，海尔新媒体团队无意间发现这条介绍咕咚的微博竟然被疯转了 5 万余次。于是海尔新媒体联系到咕咚团队，设计出一款为国内粉丝量身定制的手持洗衣机，随即在官微上发起了一系列征名、设计稿、颜色征集等活动，最终从粉丝投票最高的方案里确定了"咕咚"这一个性化的名称，并进一步整理用户交互反馈，确定了产品的颜色方案、包装方案及产品周边。①

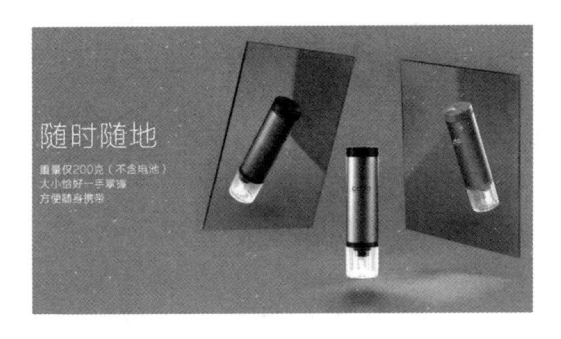

图 5-6　海尔手持洗衣机咕咚

海尔新媒体团队从用户普通的转发行为中发现了用户的关注与需求，用"粉丝定制"这个最佳方案最大限度地满足了用户的好奇心和参与积极性，并在这个过程中依靠用户的群体智慧轻松确定了产品方案。"咕咚"名称确定后，海尔新媒体团队为这款手持洗衣机建立了官方微博"@海尔咕咚codo"用于持续

---

① @微博广告. 海尔咕咚粉丝通营销案例[EB/OL].http://weibo.com/p/1001603855101755281940.2016-05-01.

的日常沟通，将企业传播与用户满足需求合二为一。同时，一个在微博平台上积累用户、打造品牌、展开销售的产品故事就此开启。

"@海尔咕咚codo"官微的应时设立，某种程度上代表了大部分互联网时代的企业的选择，因为日常传播之于企业的意义不可小觑，它确保了企业发声的持续性，保证生活者随时造访都能够看到品牌的身影。创意传播固然具有较强的传播力，但是优秀的创意不是常态，日常传播才是易于保证且能不断吸引生活者的基本手段，它同样有着不可替代的作用。联想起美国一家卖鞋网站Zappos——鼓励员工在推特上撰写跟企业有关博文的网站，其总裁谢家华说："不要以为140个字符会限制一个品牌。任何单一的鸟叫，就像任何一个点，本身可能是微不足道的。但如果随着时间的推移，你最终与很多叽叽喳喳声连接在一起，就会汇合成一种合唱，在总体上描绘你的公司，最后形成你的品牌。"[1]

杜蕾斯堪称国内用日常传播建立品牌的典型。曾凭借"鞋套雨夜传奇"微博迅速蹿红、被大家争相模仿的杜蕾斯，如今还会因新的营销案例和产品的话题性被推到前台。2015年天猫"双十一"期间，凭借同类计生产品销量第一的排位（卖出14万盒），杜蕾斯再次成为大家谈论的焦点。即使你对其品牌自带的

---

[1] 成功案例学习啦编辑. 国内外中小企业微博营销成功案例[EB/OL]. http://www.xuexila.com/success/chenggonganli/83233.html. 2016-05-01.

第五章　数字市场：人际传播时代的新商业形态

话题点并不关注，也无法抵挡住频繁曝光带来的好奇，至少有那么一次走进它的官微一探究竟。当年模仿杜蕾斯追逐热点的品牌，有些已成长为有个性、拥有众多追随者的微博账号，也有一些依旧不温不火。差别在于有心人都在摸索、尝试，无心者却仅是模仿、等待。追随热点好比守株待兔，在数字传播环境中如果不主动出击，必然会被淹没在信息的洪流之中，最终一无所获。杜蕾斯究竟为何能在微博上占有一席之地？又是如何将微博上的人气转化成数字可观的产品销量的？这不仅是因为它总能迸发出创意的火花，还因为它日复一日的坚守。

翻看"@杜蕾斯官方微博"，会发现这个账号竟然是个"作息"如此规律的账号。每天早上9：00—10：00它会出现和大家打招呼，发布第一条微博。几乎每天都会发布一条"#最粉丝#"的内容，并在参与互动的网友中选出最特别、最幸运的网友送出杜蕾斯的小礼物。在每晚22：30，通常会以"#杜绝胡说#"的微博话题发布当天的最后一条微博，以网友们参与讨论来结束精彩的一天。每天"@杜蕾斯官方微博"发博数为4—8条，每条的互动数基本都会在500以上，整体来看是非常有组织、有纪律地在进行官微的日常维护。根据它的日常微博内容，我们总结了它的"日常三宝"。

第一，紧跟热点，借势而上。

杜蕾斯的借势很有原则，通常选择能与自身品牌调性相结合的事件、名人、品牌、电影、节目以及节日，而不是仅仅看热点的话题性。比如，当 2015 年三里屯优衣库事件在微博上持续发酵时，杜蕾斯一改往常 10 分钟内跟进热点的风格，迟迟没有就此话题做出营销文案，反而因此上了微博热搜榜。懂得辨别热门话题的正负性并进行谨慎抉择才能跟对热点。2015 年，7 月 31 日，张家口获得 2022 年冬奥会举办权，"@杜蕾斯官方微博"在 1 分钟后就发出微博"滑到家了"进行庆祝，同时配图右下角出现润滑液产品（见图 5-7），可谓是一语双关。2015 年，苹果推出玫瑰金色的 iPhone 产品时，杜蕾斯又不甘寂寞，发布动图趣解玫瑰金的苹果机是如何诞生的（见图 5-8）。2016 年，当全国人民都在操心陪跑 22 年的小李子能否拿到奥斯卡奖时，杜蕾斯也不例外，在莱昂纳多刚刚如愿抱得小金人后，"@杜蕾斯官方微博"立即发微博称赞"李所 ying 得"，配图仿佛将小金人罩在产品避孕套之内（见图 5-9），网友在大呼"玩坏了"的

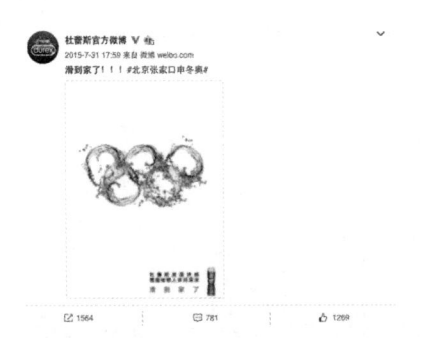

图 5-7　杜蕾斯借"申办冬奥会成功"话题发布的文案

第五章　数字市场：人际传播时代的新商业形态

同时不得不为杜蕾斯的机智点赞。翻看"@杜蕾斯官方微博"的博文会发现：除了紧跟当天热点话题，它也不会放过任何一个节日营销的机会，节日当天会发布与节日有关的图文。此类一语双关、内涵丰富的图文信息在杜蕾斯微博账号中一抓一大把，它总能用最短的时间发出最吸引用户的文案，可见其一定有备而来。

图 5-8　杜蕾斯借"苹果发布玫瑰金iPhone"发布的GIF动图

图 5-9　杜蕾斯借"莱昂纳多获奥斯卡影帝"话题发布的文案

第二，创造话题，蓄势待发。

只会跟热点是远远不够的，还要多花点儿心思自己制造一些话题。从2011年开始混迹于微博的杜蕾斯已经摸准了微博的强传播特性，时不时地把微博作为推广有趣活动的平台，结合微信H5游戏、B站、知乎问答社区、线下活动等开展全面营销。早在2013年8月，杜蕾斯就通过自己策划、执行的以物易物"焕觉之旅"活动吸引了众多粉丝的眼球（见图5-10）。8月16日开始在微博平台上宣传此次活动，一对情侣走过上海、武汉、成都、大理和香格里拉5座城市，将用杜蕾斯震动棒换吃换喝时遇到的各种故事以图文形式在微博上直播，由官微进行直发或转发。此举在为产品震动棒赢得曝光的同时，也引发了众多当地网友的帮助和支持，官微还借助"#最粉丝#"活动为帮助参与以物换物活动情侣的网友送上小礼物。另外，8月19日到9月11日每晚10时左右，"@杜蕾斯官方微博"都会发布带有"#焕觉之旅#"话题的微博向网友提问。互动期间，"#焕觉之旅#"这个话题共引发16.4万次的阅读和1.5万次的讨论，线上线下配合实现了传播意义上的O2O2O。

第五章　数字市场：人际传播时代的新商业形态

图 5-10　杜蕾斯 2013 年"＃焕觉之旅＃"话题

2015 年 7 月 21 日，杜蕾斯再玩新花样。"@杜蕾斯官方微博"提前三天开始倒计时，告知广大网友"全球首座杜蕾斯新概念超市"将于 24 日在北京 798 艺术区开张，活动仅限三小时，在 B 站进行全程直播。当天开心麻花的两位知名演员沈腾和乔杉被请到现场，成为直播过程中的大彩蛋（见图 5-11）。官微抓住机会，频频上传现场照引流粉丝到现场或 B 站关注活动，为新产品 Air 空气套的知名度提升再次助力。据了解，视频播出后的首个小时，尽管已经是午夜零时，天猫官方旗舰店上 Air 空气套的销量仍然达到几百件，成功实现了传播闭环，为电商完成导流。

图 5-11　B 站直播杜蕾斯新概念超市期间，官微发布的照片并 @沈腾

第三，巧借大 V 与粉丝，协同创造。

当年杜蕾斯和微博知名段子手"@作业本"的互动曾被人津津乐道。其实，@大 V 一直是"@杜蕾斯官方微博"的一大特点，早在官微成立初期就时常看见"@杜蕾斯官方微博"@大 V 账号的博文出现。无论是传播内容，还是互动对象，都能反映出杜蕾斯对自身品牌调性把握的精准度，例如"鞋套雨夜传奇"案例中与"@凡客诚品"的互动、MINI52 周年时与"@MINI中国"的互动等（见图 5-12）。2015 年 2 月杜蕾斯推出用户定制款"星座故事"避孕套礼盒后，还主动联系一批加 V 粉丝赠送了小礼物。杜蕾斯的一系列举动，为积极培养品牌的核心粉丝打下了坚实的基础，在拉进与网友之间关系的同时自然形成涟漪传播圈层。截至 2015 年 5 月 31 日，杜蕾斯个人化定制盒官方定制平台已获得超过 200 万人次的访问量，以 60% 占比的付费媒体预算获得了超出预期的曝光量和产品销量。

图 5-12 "@杜蕾斯官方微博"与其他大 V 账号的互动

在这个人人都想要发声的时代，只关注大 V 和大 V 形成良性互动还远远不够，如何通过互动增加粉丝黏性，甚至激发粉丝的热情和智慧，已经成为现今营销账号必须要考虑的事情。杜蕾斯的经验是耐心回应粉丝问题，并发动趣味游戏吸引粉丝进行用户内容的创造。据不完全统计，杜蕾斯平均每天要回复网友提问 400 多次，回复最多时一天超过千次。如此积极付出的杜蕾斯深得粉丝的喜爱，网友的趣味评论、优质内容在外围内容平台上不断发酵，最终回流微博。

2014 年年初，借电影《北京爱情故事》定档情人节，杜蕾斯在知乎、豆瓣（见图5-13）、贴吧等地公开招募移动小酒馆情侣，企图联手电影推出"谈谈情说说爱"活动（见图5-14）。2月14日，杜蕾斯推出活动的宣传视频，和《北京爱情故事》的宣传片一起在北京万达影院大厅中循环播放。同一天，"@杜蕾斯官方微博"也发布了此次活动的宣传视频并开启"#谈谈情说说爱#"话题页面，鼓励网友参与活动并讨论。

图5-13　杜蕾斯在豆瓣上发布的征集消息

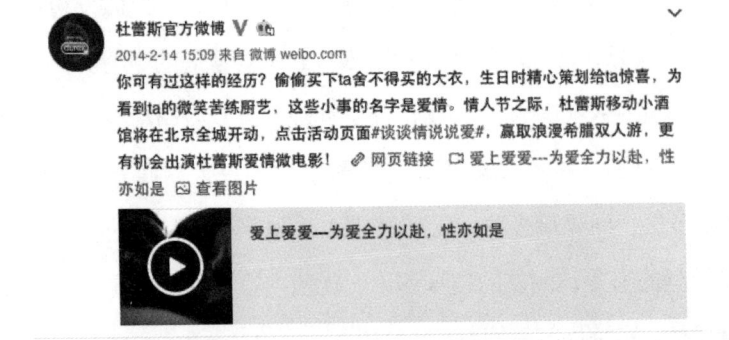

图5-14　"杜蕾斯移动小酒馆"活动的宣传微博

2月20日到23日的每晚7时至10时,"移动小酒馆"正式上路。4天时间内有20多对情侣走进小酒馆与杜蕾斯畅聊爱情故事。最终杜蕾斯把获得的故事剪辑出来,挑选了其中的8段,从2月25日开始每天在微博上发布一个视频,和网友们分享一段爱情故事。活动产生了很好的反响,"#谈谈情说说爱#"话题也引起了网友们不少共鸣和回忆。2月28日,杜蕾斯再次发起了一次相同主题的线下活动,与北京、上海、广州、南京、武汉、成都6座城市的酒吧合作,用一杯酒换一个爱情故事,并为参与活动的朋友送上杜蕾斯小礼品一份,此活动一直持续到3月1日。随后,杜蕾斯将收集到的粉丝故事进行挑选、剪辑,于3月10日在微博上推出一部微电影《杜蕾斯爱情故事》(见图5-15),采用众包的方式将粉丝变成主角,实现了让用户成为品牌代言人的目的。

图5-15 杜蕾斯用收集到的普通用户的故事剪辑出一部微电影

在网络化的空间中，传播的过程就是需求发现和满足的过程，所有的传播活动都伴随在生活服务者与生活者沟通和交易的过程中。这是一个弱化了时间性的数字传播时代。

外部数字化：供应链柔化

对生活服务者而言，满足生活者需求的过程是一个解决消费者问题的过程。生活服务者提供的是一种解决方案，如果该方案需要以产品的实体形态体现，则提供实体产品；如果可以用信息解决，则提供信息咨询；如果需要提供个性化服务，则提供服务。理论上讲，每个人遇到的问题都是个性化的，只是在工业生产的机制下，大规模的需求对应的必然是大规模的生产和消费，产品的同质性无疑越来越高。个性化基本上被遮蔽在规模化的一致性中，不同的问题被强迫分类到同一个大问题下，用同一个产品满足。也就是说，在工业时代，规模化和个性化始终是一个无法调和的矛盾。

在数字市场中，该矛盾得到缓解的第一步是信息不对称被打破，生活服务者可以明确生活者的个性化需求，生活者开始以个性化而非群像的形象呈现。仅仅解决个性化需求是不够的，是不是可以同时实现规模化呢？目前来看，由于成本依然很高，完全个性化基础上的规模化还无法实现。即便如此，个性化需求可以规模化实现的大趋势已经在数字市场的基础上有了技术基础。仅从数字市场的角度考虑，在实现个性化的规模化的道路上，有两条必经之路：一条是供应链的柔化，以快速、高效、个性化地满足生活者的产品需求；另一条是生活服务者的组织结构越来越呈细胞化、小型化，向小而精的方向发展。

张大奕是从微博网红到淘宝卖家转变的典型代表。她原本是一名模特，曾经为美宝莲、格力高、可口可乐等知名品牌拍摄过广告片，经常出现在《瑞丽》《米娜》《昕薇》等时尚杂志的内页服装搭配版。工作的性质使得张大奕经常接触服装行业，形成了自己的一套穿搭技巧。

2010年5月，张大奕就开通了微博，现在微博粉丝规模已达439万。她性格鲜明，经常在微博上分享自己的心情、近况、祝福和推荐。作为一名模特，她更是时常在微博上晒出自己的日常衣着打扮，向粉丝分享穿衣心得，逐渐吸引许多粉丝前来咨询服装购买和搭配问题。而她也乐于帮助粉丝解决服饰选款、如何搭配等问题，自然而然地积累了一批优质粉丝。

在经营微博粉丝上，张大奕不走寻常路，她曾经在微博上采取粉丝投票的方法，为粉丝和自己取昵称，最终"E罩杯"和"大姨妈"这两个能够显现张大奕掌柜、意见领袖和贴身顾问多重身份以及与粉丝亲密关系的名称脱颖而出，成为她的粉丝和她的代名词（见图 5-16）。正因为这个带有私密感的昵称，拉近了她和女性粉丝之间的关系，也将原本高高在上的大 V 拉下舞台，使她在和粉丝的交流中尽可能真实地表现自己，和粉丝站在平等的位置。她甚至还会为自己的一些学生粉丝、白领解答感情、学校选择、职业规划等问题。只用了短短一年半的时间，张大奕的微博粉丝数就从 25 万涨到 400 多万。

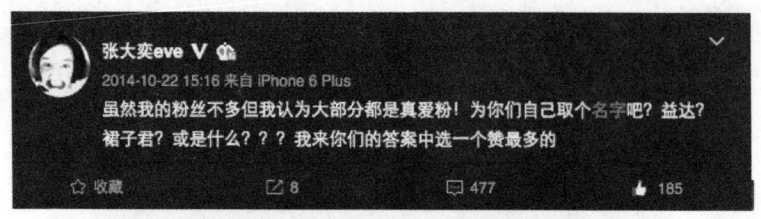

图 5-16 "@张大奕"与粉丝互动取昵称的微博

拥有了众多粉丝之后，张大奕开始了网红变现之路。2013 年，

第五章　数字市场：人际传播时代的新商业形态

在微博上已经积累了一定知名度、拥有众多粉丝的张大奕提出做自己的服装品牌。以自己的粉丝作为产品的面向群体，微博自然就成为网红张大奕宣传、销售的平台，利用微博吸引粉丝、推广产品、销售产品。2014年7月，张大奕的"吾欢喜的衣橱"淘宝店正式开业。她采取"用粉丝的需求反推供应链"的方法，从用户的需求出发，为用户定制相应产品。她起到了一个意见领袖的引导作用。

张大奕十分关注与粉丝之间的互动。每次"上新"都通过微博发布信息与链接（见图5-17），并通过评论转发抽奖活动进行互动（见图5-18），粉丝参与量高，评论与转发数量都维持在千次以上。

图5-17　"@张大奕"在微博上发布淘宝产品相关信息的微博

图 5-18 "@张大奕"在微博上抽奖送自制品牌的服装

张大奕团队会在微博和微淘放剧透、解读视频、产品预览，包括从开发到最后上架、发货、售后，如此循环。

另外，微博的粉丝也是张大奕最有价值的测款数据来源。新品上架前，大到设计款型、剪裁面料，小到配件使用，她会先将粉丝需求收集一轮，根据点赞的数量和评论的内容，获取粉丝的口味偏好、对价格的接受程度，从而反推到供应链端，让"上新"货品能够更加贴合市场需求（见图 5-19）。

第五章　数字市场：人际传播时代的新商业形态

图 5-19　"@张大奕"接受粉丝意见

微博上的众多粉丝喜欢张大奕的穿衣风格，热爱她的生活方式，喜欢她的品位，所以在淘宝上的复购率几乎是100%。"每当张大奕发一次微博做更新，说'上新'的时候，店铺流量一下子就会涨上去。一旦她不发微博，平时日销是没什么流量的。"①她经营的淘宝店，在2015年"双十一"中，成为网红店铺中唯一挤进女装类目榜单的店铺，更在2015年创造了单店上亿元的年销售纪录。②张大奕的淘宝店"吾欢喜的衣橱"通过金牌卖家认

---

① 资料来源：项目组于2016年4月27日对天猫事业部市场部数字营销总监段玲的访谈记录。

② 倪卫涛. 电商第一网红张大奕400万粉丝炼成记[EB/OL]. http://toutiao.com/i6290507469030425089/.2016-05-01.

证，更是成为两个皇冠店铺①。

为了适应互联网带来的需求端的变化，供给端必须随之进行调整。目前业内普遍关注的是供应链的柔性化，以快速高效地满足不断个性化的需求端。供应链的柔性化不仅涉及对供应链的技术改造，还涉及管理思想的改变。我们根据网络资料分析一下目前业内专门提供供应链软化服务的辛巴达。

目前，小微企业在互联网时代快速崛起，特别是淘品牌的大量出现，成为一种新的经济现象。面对新的经济现象与问题，需要新的解决方案，其中最为重要的部分是供应链的改造和重构。专门为中小型服装企业提供软性供应链服务的辛巴达CEO李勇认为："在互联网时代，个性化、小批量的需求是非常现实的需求，也是刚性需求。要解决这个需求，一定需要特别灵活的组织方式和生产关系。"②原有的规模化的生产体系面对小批量订单的大量需求越来越不适应，过高的成本和低效的流程成为原有供应链的劣势。

实现供应链的软化本质上是对工业时代的生产关系的优化和升级。这一方面需要新的组织方式，另一方面需要系统软件等数字技术的支持。因此，辛巴达自2012年成立以来，围绕新的商

---

① 两个皇冠需要1 000 001信用点。淘宝会员在淘宝网每使用支付宝成功交易一次，就可以对交易对象进行一次信用评价。评价分为"好评""中评""差评"三类，具体为："好评"加一分，"中评"不加分，"差评"扣一分。

② 二水水.[独家]服装制造业会诞生出下一家"Uber"吗？辛巴达获1亿人民币A+轮融资[EB/OL].http://36kr.com/p/5040749.html.2016-05-01.

业问题展开了一系列探索。

在组织关系上，辛巴达整合了产业链各个环节的工厂，同时通过软件系统把各个工厂的人力、优势、业务流程进行重新整合和改造。在此基础上，以柔化供应链为目标进行新的生产流程设计。"首先，辛巴达将会对工厂的生产排期进行调整：由'按单排期'改变为'按天排期'。例如，一个需要10天生产时间的订单，按照10个单天进行排期。这样可以方便插单，解决紧急订单的生产，使两个订单都能在客户规定的时间内出货。如果客户许可，也可以进行分批出货，配合客户的销售情况。其次，生产方式由大批量生产转变为单件流程生产。大批量流程一个环节会做很多件，然后统一将半成品传送到下一个环节，这种模式导致小批量生产的效率低下。单件流程则是一件衣服做完一个环节就传向下一个环节，而无须凑够一定的数量。这样可以快速生产出成品，而且可以及时发现问题，避免在大量生产中出现错误，提高了生产效率和合格率。最后，生产厂商还需引入新的生产设备，例如，小型的印花台、印花机和染缸，可以进行小批量印花和上色。普通情况下一件衣服的制作时间一般不会超过20分钟，而单件流程一旦开始，成品将会一件件快速生产出来，无须像传统生产方式一样需要几天才能看到成品。"[1]

---

[1] 亿邦动力网.辛巴达：帮电商打造ZARA式开放供应链体系[EB/OL]. http://www.ebrun.com/20130930/82716.shtml.2016-05-02.

"过去的供应链实际上还是工厂占主导地位的。为了经营需求，就尽量要求客户很早就下单。而辛巴达这种供应链系统，所有的工人都不是平台的工人，工人不需要做提前的排期，只要求质量，平台保证工人每天都有活干就行了，它的提前排期可能只有一天。同时这种平台上的工人也能实现动态产能的调整。"[1]

这种生产关系对于企业平台来讲，适应了数字商业时代对个性化需求、小批量试销、快速补单等新的市场特点，把原有的供应链的各个环节打散，把每个环节进行模块化，然后通过技术系统和新的生产关系及组织关系进行重构，从整体上对供应链的柔性化做好铺垫。

辛巴达还一直在进行技术系统的开发尝试。比如，通过辛巴达的SAAS系统，可以完成以下经典的业务场景：某个淘宝卖家通过客户端下单，系统接到订单后将其打散成为各个业务模块，系统通过算法分配到产能网络中的若干工坊，并由生产服务中心进行面料采购或品质监控及物流配送，而整个过程中的人工协调则由园区的供应链专家负责。

近期，辛巴达开发了连接服装商家（品牌店、贸易商、网店等）和服装生产厂家的交易与协作平台的"辛巴达橙蕉"系统，如图5-20所示。

---

[1] 二水水.[独家]服装制造业会诞生出下一家"Uber"吗？辛巴达获1亿人民币A+轮融资[EB/OL].http://36kr.com/p/5040749.html.2016-05-01.

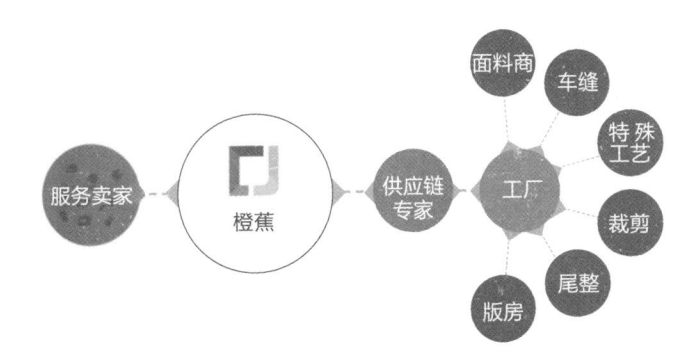

图 5-20　辛巴达橙蕉系统示意图[①]

李勇介绍:"辛巴达目前的模式以产业 SAAS 的角度来看是典型完整的'云、网、端'的体系。"首先,云层面是"数据+算法"构筑核心,辛巴达把所有订单和产能数据都模型化地存储于云端,供公司人员和外部客户实时掌握。而对接"订单模型"和"产能模型"的核心则是算法,根据订单模型的规模、质量、交期要求系统自动生成调度算法,并与匹配的工坊配对,生成生产计划;其次是网层面,即四种角色编制的业务网络,包括品牌客户、产能体系、供应链专家、生产服务中心;最后是端层面,即实现发单、接单和生产进度管理。工坊通过端实现接单和抢单,供应链专家通过端更新生产进度,客户通过端来下单和掌握生产进度。[②]

[①] 辛巴达官网[EB/OL].http://www.singbada.cn/html/serve.html.2016-05-02.

[②] 中华网. 探索服装行业改革:辛巴达柔性供应链发挥作用[EB/OL].http://toutiao.com/i6311169290850533889/.2016-05-02.

通过对现有网络资料的梳理和对供应链柔性化的趋势判断，我们对辛巴达的业务进行了简要介绍。其实，无论是辛巴达这样的第三方服务企业，还是制造业企业进行的供应链的柔性化改造，都是适应互联网时代的数字商业逻辑发展的必要尝试。

内部转型：组织结构细胞化

在数字市场中，大量个性化、偶发性的需求不断涌现，新的消费需求不仅表现在对物质产品的需求上，更多地体现在对文化的需求上。在某种程度上，互联网给此类需求提供了一个释放的平台和出口，那么数字市场的出现必然要求满足此类需求的商业主体也是大量的且专业化的。这也是我们在第四章反复强调圈层化的商业价值的原因所在。因此，我们预测，越来越多的小微企业将会大量涌现，其提供的个性化服务将会不断蚕食传统大型企业提供的规模化的标准产品的市场。

舒马赫认为："人只有在能相互理解的小集体中才能有自我的存在。因此，我们必须学会以一种能够适应大量小型组织的灵活结构为出发点来思考问题。"[①] 而互联网恰恰提供了这样的技术条

---

① 舒马赫. 小的是美好的：一本把人当回事的经济学著作[M]. 李华夏，译. 上海：译林出版社，2007.

件。在数字市场中,细胞化的组织结构以网络化的形态呈现,从各个层面不断满足生活者需求的同时,也在某种程度上创造生活者的消费需求。我们看到,网红电商崛起的背后,其实是生活者对一种生活方式、价值观的认可。通过消费,生活者完成了这种认同过程,完成了自我归属的仪式。

细胞化的组织距离生活者最近,因此不需要大而全,不需要具备所有功能,它更多地提供连接的价值,把生活者连接在一起,连接成一个小小的圈层,以"群"化实现规模化。可以说,在整体规模足够大的中国市场,任何一个圈层化的存在都能形成一个可观的市场。数字市场的价值在于平台价值,通过提供一个平台,聚合各类需求主体和商业主体,提供各类支持服务,完善生态,不断强化平台的连接价值。

对于这种变化,纳伊姆在《权力的终结》一书中提到:"根据规模经济理论,大型组织的运营成本更低、效率更高,但今天,维持秩序和控制的成本在不断上升。过去,大型的集权式组织占有稀缺的资源,但今天,商品、信息、人才和客户资源都更易获取和使用。过去,大型组织被权威、现代和经验的光环笼罩着,但今天,向大型组织发起挑战的新兴小型组织占据了媒体的头条头版。随着大型、理性、协调的集权式组织模式的优势渐渐减退,微权力行为体通过另一种组织模式获得成功的机会增多了。"①对于大型组织权力结构的变化，纳伊姆认为当然包括各种各样的因素，但是他同时认为互联网是首要原因。"什么因素可能导致进入壁垒的突然崩塌，从而使得这些长期屹立的公司更容易丧失权力？互联网是一个显而易见的答案。"②

我们认为新兴的细胞化小微企业是一种互联网原生的商业形态，天然具备互联网的基因。对于大型企业而言，应该加速企业的互联网化，把企业打造成一个平台，使得企业平台上的各个团队成为细胞化的组织，直接面对生活者，以提供更具备针对性、更高效的服务，企业作为平台仅提供必要的资源支持。在激励机制上也需要把企业的经营权和财政权大幅度下放，原本企业平台与细胞化组织之间的母子公司的控制关系，也将变更为利润分成的合伙人模式。

从传播主体到商业主体

以网红的崛起为标志，我们看到在数字商业逻辑中个体的商业价值和影响力在不断凸显。如果不断追根溯源，小微品牌的崛起甚至可以微小到一个人。"在各个领域里面，不少的个人、机

---

① 纳伊姆. 权力的终结[M]. 王吉美，牛晓萌，译. 北京：中信出版社，2013.
② 同上.

构已经开始脱颖而出，经营自己的品牌，有自己的用户群体，甚至有了自己的商业变现模式。"①个人的才能作为商业逻辑的起点是如何成为可能的？互联网到底给个体赋予了什么样的能力，才使其可以完成商业化，实现经济价值的转化？

微博平台赋予了每个个体等同的传播平台，只要内容的传播力足够，掌握一定的传播技巧，在微博平台上很容易形成大型公共传播。个体在微博平台上首先获得的新权力是传播权力。正是这一权力使得个体用户可以完成基础的用户积累，通过各种商业模式打造小微企业主体。从传播主体到经济主体的转化不再需要中间各种高成本的基础设施和经营成本，这是一个根本的变化。

有人将这种变化提炼为节点经济的概念，认为无论是企业还是个人都有机会把自身打造为具有连接价值的经济节点。"节点有很丰富的含义，个人、组织、庞大的机构都是节点。在信息技术和新经济的冲击下，每一个企业都是一个节点，生产的都是'解决方案'。企业不必拥有自己的工厂和车间，而是依托自身的核心优势，在全球的各个节点上进行'超级链接'，配置资源。"②

以前文提及的霍金为例，作为一位具有重大学术价值和社会价值的学者，虽然其具有很大的传播价值，但在传统媒体时代，

---

① 王高飞.新媒体的黄金时代[EB/OL].http://baixiaosheng.net/6776 .2016-05-02.
② 吴晓波.节点经济：中国广告业的另一种可行性[EB/OL].http://news.xinhuanet.com/newmedia/2004-07/29/content_1665756.htm.2016-05-02.

其传播价值向商业价值转化的过程中需要经过经纪公司、媒体等各个环节。但是在微博平台上，只需要企业与他取得联系，他就可以很轻松地为企业做一次商业推广，实现一次性的商业化。

同时，没有传播价值的个人依然可以在此公共传播平台上，通过优质内容和传播技巧不断提升传播价值，最终实现商业模式的探索和变现。作为内容创业平台的新榜在发布全平台网红排行榜的同时，在力求"纯粹""典型"的前提下，对"网红"下了一个定义。他们认为，"网红"必须具备以下特征：

1. "网生"或重生于社交媒体，而不是将传统线下内容与身份线上化。

2. 引领潮流文化，生产创作年轻世代普遍关注和消费的内容。

3. 具备人格化的偶像气质。

4. 有清晰的商业变现能力或潜力。

5. 跨平台传播，特别是活跃在视频点播平台和直播平台。①

可见，内容创业的个体真正成为具有传播价值的主体并不容易，虽然人人都有机会，但并不意味着人人都能够成为商业主体。

陈刚认为，互联网的时代是个体的时代，他从文化创意产业

---

① 新榜.新鲜出炉的网红Top100，你认识几个？[EB/OL].http://www.a.com.cn/info/domestic/2016/0415/288116.html.2016-05-02.

的角度说:"个体的能力,首先是创造力,其中包含个人天赋、个性特征、专业水平、技术水平等重要因素。由于这种能力,才有了多样化的文化创意产品,文化产业才得以形成。这些因素的汇聚具有很大程度上的偶然性,正因为创意的能力形成文化创意产业的价值,所以个体是文化创意产业的基础。个人能力并不容易量化并批量生产。文化产业的发展,不能仅仅强调'集体的''团队的'力量,而应该充分重视和发挥个体的创造力。个体的能力,甚至有可能主宰文化创意产业的整个发展格局。在个体创意能力提升的基础上,才有整个社会创意水平的提高,也才有创意产业的形成和发展。无可讳言地说,个体的创造力是文化创意产业发展的根本。没有对个体创造力的重视和肯定,文化创意产业就无从谈起。而在个人能力基础上,如何实现个体能力转化为有效生产力,保障个体经济的顺利展开,推进文化创意产业的整体进程,又是文化创意产业发展中需要解决的一大难题。"①

由于互联网平台给个人赋予了传播权力,个人具有了在公共传播平台进行自我塑造的可能,个体的才能有了货币化的条件。如何保证这种商业价值的变现是文化创意产业发展,也是个体创造力得到发挥、重塑商业形态需要解决的重要问题。从今天互联网的发展和微博平台上经济个体的普遍崛起看,陈刚提到的"一

---

① 陈刚.互联网、个体的时代与文化创意产业[EB/OL].http://blog.sina.com.cn/s/blog_49836a3601000bsf.html.2016-05-02.

大难题"的答案正在逐步清晰化。整个数字商业逻辑和商业形态的塑造正在开始，所谓的网红经济只是一个初级阶段的现象。在未来的商业形态和经济结构的变化中，我们将看到互联网孕育的这种经济力量会越来越以一种摧枯拉朽之势加速到来。

"这是一个最好的时代，每个新媒体人都能够在这个时代拥有自己的品牌、拥有自己的用户、拥有自己的价值，而且我们拥有了创作的自由，我们创作的内容第一次属于自己。但我想这也是一个迷茫的时代，如何持续创造优质内容，如何不断吸引用户，而且持续稳定地提升商业价值，大家一直都在共同寻找通向成功的道路。"①

此外，我们想延伸说明的是，如何看待"品牌"在这个过程中发生的变化。根据美国市场营销协会（AMA）的定义："品牌（brand）是一个名称、专有名词、标记、符号，或设计，或上述元素的组合，用于识别一个销售商或销售商群体的商品与服务，并且使它们与其他竞争者的商品和服务区分开来。"②

从本质上看，品牌是在一个信息不够充分的情况下，减轻消费者选择成本和消费风险的一道保险。在生活服务者和生活者可以充分接触且信息完全的情况下，应该如何看待品牌价值？这显

---

① 王高飞.新媒体的黄金时代[EB/OL].http://baixiaosheng.net/6776.2016-05-02.
② 凯勒.战略品牌管理[M].吴水龙，等译.北京：中国人民大学出版社，2009.

然是数字市场形态中,我们必须对传统品牌理论进行批判和反省的重要方面。斯坦福大学营销学教授伊塔马尔·西蒙森(Itamar Simonson)和商业作家艾曼纽·罗森(Emanuel Rosen)针对这种现象,表达出这样的观点:"当客户能够毫无阻碍地接触到其他消费者发出的产品评价时,品牌已经成为产品质量一个并不重要的附属品。因此,他们提出去品牌化的观点,并倡导未来的营销应该由客户调研驱动。"[1]

品牌本质上是对人的认知资源的调动,说白了是广告、营销、传播的一种结果,这是工业时代的必然逻辑。在前工业社会时代并没有大众市场和大众传播,也不需要广告和营销,因为口口相传在传播层面就已经足够了。在社会化媒体时代或者说在数字时代,口碑越来越重要。其真正的逻辑在于"社会化媒体或者说互联网技术带来的结果是对人际传播的扩大和张扬,原有的传播学中对于大众传播、组织传播、群体传播、人际传播和自我传播的既有分类已经不合适了。以前我们主要研究大众传播,现在我们必须转向人际传播。而在互联网上,人际传播的一个明显表现可能就是口碑。企业作为一个主体成为参与人际传播的一方。这时,品牌似乎还是品牌,但是品牌建构的逻辑已经完全不一样了,这是品牌理论在数字时代最大的变化。目前,这类相关的研

---

[1] 欧莱雅,欧莱雅发布内容平台 Fab Beauty,不仅推自有品牌还有竞品 [EB/OL]. http://www.wtoutiao.com/p/132yISX.html.2016-05-02.

究还没有。所以，不管是广告、营销、管理、传播还是品牌，在今天这个时代如何思考，成为一个很棘手的问题"。[①]

数字时代的到来正在从根本上不断颠覆传统的商业逻辑，面对传统理论解释力的匮乏和不断涌现的新问题、新现象，我们需要重新建构理论体系。在本章，我们从数字市场的概念出发，对新的变化进行了初步解释，希望能够把站在营销的角度"超越营销"的纠结、困难和新的尝试展现给读者，为理解数字商业逻辑提供启发。

[①] 潘洪亮. 荐书：无处不在：社会化媒体时代管理面临的变革与挑战[EB/OL].《互联网与传播》微信公众号 2015 年 10 月 17 日内容。

后 记

如何把微博项目做成一本内在逻辑经得起学术标准检验，同时适应普通读者的需求、准确回应业内同行关切的图书，是我们一直努力的目标，这种平衡确实很难。

从立项到书稿交付出版社，微博正处于快速发展和崛起的过程中：一方面，许多案例的经验和数据在写成之后可能就已"过时"；另一方面，微博的商业产品和运营政策正处于动态调整的过程中，书稿在面市的时候可能就已发生了变化。这种"互联网速度"给写作带来了许多挑战。庆幸的是，"里子"是最坚强的堡垒。

通过大量案头资料的整理和分析，辅以近 30 位专家的深度访谈，基于我们对于互联网技术的研究框架，我们把微博的价值概括为数字大公共传播平台、数字生活结构和数字市场，并从数据价值和内容价值的方法论层面进行了分别讨论，最后从数字市场的角度对微博更大的产业价值进行了预测性解读。就像我们在第一章讲的，对互联网本质的概括——数字生活空间，既是笔者之一的陈刚教授在建构创意传播管理理论时的基本概念，也是我们理解微博的一个"锚点"。对微博的研究也进一步支持和发展了我们整体的互联网研究。

应该强调的是，微博自诞生以来在互联网格局中便具有非常独特的价值。但是，现在给微博下结论还为时尚早。在与微博CEO王高飞的交谈中，我们一致认为微博无法对标国内外的任何一家互联网企业，"不可名状"是我们在研究过程中最大的感受。包括本研究在内，目前对于微博的各种认识和观点还是"阶段性"的：一方面，微博的发展还有很大的转换空间；另一方面，整个互联网的发展变化也在强力地塑造微博的发展轨迹。

虽然我们对微博的研究花费了大量的时间和精力，但是越往深处探究，我们越觉得有很多说不清、看不透的"点"。从2015年年底到2016年下半年，当我们奔走在深度访谈的路上、沉浸在案例资料的分析中时，正是微博强势出现在研究者和市场的视野中时。针对微博二次崛起的讨论和话题开始集中性爆发，微博季报、年报的发布，各种激起广泛传播的分析性文章，都给项目组带来了紧迫感。如何回应读者对于微博的关注和疑惑，如何概括微博的价值，如何讲清楚微博凤凰涅槃的故事，在一系列提问与研究中，最后凝结成读者手中的这本书。虽然图书已出版，但微博的故事还没有讲完。书中肯定存在不足和错漏之处，恳请读者谅解和指出。

感谢项目组的同学们：组长是北京大学新媒体营销传播研究中心的助理研究员潘洪亮，成员有北大硕士研究生张梦鸽、邓驰旻、陈颖、张繁一、李晓瑶、李冰。此外，刘磊、周思好等也全程参与了此项目并有所贡献。其中，微博高级客户市场经理姜

后记

宁、北大新媒体营销传播研究中心助理研究员董婧做了大量的服务工作，特此致谢。

需要特别感谢的是接受项目组访谈的专家们，其中，微博内部的受访者包括：微博CEO王高飞，微博副总裁王雅娟，微博事业部副总裁曹增辉，微博运营副总经理陈福云，微博运营副总经理董文俊，微博战略与国际拓展总经理洪力舟，微博商业运营部广告产品运营总监靳贝贝，微博营销部商业运营高级总监曹宇翔，微博垂直行业运营总监陈振华，微博全国渠道策略总监胡毅，微公益总监杨光……

非微博公司的业内专家包括（根据访谈时间排序）：阿里巴巴天猫事业部数字营销总监段玲，WIS护肤CEO黎文祥，新榜CEO徐达内，阳狮锐奇（中国）总经理宋星，时趣科技COO吴璇，孔明科技班主任储尔勇，微联播COO、联合创始人李立，鼓山文化CEO冯子末，微播易CEO徐扬及其助理杨泽，洋码头市场部经理单宁炎。

书稿的出版与发行离不开中信出版集团商业社社长沈家乐和主编黄维益的统筹安排，书稿出版的各个流程与环节需要细致的工作和沟通，她们以及出版社素未谋面的其他同事付出了大量的时间和精力，在此表示特别感谢。